Mörderisches Mannheim

Mit Texten von

Lilo Beil, Bettina von Cossel,
Simone Ehrhardt, Ingrid Glomp,
Anne Hassel, Hans Ludwig Herder,
Simone Jöst, Dietlind Kreber,
Florian Landin, Walter Landin,
Amy Lendsor, Wolfgang Ohler,
Karl-Heinz Royen, Claudia Schmid
und Fenna Williams

wellhöfer VERLAG

Wellhöfer Verlag
Ulrich Wellhöfer
Weinbergstraße 26
68259 Mannheim
Tel. 0621/7188167
www.wellhoefer-verlag.de

Titelfoto: Lukas Fieber
Titelgestaltung: Uwe Schnieders, Fa. Pixelhall, Mühlhausen
Lektorat: Nicole Fieber, Ulrich Wellhöfer
Satz: Bittner-Dokumedia, Hoisdorf

Alle Erzählungen sind frei erfunden. Ähnlichkeiten mit wirklichen Personen oder tatsächlichen Ereignissen sind nicht beabsichtigt und somit rein zufällig.

Der Autor und der Verlag danken Volker Keller für seine Hinweise zum historischen Fall „Schimperstraße".

Der Verlag dankt dem Frieling Verlag für die Genehmigung zum Abdruck der neu bearbeiteten Geschichte „Der Rosenkavalier". Die Erstveröffentlichung der Geschichte findet sich im Buch Lilo Beil, Heute kein Spaziergang, erschienen im Verlag Frieling & Partner, 2002.

ISBN 978-3-939540-27-4

Inhalt

Wolfgang Ohler

Der König von Laputa oder die Quadratur des Mordes

Nein, Herr Kommissar, nicht notwendig. Es geht schon wieder. Ich brauche keine Pause. Jetzt und hier will ich es zu Ende bringen. Könnte ich vielleicht ein Glas Wasser …? Danke. Also, wo war ich stehengeblieben? Ach ja, richtig, unsere Begegnung.

Also, das war so: Ich urteile oft vorschnell und habe mich auch schon geirrt. Aber an jenem Tag war alles klar und eindeutig, das Zimmer, der Mensch, die Situation: Man betritt die Bühne und weiß Bescheid. Die Szene war mir vertraut. Das ganze Stück habe ich im Kopf, vom ersten bis zum letzten Vorhang. Ich kenne die Rolle, die ich spielen soll, und habe auf meinen Einsatz gewartet. Mit einem Wort: fatal! Am liebsten hätte ich auf der Stelle kehrt gemacht. Hätte ich bloß!

Doch was wäre der Mensch ohne Hoffnung. Das gilt besonders für uns Literaten. Und wenn ich wirklich umgekehrt wäre, dann hätte ich mir später auch Vorwürfe gemacht. Wie man es anstellt, es ist falsch!

Was mich augenblicklich gegen diese Person und ihr Ambiente eingenommen hat? Nun, er ist ein Protz, einer von der Sorte, die ich partout nicht ausstehen kann. Ich sehe ihn vor mir: Alles an ihm und um ihn her ist protzig, wichtigtuerisch, die Krawattennadel, das gestutzte Bärtchen, die getönte Hornbrille, der echte Vasarely an der Wand. Dann ist mir auch gleich dieses Parfüm in die Nase gestiegen; ein Parfüm, das wie ein schwerer Nebel über den Schreibtisch zu mir herüberweht und ihn verraten hat: Das waren nicht lediglich Schnörkel seiner Eitelkeit, das war eine Demonstration seiner Macht. Er benutzt diesen Pomp, um zu imponieren, um zu zeigen, wer Herr im Haus ist und wer nur geduldet. Du atmest meine Ausdünstung ein, ob es dir passt oder nicht; du blickst auf meinen teuren Vasarely, ob er dir gefällt oder nicht; du hast dich zu fügen, kusch, kusch und basta! Das war seine Botschaft, mit der er mich empfangen hat, bevor noch ein Wort gesagt war.

Denn er blieb stumm, als ich hinter seiner Sekretärin den Raum betreten und gegrüßt habe. Blickte nicht einmal auf, sondern war in ein Papier vertieft und quetschte die Stirn in Falten, so dass ich mir vorwerfen sollte, ihn in schwerer Gedankenarbeit zu stören.

Die kleine Blonde schwenkte ihr üppiges Hinterteil zum Mahagonitisch hinüber und flüsterte meinen Namen. Obwohl er nur knapp zu ihr aufgeschaut hat, ist mir der Gockelblick nicht entgangen. Die beiden hatten es miteinander, das war sonnenklar: Kikeriki. Gak. Gak!

Ja, Sie haben Recht, Herr Kommissar, ich lasse mich gehen, entschuldigen Sie!

Wo war ich gleich? Ach ja: Wenigstens seine linke Hand hat jetzt Notiz von mir genommen und winkte mich in den Sessel vor seiner Schreibburg. Wie schon gesagt: Ich habe dem Impuls widerstanden, auf dem Absatz kehrtzumachen.

Ich wartete. Nein, Herr Kommissar, das hat mir nichts ausgemacht. Erstens kenne ich dieses Spielchen, und zweitens konnte ich mich in aller Ruhe mit der Umgebung vertraut machen. Ich habe also gewartet und mich umgeschaut.

Habe ich die Vasarely-Plastik schon erwähnt? Gut. Nun hatte ich Muße, sie zu studieren. Ein monumentales und imposantes Werk! Nach einer Weile habe ich bemerkt, dass mir die Geometrie behilflich war, meine Gedanken zu ordnen. Es war ähnlich wie hier drinnen, wenn mein Blick von dem hellen Rechteck des Himmels angezogen wird. Wenn ich diesen Ausblick nicht mehr ertrage, dann hänge ich in die kleinen Gitterquadrate Bilder aus meinen Erinnerungen. Ja, wenn ich es mir recht überlege, ist es fast das gleiche Muster, damals wie heute. Aber ich schweife vom Thema ab. Entschuldigung, Herr Kommissar.

Ich betrachte also diesen Vasarely und rekapituliere, was ich über seinen Besitzer in Erfahrung gebracht habe. Ja, Herr Kommissar, selbstverständlich habe ich mich über ihn erkundigt. Ich wollte wissen, mit wem ich es zu tun habe. Nach den vielen Absagen war er schließlich meine letzte Hoffnung.

Was ich erfahren habe, war alles andere als ermutigend, selbst wenn man die übliche Missgunst, den Tratsch und die

Häme solcher Informationen und Informanten einrechnet. Er stammt vom vornehmen Ufer des Neckars, wie man hier sagt. Hat sich wohl in die Niederungen des Rheins verirrt. Sich dann seine Position im Verlag heimtückisch erschlichen, heißt es. Als abgebrochener Student der Germanistik und Theaterwissenschaft habe er in der Firma tagsüber gejobt, nachts die Tochter des Chefs geschwängert, und hoppla, schon war er Schwiegersohn und Junior. Dann soll er dem Alten so zugesetzt haben, dass diesen der Schlag traf. Die Erben einschließlich seiner Ehefrau habe er ausgebootet, husch, husch, die Waldfee. So wurde es mir hinterbracht: ein modernes Erfolgsmärchen! Und wenn sie nicht gestorben sind. Ja, ich weiß.

Dabei habe ich den dicksten Tratsch noch gar nicht erwähnt: Schwul sei er obendrein, sagen die einen, aber wenigstens bisexuell, meinen die anderen. Das glaube ich nun allerdings nicht. Da war nicht nur die geschwängerte Tochter des Hauses, sondern auch Blondi, die Sekretärin, und das habe ich mit eigenen Augen beobachtet.

Natürlich habe ich auch das Goldkettchen im Ausschnitt seines Seidenhemdes bemerkt, nicht zu vergessen das Schwulenparfüm. Aber dies alles ist leicht zu durchschauen. Damit macht er sich interessant: Ein Verleger mit Tuntenimage wirkt intellektuell, nicht wahr, wollte vielleicht auch die braven Mannheimer provozieren. Mit anderen Worten: Er hat sich in der Rolle des Halbseidenen gefallen, wollte nicht bloß ein erfolgreicher Businessmann sein, sondern obendrein zwielichtiger Kunstmensch. Dass ich nicht lache, haha!

Schon gut, Herr Kommissar, ich werde zur Sache kommen. Aber es ist nicht einfach zu unterscheiden, was für die Ermittlungen wichtig ist und was nicht. Also, wie ging es weiter?

Nach einer Weile war mein Gegenüber wohl der Meinung, er habe mich nun in gebührender Weise nicht beachtet. Er knüllt das Papier zusammen, in das er die ganze Zeit über vertieft gewesen ist, schmeißt es in den Papierkorb und wendet sich mir, seinem Besucher, zu. Aber wie er das tut! Als er zu sprechen beginnt, dreht er sich zugleich auf seinem Sessel einmal um die eigene Achse. Eine Marotte: Er hat dies während unserer

Unterredung gut und gerne ein Dutzend Mal wiederholt. Stets nur eine Umdrehung: Er verschwindet auf der einen Seite, eine Sekunde lang lugt die Halbkugel seines kahlen Schädels wie der aufgehende Mond hinter dem Polsterhügel der Lehne hervor, dann kommt er auf der anderen Seite wieder zum Vorschein.

Anfangs hat mich dieses Spiel nervös gemacht. Dann, als ich es verstanden habe, mehr und mehr fasziniert. Im Verlauf unseres Gesprächs habe ich nämlich die Geometrie des Zimmers verstanden. In ihr wiederholt sich die mathematische Ordnung der Vasarely-Plastik. Die Einrichtung ist ein ausgeklügeltes Arrangement geometrischer Figuren: der diagonal gerückte Schreibtisch, der zwei Wände zu einem exakt gleichschenkligen Dreieck abschließt, die Parallelen der Jalousielamellen vor dem Fenster, die Hyperbel der Stehlampe, deren Schwung sich im Türbogen fortsetzt, und so weiter; ja, selbst die sterile Ordnung auf der Mahagoniplatte zeichnet ein bestimmtes Muster, das sich in dem Geometrismus der Wandplastik spiegelt. Und ihr kunstvolles Gleichmaß ist an einer Stelle durchbrochen von einer wirbelnden, dynamischen Spirale, einer Art Drehpunkt des Werkes. Sie erraten es: Das Pendant dazu in der Komposition des Raumes bildet der rotierende Sessel hinter dem Schreibtisch!

Weshalb ich das alles erzähle? Es ist sozusagen der Schlüssel zum Verständnis dessen, was in diesem Büro anschließend geschehen ist. Denn sehen Sie: Dieses geometrische Gesamtkunstwerk, wenn wir es einmal so nennen wollen, ist doch nicht zufällig entstanden. Nein, es war konstruiert! Zwar gibt es solche Arrangements ohne Plan und Zutun, gewiss. Ich erlebe es jeden Morgen, wenn die Sonne draußen hinter der hohen Mauer aufgeht und ihr Licht das Gitter des Fensters auf den Betonboden zeichnet. Sehen Sie her, ich habe den Tisch und die Pritsche so gerückt, dass sie in das Muster passen. Dann besitze ich eine Stunde lang, bis die Schatten vorbeigewandert sind, meinen eigenen Vasarely.

Aber zurück zu unserem Verleger. Ich bin sicher, dass er es war, der die Ordnung gestiftet hat, und dass eine Absicht dahintersteckte. Nun passen Sie gut auf! Diese Absicht kann man getrost Wahn nennen. Er war der Wahnsinnige, niemand sonst!

Haben Sie in Ihrer Jugend „Gullivers Reisen“ gelesen, Herr Kommissar? Gut, dann kennen Sie auch das Königreich Laputa, das von Mathematikern und Geometern regiert wird. Sie erinnern sich vielleicht: Die Einwohner jenes seltsamen Landes halten die Köpfe zur Seite geneigt und haben von Geburt an den kleinen Finger der linken Hand abgespreizt. Ihr ganzes Leben wird von der Geometrie beherrscht. Selbst die Mahlzeiten werden nach ihren Regeln zubereitet: die Hammelkeule als gleichseitiges Dreieck, der Rinderbraten in der Form eines Rhomboiden, der Pudding in Gestalt eines Zykloiden.

Heute weiß ich, dass unser Verleger ein solcher Laputier ist, der aus Wohlgefallen an der Symmetrie und an der Regelmäßigkeit um sich her sein geometrisches Reich errichtet hat. Ja, ich bin mir absolut sicher. Das Leben ist ihm zu chaotisch und die Welt zu sehr in Unordnung, deshalb hat er sich dieses künstliche Vasarelysche Paradies erschaffen. Krankhaften Geometrismus nennt man diesen Wahn. Den gesamten Komplex der Symptome, die Swift in seiner Erzählung beschrieben hat, würden wir heute als Schizophrenie bezeichnen. Die Menschen von Laputa leben in einem schizophrenen Land der geplanten Quantität, in einem Land des verplanten Lebens. Sie haben sich selbst ein KZ eingerichtet, in dem die Liste, der Erlass, die Nummer regieren und der rechte Winkel, wie er sich in Vasarelys Bildern, aber auch am Galgen wiederfindet. Theresienstadt hat man zum Konzentrationslager gemacht, weil ein verrückter Laputier der kaiserlichen Verwaltung in Wien den Ort wie ein Schachbrett geplant und damit einen anderen Laputier namens Himmler hundert Jahre später in Verzücken gesetzt hat. Wie ein Schachbrett! Fällt Ihnen etwas auf? Richtig: Auch hier befinden wir uns in einer Quadratestadt. Friedrich IV. war einer dieser verrückten Laputier und hat sein kurfürstliches Mannheim wie eine Plastik von Vasarely angelegt, mit rechten Winkeln, Quadraten und Straßen, die wie Züge auf dem Schachbrett heißen. Diese Stadt ist Laputa, Herr Kommissar! Kein Wunder, dass ihre Bewohner früher oder später alle dem Wahnsinn verfallen.

Und Sie können diese Reihe beliebig fortsetzen: Nero, Friedrich IV., Himmler, Stalin, allesamt Größenwahnsinnige, die die Welt als Schachbrett anlegen wollten. Swift, Kafka und Vasarely mit ihren geometrischen Gehirnen, aber auch Da Vinci, Einstein und Freud, die das Leben verwissenschaftlicht haben; alle Bürokraten, Landvermesser, technischen Zeichner, Statistiker, die am liebsten das ganze Universum in ein Planquadrat stecken möchten.

Fassen wir zusammen, Herr Kommissar. Ich habe mich im geometrischen Reich eines schizophrenen Verlegers befunden, der sich zudem als Schwuler verkleidet hat. Ich war Gulliver im Lande Laputa, und er der reiche, verrückte Mannheimer König. Oh Gott!

Nein danke, ich brauche keine Pause. Es geht schon. Wenn ich nochmals ein Glas Wasser haben könnte.

Nun zu unserem Gespräch an jenem Tag. Er dreht also die erste Runde auf dem Sessel und rückt die elliptische Uhr auf dem Tisch zurecht; meine Zeit läuft. Dann folgt eine Litanei von Vorbehalten, wenn ich mich recht erinnere.

Gewiss, das Gutachten der Lektorin sei ausgesprochen positiv. Sie habe wohl einen Narren an mir gefressen. So drückt er sich aus und dreht eine weitere Runde. Aber die Entscheidung liege allein bei ihm, und er müsse neben dem Literarischen eben auch das Geschäftliche im Auge haben. Profit sei wichtiger als gute Kritik, und da gebe ihm mein Manuskript zu denken. Es sei alles zu individualistisch, kein Krimi, in dem man sich festlese, eher die verkappte Lebensbeichte eines Neurotikers.

Ich habe nicht sofort widersprochen, obwohl ich ihm für diese Unverschämtheiten am liebsten an die Gurgel gesprungen wäre. Konkret, bitte sehr, habe ich ihn aufgefordert, was gefällt Ihnen nicht?

Kein Sex, hat er beanstandet, nirgends auch nur ein Fünkchen Sex! Ohne Sex könne man heutzutage keinen Krimi verkaufen, es sei denn, man schreibt ihn für das Vatikanische Konzil. Sex and crime pays, wie der Ami sagt, und der hat den modernen Krimi ja schließlich erfunden.

Agatha Christie, Simenon, Chesterton, habe ich dagegengehalten. Er hat amüsiert abgewinkt. Das war einmal, Kriminalmärchen, in welcher Zeit ich denn lebe.

Kopfschüttelnd blättert er im Manuskript. Zum Haareausraufen sei es, überall dasselbe. Hartnäckig würde ich an den Weibern vorbeischreiben. Genau so drückte er sich aus und wurde noch ordinärer: Mit Speck fängt man Mäuse, oder anders gesagt: sex sells. Ich jedoch würde jede Chance verpassen, eine Bluse aufzuknöpfen. Die Frauen in diesem Roman seien offenbar alle steril und schon mausetot, bevor sie ermordet werden, die Männer allesamt Eunuchen. Philipp Marlow würde kotzen, wenn er dieses Dünnbier saufen müsste. Und dann der Titel: Die Quadratur des Mordes! Welcher Schreibteufel mich denn da geritten habe? Mit der Rückseite der linken Hand schlug er auf die Stelle, die er aufgeblättert hatte, als wolle er das Manuskript dafür ohrfeigen. Mich hat er damit getroffen. Mir hat es in der Seele wehgetan.

Wieder nichts, ist es mir durch den Kopf geschossen. Immer habe ich das Pech, im letzten Moment auf einen Idioten zu treffen, von dem alles abhängt. Es ist zum Verzweifeln, zum Verzweifeln!

Neinneinnein, ich habe mich vollkommen unter Kontrolle, Herr Kommissar, es geht schon.

Habe ich schon die Signale erwähnt? Nein? Irgendwann sind wir durch die Rufanlage auf dem Schreibtisch gestört worden. Ein penetrantes Summen, dann eine kurze elektronische Melodie, mehrere Lämpchen leuchteten rot und grün, grün und rot. Das wütende Gesicht entspannt sich. Mit kindlichem Lächeln verfolgt mein Gegenüber die bunten Signale, summt die Töne mit, dadadadamm, drückt hier auf einen Knopf und dort und spricht in ein Mikrophon.

Auch das gehört ins Reich Laputa, Herr Kommissar. Ich musste auf dem Vasarely nicht lange suchen und habe das Gegenstück zu diesem Spielzeug vor der roten Spirale gefunden: Dort haben die Lämpchen als grüne und rote Reflexe in einem spiegelnden Kubus aufgeblinkt, faszinierend. Und doch habe ich, während mein Blick zwischen dem Modell an der Wand und dem Schreibtisch hin und her gewandert ist, zum ersten

Mal ein Unbehagen gespürt, eine Art Schwindel, der sich verstärkt, als König Laputa auf seinem Thron herumwirbelt.

Plötzlich schlägt er einen versöhnlichen Ton an. Heute glaube ich, er hat befürchtet, das Opfer seiner Ignoranz und Impertinenz allzu rasch zu verprellen, und das Spiel wäre aus. Denn dass es für ihn ein amüsanter Zeitvertreib ist, andere fertigzumachen, das steht für mich fest.

Er hat also den historischen Ansatz gelobt, jedoch zugleich eingeschränkt, dies werde zu beiläufig abgehandelt, eine schicke Zutat, nicht mehr. Moment, lächelt er, kramt in einer Schublade und zieht einen Text hervor. Hier, das sei es. Sex and crime and history! Seine nächste Veröffentlichung für die Frankfurter Buchmesse. Das geheime Tagebuch des Johann Peter Eckermann über das Komplott Goethes und Kotzebues und die Ermordung Schillers. Reine Fiktion natürlich, aber köstlich genial! Stellen Sie sich vor, sagt er zu mir, welch wunderbarer Skandal: Goethe, der alte Bock, hat ein Gspusi mit Schillers Eheweib Lotte und lässt den Nebenbuhler durch Kotzebue, der ihm sexuell hörig ist, heimtückisch mit Quecksilber vergiften. Als der Mord geglückt ist, reißt sich der Herr Geheimrat rasch noch Schillers letztes Werk unter den Nagel, die „Wahlverwandtschaften", und veröffentlicht es ein paar Jahre später unter seinem eigenen Namen. Und als ihn sein Gewissen drückt, buddelt er den Schädel seines Opfers aus und stellt ihn auf seinen Schreibtisch. Was sagen Sie nun!

Ich habe mir nichts anmerken lassen und nur zu bedenken gegeben, dass Eckermann bei Schillers Ableben gerade dreizehn oder vierzehn Jahre alt gewesen sein muss und erst zwei Jahrzehnte später in Goethes Dienste getreten ist. Aber das hat er nicht gelten lassen. Haarspaltereien seien das. Die Idee sei grandios. Allein darauf komme es an. Ich soll mir ein Beispiel nehmen.

In diesem äußerst kritischen Moment sind wir wieder durch die blinkenden Telefonlämpchen unterbrochen worden. Sofort spiegelt es rot und grün auf der Wandplastik, wie auf ein Signal dreht sich der Sessel, und erneut packt mich dieser Schwindel, diesmal heftiger als zuvor, so dass ein Gefühl der Übelkeit in mir hochsteigt. Es dauerte gut eine Minute, bis ich mich wieder in der Gewalt habe.

Wann ich dem Geheimnis des Schwindelgefühls auf die Spur gekommen bin? Das war kurze Zeit später, als ich meine Theorie der Erzählung erläutert habe. Er heuchelt Interesse, denn er will ja der studierte Literaturmensch sein. Ich sage mir also: Tu es, wirf die Perlen vor die Säue; er wird es nicht kapieren, aber vielleicht ahnt er wenigstens, wer hier der Idiot ist und wer der Literat.

Obwohl mich der Taumel noch immer nicht loslässt, beginne ich über meine Theorie der Erzählkunst zu sprechen. Es ist keine speziell literaturwissenschaftliche Theorie, müssen Sie wissen, Herr Kommissar, sondern eine allgemein soziologisch-mathematische mit Elementen der Harmonielehre und der sphärischen Trigonometrie: die Kunst als Ordnungsprinzip für die chaotische Welt. Diese Theorie ist verblüffend plausibel und müsste selbst Ihnen als Polizisten verständlich sein. Ich frage mich allerdings, ob ich uns diesen Teil des Gesprächs nicht ersparen soll. Andererseits ist dies unmittelbar der Tragödie vorausgegangen, so dass es vielleicht doch ... Also gut, einverstanden, ich fasse mich kurz.

Der Verrückte unter dem Vasarely hat es ohnehin nicht begriffen, und das hat ihn, den gescheiterten Literaten, zornig gemacht. Jetzt ist überhaupt kein normales Gespräch mehr in Gang gekommen. Ich erinnere mich auch nicht, worüber wir geredet haben, tut mir leid. Mich hat etwas ganz anderes beschäftigt.

Während ich ihm mein schriftstellerisches Konzept dargelegt habe, muss ich mich zuletzt doch ereifert haben. Jedenfalls hat es mich nicht mehr auf meinem Platz gehalten. Ich bin aufgesprungen und zwischen Tür und Tisch hin und her gegangen. Und sonderbar, das Schwindelgefühl ist im Nu verflogen. Doch kaum sitze ich wieder im Sessel, meldet es sich umso heftiger zurück, dieses Unbehagen. Die Erkenntnis traf mich wie der Blitz: Dieses Unbehagen hing mit der Position zusammen!

Aber doch, Herr Kommissar! Die Vasarely-Plastik! Wie Schuppen fiel es mir von den Augen. Wie hatte ich das übersehen können!

Auf dem Relief an der Wand, das ja ein Spiegelbild des Raumes ist, musste sich auch der Besucherplatz finden und zu dem geometrischen Gleichnis beitragen. Tatsächlich, ich habe ihn im Schnittpunkt mehrerer Linien entdeckt, die sich aus dem Muster ergeben. Aber dieser Punkt hat nicht mit dem Standort des Sessels übereingestimmt, in dem ich saß! Die ganze Zeit über habe ich mich außerhalb der Ordnung des Raumes aufgehalten! Diese Disharmonie war es, die mir zu schaffen machte und mich aus dem Gleichgewicht gebracht hat. Sie und nichts anderes hat diesen Schwindel erzeugt. Und noch etwas Ungeheuerliches ist mir klar geworden. Das war kein Zufall! Das geschah mit böser Absicht. Jemand hat dies alles so eingerichtet, um mich in den Wahnsinn zu treiben, um mich zu zerstören. Und dieser Jemand sitzt auf der anderen Seite des Schreibtisches und beobachtet meinen Zerfall, mitleidlos und grausam.

Ich springe auf und zerre mit der ganzen Kraft, die mir geblieben ist, an dem Sessel, um ihn aus der falschen und fatalen Position zu bringen. Doch er ist schwer wie ein Fels und bewegt sich keinen Millimeter. Der Schwindel packt mich. Er betäubt mich fast. Ich war verloren, verloren!

Ich sehe das verzerrte, teuflische Gesicht hinter dem Schreibtisch, höre das tierische Gebrüll. Dann dieses gellende Schreien, das unerträglich ist und das ich ersticken muss. Er schreit und schreit und schreit und schreit! Die folgenden Sekunden wie ausgelöscht, alles dunkel. Das müssen Sie mir glauben, Herr Kommissar. Oh Gott! Nein!

Ja, es ist alles in Ordnung, ich habe mich beruhigt. Es kann weitergehen. Entschuldigen Sie.

Ja, der Psychiater hat mir die Fotos gezeigt, gleich nachdem man mich hierher in die Klinik gebracht hat. Ich kann mir das alles nicht erklären, die zerbrochene Plastik, der eingeschlagene Schädel. Das viele Blut. Entsetzlich! Entsetzlich!!

Als ich wieder zu mir gekommen bin, stehe ich über den Drehsessel gebeugt und stopfe zerknüllte Blätter aus meinem Manuskript in den aufgerissenen, stummen Mund. Ich werde dieses Bild niemals vergessen.

Da sitzt er, der König von Laputa, in seinem geborstenen geometrischen Reich, den Kopf im Winkel von 90 Grad zur Linken geneigt, das eine Auge starr nach innen, das andere auf den Zenit gerichtet. Aus dem rechten Nasenloch schlingert ein dünner Blutfaden, aus dem aufgerissenen Mund quellen Papierklumpen wie herausgewürgtes Gekröse. In den dunklen Gläsern der Brille, die auf die Nasenspitze gerutscht sind, flackern die Irrlichter rot und grün, grün und rot, rot und grün, grün und rot ...

Bettina von Cossel

Vergissmeinnicht

„Für mich ist die Sache klar", sagte Walter Wasner, ein rotgesichtiger Mittfünfziger mit leichtem Übergewicht, und öffnete seine schweinslederne Aktentasche, „der Kerl wohnt in Mannheim." Er holte eine handgeschriebene Liste heraus und schob sie über den Schreibtisch. „Sehen Sie mal."

Privatdetektiv Ben Liebenthal, der ihm in modisches Schwarz gekleidet gegenübersaß, warf einen flüchtigen Blick darauf. „Ihre Frau hat in Mannheim eingekauft", stellte er fest. „Fliesen und Sprossenfenster. Das heißt noch lange nicht, dass sie Sie betrogen hat."

„Doch", beharrte Wasner. „Bei uns im Odenwald gibt's genug Fliesen- und Glashersteller, um unseren neuen Anbau zu bestücken. Was wollte sie da in Mannheim?" Laut und deutlich klappte er seine Aktentasche wieder zu. „Außerdem steht bei uns seit neuestem Pfälzer Wein im Keller, den ich nicht gekauft habe. Höchst sonderbar, denn meine Frau trinkt bloß Prosecco."

„Vielleicht hat sie ihren Geschmack geändert", bemerkte Liebenthal. „Oder ihre Freundinnen schätzen guten Wein."

„Unsinn", antwortete Wasner knapp. „Ich bin doch nicht blöd. Wollen Sie sie nun überwachen oder nicht?"

Durch Liebenthal ging ein Ruck. „Natürlich nehme ich den Auftrag an", antwortete er höflich lächelnd. „Aber rechnen Sie nicht damit, dass bei der Recherche viel herauskommt." Er stand auf und holte zwei Gläser aus dem Schrank. „Mögen Sie Whisky?"

Zwei Stunden später verließ eine dunkelblaue Limousine die Tiefgarage des Bürohauses, in dem Liebenthal seine Detektei hatte, und fuhr in Richtung Innenstadt. Das Auto gehörte Walter Wasner, am Steuer saß Privatdetektiv Liebenthal. Neben ihm auf dem Beifahrersitz lagen Wasners Trachtenmantel und -hut. Der Detektiv stellte den Wagen in einem Parkhaus in den Quadraten ab, stieg aus und holte die Kleidungsstücke aus dem Wagen. Nach einem abfälligen Blick auf die moosgrüne Pracht zog er den Mantel an, schob den Hut tief in die Stirn und machte sich auf den Weg zur Deutschen Bank.

Hoffentlich sieht mich keiner in dieser Aufmachung, ging es ihm durch den Kopf. Ob Wasner dieses scheußliche Trachtenensemble etwa schön gefunden hatte? Zügig überquerte er die Fressgasse.

Komischer Name, dachte er und widerstand der Versuchung, sich tatsächlich etwas zu essen zu kaufen, obwohl ihn ausgerechnet jetzt ein wahrer Heißhunger auf Mettbrötchen mit Zwiebelringen überfiel. Liebenthal seufzte und eilte weiter. Für Mettbrötchen war jetzt keine Zeit. Er bog in eine der schicken Einkaufspassagen zwischen Fressgasse und Planken ab, die ihn mehr oder weniger direkt zum Haupteingang der Deutschen Bank führte. Kurz bevor er die schweren Glastüren aufstieß, zog er sich den Hut noch tiefer über die Augen.

Gar nicht so schlecht, dass dieser Typ auf Hüte stand, dämmerte es ihm. Ohne dieses gamsbartgeschmückte Accessoire würde die Kamera, die den Geldautomaten überwachte, garantiert sein Gesicht filmen. So aber konnte man von ihm nicht mehr als Jägerhut und Lodenmantel erkennen. Kein Mensch würde auf die Idee kommen, dass unter dieser Verkleidung jemand anders als der gute Herr Wasner steckte. Liebenthal zückte die Geldkarte und steckte sie in den Kartenschlitz. Die PIN-Nummer hatte ihm Denise gegeben, Wasners Ehefrau. Oder sollte er Witwe sagen? Von ihr war auch der Tipp gekommen, dass Wasner leidenschaftlicher Whiskytrinker war. Er grinste. Dieser Idiot hatte fast ein Jahr lang gebraucht, um zu kapieren, dass seine Süße ein Verhältnis hatte. Und dann war er auch noch blöd genug gewesen, ausgerechnet zu ihm zu kommen, um ihn mit der Überwachung zu beauftragen. Auch das hatte Denise eingefädelt, keine Ahnung wie. Wahrscheinlich hatte sie Werbung für seine Detektei diskret auf dem Schreibtisch ihres Mannes liegen lassen. Zu dumm für den guten Walter, dass der Whisky vergiftet gewesen war, grinste er. Nun war er bei den Englein im Himmel, beziehungsweise im Kofferraum der blauen Limousine.

Liebenthal stopfte das Geld, das der Automat ausgespuckt

hatte, achtlos in die Manteltasche. Die Bilder der Videokamera würden Beweis genug sein, dass Wasner nach seinem Besuch in der Detektei noch gelebt hatte. Wen interessierten schon die paar Scheine?

Mit hochgeschlagenem Mantelkragen machte er sich auf den Rückweg zum Parkhaus. Er sah auf die Uhr. Denise wartete sicher schon.

„Hat alles geklappt, Liebling?“, fragte sie und schmiegte sich an ihn. „Ich habe mir schon Sorgen gemacht.“

Liebenthal nickte. „Alles in Butter“, versicherte er ihr. „Er liegt hinten im Kofferraum.“ Er sah sich suchend um. „Ist dieser Pole noch da?“

„Ja, im Garten“, antwortete Denise und deutete auf die offene Flügeltür im neu angebauten Wintergarten. „Pavel mischt gerade Beton für die Terrasse.“ Sie lächelte. „Sehr viel Beton. Um ganz sicherzugehen, habe ich ihn gebeten, gleich mehrere Kubik Flüssigbeton anliefern zu lassen.“

„Bist du sicher, dass das eine gute Idee war?“, fragte er und strich ihr durchs Haar. „Schließlich soll der Typ keinen Verdacht schöpfen.“

Denise lachte. „Keine Angst, Pavel versteht so gut wie kein Deutsch und außerdem ist er nicht der Hellste.“ Sie fuhr Ben zärtlich über den Arm. „Jetzt müssen wir nur noch so tun, als seist du mein Mann, der große Heimwerker, der die Terrasse selbst betonieren will.“ Sie nahm ihn bei der Hand und führte ihn zur Baustelle im Garten.

„Pavel, darf ich Ihnen meinen Mann vorstellen?“, rief sie dem muskulösen Arbeiter an der Betonmischmaschine zu. Der schien nicht verstanden zu haben.

„Mein Mann“, wiederholte Denise und küsste Ben Liebenthal demonstrativ auf die Wange. Jetzt schien Pavel zu kapieren.

„Ah, Mann“, strahlte er sie an und streckte Ben seine verdreckte Hand hin. „Ich Pavel.“

„Sehr erfreut“, murmelte Ben Liebenthal. „Ich möchte die Terrasse gerne selbst betonieren, Pavel. Sie können jetzt nach Hause gehen.“

Der Pole sah ihn ratlos an.

„Sie jetzt gehen“, soufflierte Denise, und Pavel verabschiedete sich überschwänglich.

„Morgen früh ich komme wieder“, sagte er und verschwand durch die große Flügeltür.

Kaum war er weg, holten Denise und Ben Liebenthal die Leiche aus dem Auto und warfen sie in die Grube, die Pavel für die Terrasse ausgehoben hatte. Dann machte Liebenthal sich daran, den Beton gleichmäßig auf der gesamten Fläche zu verteilen, bis Walter Wasners Leiche vollständig unter einer dick wabernden Schicht begraben lag.

„Wunderbar“, lächelte der Detektiv und betrachtete sein Meisterwerk, „den findet garantiert keiner mehr.“

Es traf ihn wie ein Schock, als jemand ihn plötzlich von hinten in den Beton stieß. Mit vor Schreck weit aufgerissenem Mund sauste er vornüber in den dicken Brei, der ihm im wahrsten Sinne des Wortes den Atem nahm. Verzweifelt versuchte er, sich wieder aufzurappeln, aber es ging nicht. Irgendetwas drückte ihn nieder, immer tiefer in die zähflüssige Masse hinein. Dumpf realisierte er, dass er es nicht mehr schaffen würde sich umzudrehen, um seinem Angreifer ins Gesicht zu sehen. Für den Bruchteil einer Sekunde fiel ihm das Mettbrötchen wieder ein. Dann wurde ihm endgültig schwarz vor Augen.

„Liebling, das hast du wunderbar gemacht“, hauchte Denise Wasner ihrem Geliebten ins Ohr. „Die Idee, ihn mit einer Eisenstange nach unten zu drücken, war genial.“ Sie knabberte zärtlich an Pavels Ohrläppchen. „Ich weiß auch schon, wie wir nachher den Wagen verschwinden lassen.“ Zufrieden blickte sie durch die großen Scheiben des Wintergartens auf den sich härtenden Terrassenboden hinaus. „Wie glatt die Oberfläche geworden ist. Perfekt! Fehlen nur noch die Fliesen, dann können wir hier gemütlich in der Sonne sitzen.“

Man kann diese Polen gar nicht laut genug loben, dachte sie lächelnd. Sie leisten wirklich erstklassige Arbeit. Verführerisch strich sie ihm über den muskulösen Oberkörper. „Lass uns nach oben gehen, Schatz.“

Pavel sah sie fragend an. „Bett?“

Sie nickte. „Ja“, schnurrte sie und deutete mit vielsagendem Lächeln auf die Treppe, die nach oben zum Schlafzimmer führte. „Bett.“

Während Pavel schon hochging, goss sie zwei Gläser Wein ein und stellte sie auf ein Silbertablett. Während ihrer Affäre mit Liebenthal, dem gebürtigen Pfälzer, hatte Denise guten Wein schätzen gelernt. Walter hatte ja immer nur Whisky getrunken. *Armer Walter, armer Ben!* Nun waren alle beide tot. Vielleicht sollte sie aus Pietät einen Topf Vergissmeinnicht auf die Terrasse stellen.

Eigentlich schade, dass Pavel so dabbisch sein würde, seine Heldentat beim nächsten Kneipenbesuch in alle Welt zu posaunen. Sie hätte seine Dienste gerne noch länger genossen, aber so ... Kritisch ließ sie den Blick über das Rosenrondell in der Mitte des Gartens schweifen, das von einem Meer winzigblauer Vergissmeinnicht gesäumt wurde. Fast sah es so aus, als sinke es in der Mitte leicht ab. Thorsten. Oder lag der links und Guido war in der Mitte?

Egal. Langsam ging sie mit den Weingläsern nach oben ins Schlafzimmer, wo Pavel schon sehnsüchtig auf seine Belohnung wartete. Man kann sich ja nicht alles merken.

Walter Landin

Der Mord in der Schimperstraße

Da oben an der Decke, direkt über dem Stammtisch, da war der Blutfleck. Und die Leiche, das können Sie mir ruhig glauben, wurde entdeckt, weil sich der Blutfleck gebildet hatte.

Ein Blutfleck? An der Decke? Erzählen Sie doch keinen Unsinn! Der Schrank, in dem die Leiche gefunden wurde, befand sich in einem Zimmer oben unter dem Dach. Wie soll das Blut von da bis ins Erdgeschoss gekommen sein?

Auf jeden Fall gab es eine Leiche. Das bestreitet niemand. Von den zwanziger Jahren bis in die Sechziger hinein habe ich in der Schimperstraße 14 gewohnt, mit direktem Blick aufs „Paradies". Gedichte über das Geschehen gab es viele, zu unterschiedlichen Melodien gesungen. Am bekanntesten war die Version, die auf die Melodie eines richtigen Gassenhauers gesungen wurde, „Eine Seefahrt, die ist lustig." So ging es los:

„In der Schimperstraße 16, in einem Kleiderschrank,
da fand man eine Leiche, die ganz entsetzlich stank."

Die Witwe und die Kinder des Unglücklichen, die angeblich in der Neckarstadt wohnten, sollen unter den Schmähliedern arg gelitten haben. Das können Sie sich bestimmt vorstellen.

Wofür war Mannheim denn in dieser Zeit Deutschland weit bekannt? Raten Sie mal! Für zweierlei: für den SV Waldhof, der damals, lange ist es her, begeisternden Fußball spielte und, richtig, für die Schimperstraße 16.

Im Krieg lag ich als Soldat noch ein Stück hinter Breslau. Das war seinerzeit, das können Sie mir glauben, eine riesige Entfernung. Und Mannheimern ist man nur selten über den Weg gelaufen. Bei einem Appell bekam mein Spieß mit, dass ich aus Mannheim kam.

„Sind Sie der aus dem Kleiderschrank?“, brüllte er laut los.
Der 20. August 1926 ist ein heißer Tag, wie die Tage vorher auch. Um die elfte Morgenstunde staut sich eine mehr und mehr wachsende Menschenmenge an der Haustür, belagert die Gaststube vom „Paradies“, drückt sich in die Flure, stürmt die Treppen hoch. Zehn Minuten nach elf trifft die Gerichtskommission ein, Vertreter der Staatsanwaltschaft, Kripobeamte, Schutzmannschaften. Im Nu werden alle Absperrmaßnahmen getroffen. Wie ein Lauffeuer durcheilt die Umgebung ein Wort: Mordverdacht.

Das dienstliche Verhalten Ludwig Pauls sei nur als vollkommen einwandfrei zu bezeichnen. Man sei mit ihm sehr zufrieden gewesen, da er nicht nur sein tägliches Arbeitspensum äußerst gewissenhaft erledigt habe, sondern darüber hinaus sein Interesse für den Bankbetrieb dadurch bekundet habe, dass er verschiedentlich Verbesserungsvorschläge eingebracht habe. Umso entsetzter und erstaunter seien Vorgesetzte und Kollegen über das grausige Ende Pauls gewesen. Man stehe vor einem Rätsel.

Pauls Beerdigung fand in aller Stille statt. Selbst von den nächsten Angehörigen war niemand zugegen. Können Sie sich das vorstellen? Als der Bankangestellte sich abends von seiner Frau verabschiedete, hatte er 350 Reichsmark in der Tasche. Von dem Geld fehlt jede Spur.

Es war an einem Abend in einem Café schön,
da traf er seine Liebe und die war wunderschön.
Sie nahm ihn mit aufs Zimmer, das Bett war frisch gemacht,
da dachte er, da dachte er, das wird ’ne tolle Nacht.

Den Eintretenden schlägt auf der Treppe ein entsetzlicher Geruch entgegen. In der unter dem Dach gelegenen Wohnung verdichtet er sich dermaßen, dass man sich die Nase zuhalten muss, keine geringe Anforderung an die Nerven der Beamten, die die Untersuchung zu führen haben. Unter dem Dach wohnt ein bei Benz beschäftigter früherer Werkleiter.

Er hat sein Herz in der Schimperstraß' verloren,
in einer heißen Liebesnacht.
Er war verliebt bis über beide Ohren,
das hat ums Leben ihn gebracht.

Vor 13 Tagen sei eine Frauensperson im Alter von ungefähr 30 Jahren gekommen, habe sich darauf berufen, in einem Schokoladengeschäft in der Nähe gehört zu haben, dass ein Zimmer zu vermieten sei, was zutraf. Sie habe als Beruf Büglerin angegeben, sagte, sie wolle eigentlich in die Pfalz reisen, nach Germersheim, könne sich aber nicht dazu entschließen, da sie keinen Pass habe. Sie habe das Zimmer gemietet, im Voraus bezahlt und sei fünf Tage geblieben. Sie habe gelegentlich den Besuch eines jungen Mannes erhalten, mit dem sie intim befreundet schien. Am sechsten Tag sei sie verschwunden und habe sich nicht mehr blicken lassen. Inzwischen habe es im Zimmer, in der Wohnung, im Haus begonnen zu riechen. Den Nachbarn fiel es nicht so sehr auf, da in einer anderen Wohnung eine alte Frau in einem langen Siechtum lag.

Und als er Abschied nahm von seinem Leben,
beim letzten Kuss, da hat er's klar erkannt,
dass er ihr alles hingegeben.
Dann kam er in den Kleiderschrank.

Die Polizei nimmt an, dass die Frauensperson Ludwig Paul in das Zimmer lockte und wahrscheinlich mit Hilfe ihres Freundes ermordete. Diesen Freund hat man noch vor ganz kurzer Zeit gesehen, während von der Frau jede Spur fehlt.

Es war an einem Abend, als man die Leiche fand
in der Schimperstraße 16 in einem Kleiderschrank.
Die Tür war fest verschlossen, das Mensch war abgereist.
Da wusste man, da wusste man, was falsche Liebe heißt.

Am 20.8.1926, vormittags etwa um 10 Uhr, wurde in einer Wohnung in der Schimperstraße 16 eine männliche Leiche, die in einem Kleiderschrank eingeschlossen war, gefunden. Das Zimmer, in dem die Leiche gefunden wurde, war kurze Zeit an eine Frauensperson vermietet gewesen, die seit dem 14.8.26 flüchtig ist. Die Leiche wurde als die des seit dem 13.8.26 vermissten, verheirateten Bankbeamten Ludwig Paul, wohnhaft in der Käfertaler Straße, identifiziert. Die Untersuchung ist eingeleitet. Alle Personen, die in der Lage sind, zu dieser Sache Angaben zu machen, werden ersucht, sich bei der Kriminalpolizei, Schloss, linker Flügel, Zimmer Nummer 73 zu melden.

Wir möchten feststellen, dass in dieser Meldung, die in denkbar knappster Form nur das bestätigt, was wir im gestrigen Abendblatt veröffentlicht haben, kein Wort über den Sektionsbefund enthalten ist. Die Sektion hat gestern Nachmittag stattgefunden. Warum wird darüber nichts veröffentlicht? Es dürfte der Sektionsbehörde nicht unbekannt sein, dass über die Todesart verschiedene Gerüchte kursieren.

Nun gab es groß' Getue in der ganzen Nachbarschaft,
und alles reißt die Schnute bis an den Kehlkopfschacht.

Pulsadern aufgeschnitten. Kopf mit braunem Tuch umwickelt. Was für schöne Augen die hatte, die flüchtige Frauensperson. Hirnschale zertrümmert. Halsschlagader durchtrennt. Und was für große Hände.

Im August 1926 hatte eine Kellnerin, die im „Paradies" bediente, ihr Zimmer oben in den Gauben. Doch, doch, Kellnerin. Nein, nein, keine Büglerin. Ihr Freund, ein verheirateter Mann, strengte sich beim Liebesakt so an, dass er vom Herzschlag getroffen nackt und bloß dalag. In Panik schob die Kellnerin, doch, doch, Kellnerin, ihn mit dem Kopf voran in den Kleiderschrank, hob seine Beine hoch, schloss Schrank und Zimmer ab und flüchtete. Es war Hochsommer und in dem Mansardenzimmer direkt unter dem Dach dauerte es nicht lange, bis der Leichengeruch ins Haus drang. Der Polizei fiel die nackte Leiche aus dem Schrank entgegen. Die Kellnerin wurde gefasst und unter Mordanklage gestellt, denn sicher konnte ein Kleiderschrank durchaus ein Zufluchtsort sein. Aber wer stellt sich dabei auf den Kopf? Die Polizei ging davon aus, dass Gewalt im Spiel sein musste. Die Frau beteuerte ihre Unschuld, wurde jedoch in Haft behalten. Als dann aber der Herzschlag nachgewiesen war, kam die Kellnerin frei. Ja, ja, Kellnerin. Nein, nein, keine Büglerin auf der Durchreise. Wer hat Ihnen denn diesen Bären aufgebunden? Sie dürfen nicht alles glauben, was man Ihnen erzählt!

Die flüchtige Frauensperson ist geständig. Der Mord steht kurz vor der Aufklärung.

Eine Kellnerin aus der Wirtschaft „Paradies" hatte den verheirateten Bankbeamten mit auf ihr Zimmer genommen und ihm beim Liebesakt im Rausch der Sinne die Hoden durchgebissen. Er verblutete dabei. Sie wusste sich nicht zu helfen, sperrte den Mann in den Kleiderschrank, verschloss die Wohnung und verreiste. Mieter rochen nach einigen Tagen den Gestank und ließen die Wohnung öffnen. Die Frau wurde gefasst. Der Verteidiger sprach von einem bedauerlichen Unfall und plädierte auf Freispruch. Das Gericht sah es anders und verurteilte sie wegen Mordes. Die Kellnerin wurde hingerichtet. Ihr Kopf liegt in der Pathologie in Heidelberg.

Die Press' blamiert sich gründlich mit unhaltbar' Gerücht
doch was kam heraus, er hat 'nen Herzschlag kriecht.

Die Hoden? Aber nein! Das beste Stück hat sie dem armen Kerl abgebissen. Und sie hat sich in der Nähe des Schlosses an einem Baum aufgehängt. Die 350 Reichsmark, die der arme Bankbeamte bei sich hatte, wurden übrigens nie gefunden.

Abgebissen? Wer erzählt denn so was? Abgeschnitten! Mit einem Küchenmesser, so groß. Das hat sie aus der Küche der Wirtschaft mitgehen lassen. Das Messer lag im Schrank, neben der Leiche. Blutverschmiert. Sie bekommen eine Gänsehaut?

Und als man sie dann suchte, am Neckar und am Rhein,
da fand sie sich von selber bei der Staatsanwaltschaft ein.
Sie sagt, wie es gekommen und tat hier alles kund,
doch dem Staatsanwalt, dem war die Sach' zu bunt.

Gespräche über das Geschehen in der Schimperstraße führten die Erwachsenen nur hinter vorgehaltener Hand. Zur damaligen Zeit war die ganze Geschichte, ob jetzt Mord oder Unfall, natürlich eine außerordentlich pikante Angelegenheit. Das können Sie mir glauben. Und es gab nicht wenige Leute, die so taten, als gerate diese sündige Welt nun endgültig aus den Fugen.

Herzschlag? Also, ich weiß nicht. Das hört sich so profan an. Abgeschnittene Hoden. Abgebissener Penis. Das klingt spektakulärer, wenn ich ehrlich bin. Der Blutfleck an der Decke des „Paradieses", das muss ich gestehen, dieser Blutfleck, der hat es mir angetan. Sie wussten nicht, dass in den Räumen der Gaststätte „Paradies" heute die „Osteria Limoni" beherbergt ist? Wenn ich in der Gaststube sitze, den trockenen Landwein genieße und auf das Essen warte, dann bilde ich mir ein, in der Ecke oben an der Decke den Blutfleck noch zu sehen, ganz blass zwar, das gebe ich zu. Aber mit etwas Fantasie ist er noch zu erkennen, der Blutfleck.

Anne Hassel

Geisterwind

Die Freundinnen kamen unangemeldet am Samstagnachmittag. Sie klingelten und nachdem Christina den Türöffner gedrückt hatte, hörte sie ihre leichten Schritte auf den Steintreppen.

„Wir bleiben nicht lange. Wir wollten dich nur mal wieder sehen“, sagten sie und saßen doch Stunden, erzählten, und dem Kaffee folgte Rotwein.

Als sie sich endlich verabschiedeten, stand der kleine Zeiger der Uhr kurz vor zwölf, der große war nicht mehr weit davon entfernt.

Für einen Augenblick überlegte Christina, ob sie das abendliche Joggen ausfallen lassen sollte, doch es gehörte zu ihrem Tagesablauf wie das Zähneputzen.

Sie zog also ihren Trainingsanzug und die Sportschuhe an, lief zwei Stufen auf einmal die Treppen hinunter, öffnete die schwere, hölzerne Tür und rannte los.

Zum Rheinufer waren es nur ein paar Schritte, vorbei an Häusern, die zum Teil aus einer Zeit stammten, in der in Mannheim noch nicht so viele Menschen lebten, sich noch nicht unzählige Fahrzeuge durch die Straßen quälten. Christina wohnte gerne hier im Stadtteil Lindenhof, am Stefanienufer, den Fluss in ihrer Nähe. In der Innenstadt, wo die Gebäude so standen, dass kein Windhauch zwischen ihnen hindurchging, sich keinen Raum ließen, könnte sie nicht sein.

Kein Mensch war zu sehen, als sie über die Straße zur Uferpromenade lief. Nur ein paar Autos fuhren schnell vorbei, erfassten mit ihren Lichtkegeln die Straße und verschwanden nach der nächsten Biegung.

Ein dicker, goldgelber Mond teilte sich den Himmel mit einzelnen Sternen. Kälte lag über der Stadt und machte den Atem sichtbar.

Rechts verbargen Büsche den Rhein, erst später würde sie ihn sehen, düster, kalt. Links parkten Autos mit Scheiben, die Frost undurchsichtig machte, standen Eschen, die unfreiwillig Misteln beherbergten.

Das milchige Licht der Jugendstil-Straßenlaternen löste für Momente die Dunkelheit ab, die sich danach wieder ausbreitete.

Christina sog hörbar die Luft ein, lief zum Eingang des Uferparks, blickte auf die weiße Statue der Stephanie de Beauharnais, der Großherzogin von Baden, die fünfundvierzig Tage nach der Französischen Revolution in eine unruhige Epoche hineingeboren worden war.

So spät war Christina noch nie hier gewesen und sie überlegte, ob sie umkehren sollte. Doch dann sah sie auf das Wasser, nicht mehr verborgen von Büschen, blickte hinüber zur Parkinsel von Ludwigshafen und beschloss so weit zu laufen, wie sonst immer am Tag.

Im Gegensatz zur Innenstadt bemerkte man hier, dass es Herbst war, eine Jahreszeit, die sie immer an Abschied erinnerte, melancholisch werden ließ.

Sie kannte den breiten Weg im Park blind, mit der Wiese und den Silberpappeln auf der linken Seite, den Fußweg hinunter zum Rhein mit den Weidenbäumen, so oft war sie ihn schon gegangen. Fand ihn zu jeder Jahreszeit schön mit der jeweils veränderten Natur, liebte es, wenn das Laub unter ihren Füßen einen Teppich bildete.

Das Keuchen, das Schnaufen, das Ächzen, das sie auf einmal hörte, das jetzt hinter ihr herkam, erst leise, weit entfernt, dann immer lauter werdend, sich nähernd, das kannte sie nicht.

Es folgte Christina.

Nun war es, als befände es sich direkt hinter ihr.

Doch als sie erschrocken über ihre Schulter nach hinten blickte, sah sie nichts.

Keine Menschenseele befand sich auf dem Weg, niemand außer ihr.

Nur die Sträucher bewegten sich, als wären tausend Winde darin eingefangen, obwohl sich kein einziger Grashalm regte.

Aber die Schritte, die waren da.

Christina hörte sie.

So nah nun, dass Christina diese fast spürte, dass sie meinte, das Rascheln des Laubs wahrzunehmen.

Und während sie jetzt rannte, so schnell wie noch nie in ihrem

Leben den Weg weiter rannte, sah sie mit Entsetzen, dass sich aus der Reißinsel, in einem ehemaligen Altrheinarm, der sich bei Hochwasser geheimnisvoll mit Wasser füllte, eine Nebelwand auftat.

Die langsam auf sie zukam.

Näher und näher.

Fort, nur fort, dachte Christina und konnte sich nicht erinnern, jemals in ihrem Leben solche Angst gehabt zu haben.

Trotz der Kälte schwitzte sie, fühlte, wie ihr schlecht wurde. Einen winzigen Augenblick überlegte sie, ob sie umkehren sollte, entschied sich jedoch dagegen.

Kurz bevor der Nebelschleier sie erreichte, sie berührte, sie in ihn hineinlief, sah sie weiter vorne, oben, die beleuchtete Straße und Häuser mit dunklen Fensterfronten. Sie hastete darauf zu, lief ohne nachzudenken, ohne sich umzusehen und hielt erst an, als sie etliche Minuten später, die ihr wie Stunden vorkamen, vor ihrem Haus stand. Mit zitternden Fingern sperrte sie die Holztüre auf. Drehte sich vorsichtig um, dachte, sie müsse etwas von dem Grauen entdecken, dem sie gerade entkommen war.

Aber alles war still, der Himmel dunkel mit einem goldgelben Mond und den Sternen, vertraut wie immer. Nichts schien verändert. Nicht einmal einen Nebelhauch konnte sie unten am Rhein entdecken.

Vom Fenster ihrer Wohnung aus sah sie nochmals nach draußen, suchte mit ihren Blicken unten nach etwas Ungewöhnlichem, nach dem, das sie verfolgt hatte. Vergeblich.

In dieser Nacht schlief sie kaum, rannte im Traum wieder und wieder um ihr Leben.

Zwei Tage später las sie in der Zeitung, dass eine Joggerin genau in der Stunde, in der sie sich im Park befunden hatte, auf dem Weg oberhalb der Reißinsel ermordet worden war.

Simone Jöst

Lästige Sandkörner

Meine Beine bitzeln und das Stückchen Pappe unter meinem Hintern lässt allmählich die Kälte des Steinbodens durch. Ich bin es einfach noch nicht gewohnt, stundenlang im Schneidersitz auf dem Boden zu sitzen und eine bemitleidenswerte Miene aufzusetzen, damit die Leute ihr Kleingeld in meine Mütze werfen. An manchen Tagen, so wie heute, springen die Münzen üppig aus ihren Geldbeuteln, aber viel häufiger laufen die Leute einfach an mir vorüber, würdigen mich keines Blickes und halten sich für etwas Besseres. Genau wie dieser Schnösel, der keine zwei Meter entfernt vor mir steht. Businessanzug, Lackschuhe und Handy am Ohr. Es ist noch gar nicht so lange her, da war ich genauso überheblich und hielt Obdachlose für versoffene Penner, die einfach nur zu faul zum Arbeiten sind – Schandflecken der Stadt. Damals war ich Ingenieur, baute Brücken und heute schlafe ich unter ihnen. Es ist kein schlechtes Leben, das ich führe, es ist anders.

Die Nacht hat sich über die Mannheimer Fußgängerzone gelegt und beleuchtete Schaufenster locken die Spaziergänger an, wie das Licht die Insekten. Es wird Zeit für mich aufzustehen und mir die Beine zu vertreten. Ich will gerade die Geldstücke in meiner Mütze einsammeln, als sich der Mann vor mir umdreht. Unsere Blicke kreuzen sich und für einen kurzen Moment bleibt das Getriebe der Welt stehen. Mir stockt der Atem, als ich dich erkenne. Edgar.

„Scheiße“, murmle ich, denn es gibt keinen Menschen auf der Welt, den ich mehr hasse. Ich wusste, dass wir uns eines Tages wieder über den Weg laufen würden, aber den Zeitpunkt wollte ich wählen und dir dann nicht als obdachloser Bettler, sondern als dein Mörder gegenübertreten. Mir wird heiß und ich bete, dass du mich nicht erkennst. Mein ganzer Körper bebt. Seit damals träume ich jede verdammte Nacht davon, dich zu töten. Ich habe dich erschossen, erstochen, erschlagen und verbrannt, doch jedes Mal erwache ich, bevor meine Tat vollendet ist. Und jetzt stehst du leibhaftig vor mir und schaust mich an, nein, eigentlich schaust du durch mich hindurch. Für dich bin ich nur ein Penner, ein Nichts. Typisch, du arrogantes Arschloch hättest dir eher die Finger abhacken lassen, als einem Bettler ein freundliches Lächeln zu schenken oder gar Geld in seinen Hut zu werfen. Um ehrlich zu sein, bin ich froh, dass du mich nicht beachtest und erleichtert, dass du mich nicht erkennst. Wie solltest du auch, ich habe meinen Nadelstreifenanzug gegen einen mottenzerfressenen Mantel eingetauscht, in meinem Gesicht wuchert inzwischen ein Vollbart und meine Brille hat mir jemand von der Nase gestohlen, als ich schlief. Auf der Straße herrschen andere Gesetze.

Du hältst einen roten Rosenstrauß in deiner Hand und wartest noch immer, bis jemand am anderen Ende der Leitung abhebt. Ich kann mir denken, wen du anrufst und das versetzt mir einen Stich. Ich lasse die Münzen in meiner Manteltasche verschwinden und setzte die Mütze auf den Kopf. Bei dem Gedanken, dass du keine zwei Meter weit vor mir stehst und mich nicht erkennst, muss ich lachen. Du Idiot hattest doch noch nie etwas anderes gesehen, als deine Interessen, die aber dafür umso klarer.

„Hallo?", schreist du in dein Handy, beugst den Kopf etwas nach vorne und läufst weiter. „Maria? ..." Maria!

Meine eingeschlafenen Beine bitzeln und drohen einzuknicken, als ich mich aufrichte. Ich sehe dich die Straße in Richtung Wasserturm entlanglaufen. Du telefonierst und gestikulierst mit dem Strauß Rosen in deiner Hand. Ich starre dir ratlos hinterher. Jetzt, Jakob, stichelt meine innere Stimme, worauf wartest du, lauf ihm hinterher und vollende das, was du in deinen Träumen nicht konntest. Tu es! Töte ihn!

Ich schnappe meinen Rucksack, stecke das kleine Stück Pappe hinein und haste dir hinterher. Meine Ohren glühen, mein Hals ist trocken. Der Plan dich zu töten erfüllt mein ganzes Denken. Wenn nur meine Beine nicht so lahm wären. Der Abstand zwischen uns wird größer. Ich darf dich nicht aus den Augen verlieren und humple dir und einer Gelegenheit, die vielleicht nie wiederkehrt, so gut es geht hinterher. Die Menschen um mich herum verschwimmen zu einer wabernden bunten Masse, mit der ich hie und da kollidiere. Mein Spiegelbild, das Bild eines zerlumpten Mannes mit durchgelaufenen Schuhen, folgt mir von Schaufenster zu Schaufenster. Ich betrachte es nicht, weiß aber, dass es mir folgt. Die Straßenbahn poltert über die Schienen durch die Fußgängerzone und schneidet für einen Moment die Sicht auf dich wie einen Faden durch. Meine Beine gehorchen mir langsam wieder und ich laufe schneller. Die Bahn rollt weiter und ich entdecke dich am Ende der Straße. Du stehst inmitten einer kleinen Gruppe von Passanten an der roten Fußgängerampel und wartest. Ich hole auf und stelle mich dicht hinter dich. Du benutzt noch immer dasselbe Aftershave wie früher, penetrant und aufdringlich. Wenn ich jetzt die Hand ausstrecken würde, könnte ich dich berühren. Ich könnte dich auf die Straße, vor die fahrenden Autos stoßen, ich könnte meine Hände um deinen Hals legen und zudrücken. Aber das alles werde ich nicht tun, denn ich möchte, dass du mir in die Augen schaust, wenn du stirbst und du die Erinnerung an mein Gesicht mit in den Tod nimmst. Genauso wie mich dein hämisches Grinsen verfolgt, das du für mich übrig hattest, als unser Chef mich feuerte. Du mieses Schwein, du kanntest keine Skrupel. Nur um den Posten als Juniorchef zu bekommen, intrigiertest du gegen mich mit einer Perfektion, die ihresgleichen suchte und das Schlimmste daran, ich bemerkte es erst, als es zu spät war und ich die Kündigung schon in den Händen hielt. Deine Worte, als ich meine Habseligkeiten in einem Pappkarton aus dem Büro trug, klingen noch heute in meinen Ohren: „Machs gut, mein Lieber“, sagtest du, „es wird Zeit, neue Wege zu gehen und lästige Sandkörner aus dem Getriebe zu pusten.“

Von da an lief für mich alles schief. Maria und ich konnten unsere Wohnung in den Arkadenbauten am Rande des Friedrichsplatzes nicht mehr halten und mussten ausziehen. Maria, pah! Diese geldgeile Schlange, sie verließ mich und fuhr schon bald mit dir in deinem Porsche durch die Gegend. Ich zog in eine kleine Wohnung in der Innenstadt und suchte einen neuen Job als Ingenieur. Brücken bauen, das war mein Leben, mein Traum, den ich mir von dir nicht zerstören lassen wollte. Meine

Bemühungen, eine neue Anstellung zu finden, blieben jedoch ohne Erfolg. Die Vorstellung, dass du schuld an meinem Unglück warst, dass du mir alles genommen hattest, was ich besaß und dass du nun mein Leben lebtest, machte mich schier wahnsinnig. Es verging kein Tag, an dem ich nicht Rachepläne gegen dich schmiedete und mein Selbstmitleid mit Alkohol ertränkte.

Mein Vermögen war bald aufgebraucht und ich jobbte in meiner Not sogar in einer Frittenbude. Ich stank nach ranzigem Fett und ekelte mich vor mir selbst. Es war so demütigend. Meine letzte Hoffnung an Geld zu kommen, war schließlich das Glücksspiel. Wie heißt es doch so schön? Rien ne va plus, und in der Tat, bald ging nichts mehr, denn ich verspielte mein letztes Geld beim Pokern und musste schon wieder aus meiner Wohnung ausziehen, weil ich die Miete nicht mehr zahlen konnte.

Ich hatte keine Ahnung, was ich tun sollte und stand schneller auf der Straße, als mir lieb war. In der Fußgängerzone traf ich auf einen alten obdachlosen Mann. Er bot mir einen Schluck von seinem Rotwein an und ich redete mir den Kummer von der Seele. Das war meine erste Nacht auf der Straße. Im Mondschein saß ich mit dem Alten am Fuße der Friedrich-Ebert-Brücke. Wir tranken Wein und amüsierten uns über einen, der einst Brücken baute und heute darunter sein neues Zuhause gefunden hatte.

Das Einzige, lieber Edgar, das mir außer einem Bündel mit meinen Habseligkeiten geblieben ist, ist mein Hass auf dich. Jede Nacht träume ich davon, mich an dir zu rächen, dich zu töten und jetzt tauchst du plötzlich aus heiterem Himmel auf und diktierst mir den Zeitpunkt meiner Rache.

Ich starre in deinen Nacken und überlege. Die Ampel springt auf Grün. Die Leute eilen über die Straße und schlängeln sich zwischen den entgegenkommenden Passanten hindurch. Du läufst geradeaus auf den Wasserturm zu, schaust auf deine Uhr und schlenderst die halbrunden Palisaden neben der Brunnenanlage entlang. Die laue Sommernacht und die bunt beleuchteten Wasserfontänen, die in die Höhe tanzen, Kapriolen schlagen und wieder auf die Wasseroberfläche herniederklatschen, locken unzählige Liebespärchen in den Park. Am Rand des Brunnens bleibst du stehen und betrachtest für eine Weile das Schauspiel. Ich überlege, wie ich mich unbemerkt an dich heranschleichen kann, ohne Aufmerksamkeit zu erregen. Mein lieber Edgar, die Jagd ist eröffnet. Jetzt bin ich derjenige, der hinter deinem Rücken Pläne schmiedet, der alles daran setzt, dein Leben zu zerstören, aber deines wird endgültig vorüber sein, wenn ich mit dir fertig bin. Ich husche im Schatten der Arkaden hinter dir her und denke darüber nach, wie ich dich in einen Hinterhalt locken könnte, weg von dem Brunnen, hinein in die Dunkelheit. Ein Mord sollte gut vorbereitet sein. Anders als in meinen Träumen muss ich vorsichtig sein, um nicht entdeckt zu werden, denn wegen dir werde ich meine Freiheit bestimmt nicht gegen eine vergitterte Gefängniszelle eintauschen. Wenn du doch nur vom Brunnen weggingst, damit ich näher an dich herankäme.

Als ob du meine Gedanken erraten hast, setzt du dich in Bewegung und läufst über den feinen Kiesweg rund um das Wasserbassin, bis zur gegenüberliegenden Seite. Dort lässt du dich im Schutz der Arkaden auf einer Bank nieder. Du legst den Rosenstrauß quer über deine Beine und wartest. Ich folge dir in sicherem Abstand, langsam und leise. Etwa drei Meter hinter dir in der Dunkelheit steht ein großer Baum. Ich lehne mich mit dem Rücken gegen seine raue Rinde. Eigentlich müsste ich mich beeilen, dir den Garaus machen, bevor Maria kommt, aber ich weiß nicht, wie ich dich töten soll. Ich starre auf deinen nadelgestreiften Rücken und beiße auf meine Unterlippe. Ich könnte dich erwürgen, den Arm um deine Kehle schlingen und zudrücken, aber dafür fehlt mir die Übung. Wer hat schon Übung im Morden? Besser wäre ein großer Stein, mit dem ich dir den Schädel einschlagen könnte. Wahrscheinlich würdest du nicht einmal mehr schreien und ich könnte unbemerkt in die Nacht abtauchen und verschwinden. Das ist keine schlechte Idee. Ich schaue mich um und suche einen Stein, doch alles was ich finde, sind nur feine weiße Kiesel. Langsam wird mir unbehaglich zumute. Maria kann jeden Moment auftauchen und mir die Gelegenheit, mich endlich an dir zu rächen, vermasseln. Maria, ich weiß schon gar nicht mehr, wie sie aussah. Mit der Zeit verblassen die Details, die Kleinigkeiten, die ich früher so sehr an ihr liebte. Umso genauer kann ich mich noch an ihren roten Kopf erinnern, als ich sie mit dir zusammen in unserem Bett erwischte und an ihr Gestammel von wegen sie müsse an ihre Zukunft denken. Verlogene Schlampe.

Die Zeit drängt, ich will ihr nicht begegnen. Plötzlich habe ich eine Idee. Ich ziehe meinen Rucksack von den Schultern, stelle ihn in das Gras zu meinen Füßen und durchwühle meinen Besitz, der mir geblieben ist. Es dauert einen Moment, bis ich in der Dunkelheit gefunden habe, wonach ich suchte. Es liegt schwer in meiner Hand. Ich streiche mit dem Daumen über mein Taschenmesser und lächle. Ich grabe meinen dreckigen Fingernagel in die Auskerbung der Klinge und ziehe sie hervor. Die bunten Lichter des Brunnens spiegeln sich auf dem blanken Metall. Ich stecke das Messer in meine Manteltasche und ziehe meinen Rucksack wieder auf den Rücken, denn nicht nur ein Mord, sondern auch eine Flucht muss gut vorbereitet sein.

Es ist soweit, Edgar, der Moment, auf den ich so lange gewartet habe, ist zum Greifen nahe, jagt mir eine Gänsehaut über den Körper. Ich umklammere das Messer und probiere, wie ich am besten zustechen soll, von oben nach unten, von unten nach oben oder einfach gerade von hinten durch die Rippen. Du sitzt noch immer auf der Bank vor mir und hast keine Ahnung, dass die Nacht für dich gleich noch ein wenig dunkler wird. Du hattest noch nie ein Gespür für die Dinge, die um dich herum geschehen.

Gerade als ich mich von dem Baum lösen will, nähert sich eine Gruppe Jugendlicher der Pergola. Breitbeinig und johlend schlendern sie den Kiesweg entlang. Der Anführer hält seine Arme ein wenig vom Körper gespreizt und täuscht Muskelpakete an den Oberarmen vor, die tatsächlich gar nicht existieren. Die fünf Kerle bauen sich vor dir im Halbkreis auf. Sie verschränken ihre Arme vor der Brust, schauen sich an und grinsen. Du stellst deine Füße nebeneinander auf den Boden. Ich drücke mich gegen den Baumstamm, kralle meine Fingernägel in die Rinde und ärgere mich, dass die Typen mir in die Quere kommen.

„Los, Kohle, Handy und Uhr her“, fordert der Anführer der Gruppe.

„Was soll das?“ Du legst die Rosen auf die Bank und erhebst dich. Der Anführer zieht ein Springmesser aus seiner Hosentasche. „Mach schon!“

„Ich glaube, ihr spinnt“, schnauzt du und vier weitere Springmesser schnappen auf. Du solltest einfach tun, was man von dir verlangt. Ich bete, dass die Kerle dich in Ruhe lassen, denn du gehörst mir! Die Passanten kümmern sich nicht um den Überfall, im Gegenteil, sie machen einen Bogen um euch herum, nur um nicht selbst in Schwierigkeiten zu geraten. Der Anführer gibt einem seiner Gefolgsleute ein Zeichen mit dem Kopf, er solle deine Taschen untersuchen. Er selbst lässt dich keine Sekunde lang aus den Augen und hält noch immer das Messer auf dich gerichtet.

„Wage es bloß nicht“, fauchst du und stößt den jungen Mann, der sich aus der Gruppe gelöst hat, von dir. Ein böser Fehler, lieber Edgar. Der Anführer der Gruppe stößt daraufhin sein Messer tief in deine Brust. Die Jugendlichen streifen dir deine Armbanduhr vom Handgelenk, ziehen deine Wertsachen aus deinem Jackett und stoßen dich zu Boden. Dann rennen sie über den knirschenden Kiesweg davon.

Ich könnte laut aufschreien vor Wut. Du gehörtest doch mir, verdammt! Ich war so kurz vor meinem Ziel, mit dir abzurechnen, dich zu töten und endlich meine lang ersehnte Rache auszukosten ... und jetzt das.

Bevor die Passanten auf dich aufmerksam werden oder Maria plötzlich auftaucht, eile ich zu dir hinüber. Ich bleibe vor dir stehen und beobachte deine Bemühungen, dich auf die Bank emporzuziehen. Die Rosen fallen zu Boden und verteilen sich zu deinen Füßen.

„Hilfe“, röchelst du.

„Wie blöd muss man eigentlich sein, du verdammter Idiot?“, schimpfe ich und ärgere mich, dass nicht ich es war, der dir die Klinge in deine Brust stieß. Am liebsten würde ich mit dem Fuß nach dir treten, dich ohrfeigen. „Du hast mir meinen Job genommen, meine Frau, mein ganzes Leben und jetzt nimmst du mir sogar noch meine Rache, nur weil du dich wieder aufspielen musstest. Bist einfach immer noch derselbe Arsch wie früher." Ich spucke vor deinen Füßen zu Boden.

„Jakob? ...", keuchst du mit letzter Kraft, „du? ... Bitte ..." Du presst deine Hand auf die Stichwunde in deiner Brust. Das Blut färbt dein weißes Hemd dunkel und quillt zwischen deinen Fingern hindurch. Du sackst zusammen, dein Gesicht schlägt auf die Sitzfläche der Bank auf und deine Arme baumeln links und rechts davon nach unten. Ich balle die Fäuste und blähe meine Nasenflügel. Schon wieder hast du mich hintergangen, schon wieder hast du mir etwas genommen, das mir wichtig war – meine Rache. Doch dann fallen mir deine Worte von damals ein und ich lächle.

„Du hast Recht, mein Lieber", sage ich, „es wird Zeit neue Wege zu gehen und lästige Sandkörner aus dem Getriebe zu pusten."

Ich strecke meine Handfläche in deine Richtung aus und blase darüber hinweg. Im selben Moment färben sich die Wasserfontänen der Brunnenanlage blutrot. Es wird Zeit für mich, das Getriebe meines Lebens endlich wieder in Gang zu setzen und so stecke ich mein Messer in die Manteltasche und eile über den Kiesweg davon, getragen von neuer Hoffnung und Marias Schrei in der Ferne.

Ingrid Glomp

Der Raser

Es war zwanzig vor sieben am Morgen und die Welt war ganz und gar nicht in Ordnung. Ein Blick in den Rückspiegel genügte Sonja Anger, um das herauszufinden. Der schwarze BMW schoss mit einer irren Geschwindigkeit auf sie zu. Ausweichen konnte sie nicht, denn auf der rechten Spur der A6 schoben sich die LKWs massiv und schwerfällig wie Elefanten, einer hinter dem anderen, vorwärts.

Wie sie es hasste, dass sie aus der Stadt hinausgezogen waren in die Pampa. Dem Kind zuliebe. Jetzt verbrachte sie Stunden auf der Autobahn. Jeden Tag wälzte sich die Blechlawine morgens von Süden in die Stadt und abends wieder heraus – und Sonja mitten drin.

Na klar, jetzt kam die Lichthupe. Sie trat das Gaspedal durch, fuhr dicht auf den Wagen vor ihr auf. Der erkannte die Situation und machte, dass er wegkam. Natürlich konnte sie mit ihrem Kleinwagen nicht mithalten. Mehr ließ sich aus ihrer alten Kiste nicht rausholen. Es war ja nur der Zweitwagen der Familie, damit sie zur Arbeit kam und zum Einkaufen und damit sie Kati herumkutschieren konnte.

Wieder die Lichthupe. Aggressiv fuhr er noch dichter auf. Sie dachte an die Schlagzeilen über Raser und Drängler, die immer wieder schlimme Unfälle verursachten, konnte die Panik ihrer Opfer gut nachempfinden. In den USA hatten zornige Fahrer sogar schon zur Waffe gegriffen, andere bedroht oder sogar erschossen. Bösartig wie Darth Vader saß ihr die schwarz glänzende Limousine im Nacken.

Ihr Handy klingelte und vibrierte. Aus der umgekippten Tasche rutschte es auf den Beifahrersitz. Sie schaute auf das Display.

„Papa?“, fragte Kati aus ihrem Kindersitz auf der Rückbank.

Aber jetzt war nicht die Zeit, mit ihrem Mann zu sprechen. Das Handy verstummte.

„Papa, Papaaa.“ Jetzt fing Kati ernstlich an zu quengeln.

„Hör mal die Musik." Sie schaltete das Radio ein, um Kati abzulenken.

Ihre Augen blickten abwechselnd nach vorn auf die Straße und in den Rückspiegel. Das Handy! Sie musste die Polizei anrufen.

„Hallo? Sonja Anger, sie müssen uns helfen. Wir sind auf der A6. Er fährt immer dichter auf. Hallo? Ich verstehe Sie nicht. Ich habe Angst, dass uns etwas zustößt. Hören Sie mich noch? Können Sie mich hören?"

Was war das? Er hupte, zeigte vehement nach rechts. Sie warf das Handy auf den Beifahrersitz. Meinte er, sie sollte rechts ran fahren? Hielt er sie für verrückt? Vor allem musste sie einen kühlen Kopf behalten. Geschickt fischte sie ein Fläschchen aus der Tasche auf dem Beifahrersitz, nahm die Verschlusskappe ab und reichte es Kati, die immer noch jammerte.

„Bald sind wir bei Oma", beruhigte sie ihre Tochter.

Er schob sich bis auf wenige Zentimeter an ihren Wagen heran. Jedenfalls schien es ihr so. War jetzt so nah, dass sie sein Gesicht erkennen konnte. Es war wutverzerrt. Wut – ein Gefühl aus den Kindertagen der Menschheit. Nein, sogar noch viel älter. Auch Tiere kannten sie. Wut – wie Angst – ursprünglich ein nützliches Gefühl, manchmal lebensrettend.

„Konzentrier dich lieber", mahnte sie sich in Gedanken. Manchmal ging ihre Vorstellungskraft mit ihr durch. So ist das, wenn Schreiben und Erzählen zum Job gehören. Berufskrankheit.

Gleich waren sie am Mannheimer Kreuz. Vorsichtig nahm sie den Fuß vom Gas. Es gab ein hässliches Geräusch und ihr Wagen machte einen Satz nach vorn. Der BMW war aufgefahren. Der Fahrer trat auf die Bremse. Sie sah eine Lücke zwischen zwei LKWs, fädelte ein und glitt nach wenigen Momenten weiter nach rechts auf die Ausfahrt. Sie folgte dem bogenförmigen Verlauf, hatte freie Bahn und zog auf die A656, die nach Mannheim hineinführte.

Hinter ihr ertönte vielstimmiges Gehupe. Ihr Manöver hatte ihn vielleicht überrascht, aber er war ihr unter Missachtung diverser Verkehrsregeln gefolgt. Der Blick in den Rückspiegel zeigte: Der BMW klebte noch immer an ihr.

Statt weiter nach Mannheim hinein zu fahren, nahm sie die Ausfahrt zur B38a. Er ließ sich nicht abhängen. Sie musste ihre Panik niederkämpfen, versuchen, ruhig zu bleiben. Als sie über die Brücke fuhr, die den Neckar, die Maulbeerinsel und den Neckarkanal überquerte, war der schwarze BMW wieder bedrohlich nahe.

Kaum lag die Brücke hinter ihr, bog sie scharf rechts ab. Sie folgte jetzt kleinsten Straßen und Feldwegen. Offensichtlich kannte er sich hier nicht aus. Sie schon. Schließlich war sie Reporterin des Lokalfernsehens. Sie kannte jede Abkürzung, jeden Schleichweg, jede Baustelle. Sie riss das Steuer herum, fuhr jetzt querfeldein. Der Wagen holperte und bockte. Noch ein paar Sekunden, dann war sie am Ziel.

Sie gab Gas, ein kleiner Abhang – geschafft. Sie hielt den Wagen an, auf dem Standstreifen der Autobahn, der A6. Mit dem Handrücken wischte sie sich den Schweiß von der Stirn und drehte sich um.

Ohne Rücksicht auf Verluste jagte der schwarz glänzende BMW über den Acker. Gleich hatte er sie erreicht. Sie nahm den Fuß von der Bremse und gab Gas.

Die Autobahn vor ihr war frei. Der BMW fuhr jetzt dicht hinter ihr, beschleunigte weiter, ging auf die linke Spur, wollte sich vermutlich vor sie setzen. Also gut. Abrupt trat sie auf die Bremse. Jetzt machte sich der Schleuderkurs bezahlt, an dem sie teilgenommen hatte, um darüber zu berichten. Ersten Gang rein, Lenkrad einschlagen, Handbremse kurz und kräftig anziehen und stärker einlenken. Der Wagen brach hinten aus. Kati flog das Fläschchen aus der Hand. Sonja gab Gas, kurbelte das Lenkrad zurück, bis die Reifen wieder geradeaus zeigten. Der Wagen hatte sich um mehr als 180 Grad gedreht. Der BMW war an ihr vorbeigeflogen. Sie drehte sich um und blickte ihm hinterher. Sie sah … wie der schwarze Luxusschlitten geradeaus weiter raste. Die Bremsen kreischten. Vergeblich. Der Wagen durchbrach die Absperrung. Die alte Brücke war vor Kurzem gesprengt worden. Ein großes Stück in der Mitte fehlte.

Zu spät hatte er in seiner blinden Wut, die nur ein Ziel hatte, erkannt, dass sie ihn auf ein Teilstück der A6 gelockt hatte, das stillgelegt war, weil inzwischen daneben eine neue Brücke über den Neckar führte. Nach ihren Informationen kamen in den letzten Tagen – oder eher Nächten – Jugendliche hierher, um in Mutproben zu testen, wer sich traute, am weitesten an den Rand der alten, teilweise schon abgerissenen Brücke heranzurasen. Diese Jugendlichen hatten auch ein Stück der Leitplanke entfernt, um über die Felder auf dieses Reststück der Straße zu gelangen, das keinen Zweck mehr erfüllte. Sie hatte das recherchiert, aber dann doch nicht darüber berichtet.

Der schwarze BMW schoss in einem Bogen über das Ende der Brücke hinaus, reflektierte das Sonnenlicht. Es schien, als verharrte das Auto für einen Moment in der Luft. Wie in dem Film „Thelma und Louise". Doch dann siegte die Schwerkraft. Der BMW verschwand aus ihrem Blickfeld und stürzte ab.

Wie oft hatte sie von Männern gelesen, die eine Trennung nicht verkrafteten. Die Frau und Kinder ermordet hatten. Das würde Kati und ihr nicht passieren.

Es war sieben Uhr morgens.

Wolfgang Ohler

Tender Trap

„Und, Alain, kriegst du ihn auf?"

„Natürlich krieg ich ihn auf, Chérie. Ein Kinderspiel. Das Kerlchen schaff ich in zehn Minuten. Der ist kein so zähes Biest wie du. Bei dir hab ich eine ganze Nacht gebraucht, oh la la Chérie, aber es war viel mehr Plaisir."

„Also, hör mal, Alain! Du bist so charmant wie dein Stemmeisen. Mich mit einem Tresor zu vergleichen. Nun mach dich an die Arbeit, wir sind nicht zum Vergnügen hier. Ich schau mich in dem Laden ein bisschen um. All diese vielen tollen Parfums, da kann ich nicht widerstehen."

„Ja, Chérie, vertreib dir ruhig die Zeit. Aber attention: du weißt, keine Fingerabdrücke. Und halte deine schönen Augen auf, damit uns niemand überrascht."

„Ja, ich pass schon auf. Glaubst du wirklich, die würden jedes einzelne Fläschchen nach Fingerabdrücken untersuchen? Da hätten sie viel zu tun. Und sie würden tausend verschiedene Spuren finden, bei dem Betrieb jetzt vor den Feiertagen. Gar keine so schlechte Idee, das mit der Parfümerie; die machen jetzt sicher einen sagenhaften Umsatz."

„Darauf kannst du wetten, Chérie, der Tresor ist voll mit Scheinchen bis obenhin, bien sûr. Aber das ist nicht der einzige Grund, weshalb ich gerne in einer Parfümerie arbeite, musst du wissen. Es ist die Atmosphäre, das Niveau, der einmalige Duft. In einer Bank riecht es nach alten, reichen Männern, bei einem Juwelier nach alten, reichen Frauen, das ist nichts für mich, da fehlt die Inspiration, der Esprit. Hier in der Parfümerie duftet es nach Eleganz, da macht die Arbeit einfach Spaß, hier kann ich mich entfalten, hier riecht sogar das Geld wie eine junge, hübsche Frau."

„Also ihr Franzosen denkt doch immer nur an das eine, und ihr seid wohl noch charmant, wenn ihr jemandem die Kehle durchschneidet. Aber das hat mir schon immer an dir imponiert, Alain, du bist in jeder Lebenslage ein Romantiker."

„Das hat bei uns Tradition, ma petite. Einen Safe zu knacken, das ist eine Kunst, nicht bloß ein Handwerk. Schon einer meiner Vorfahren, er hieß Arsene Lupin und war ein Meister seines Faches, also dieser Arsene hat gesagt: Man muss einen Tresor verführen wie eine stolze Frau; man muss ihn umgarnen, ihn verwirren, willenlos machen, dann wird man ihn am Ende erobern."

„Also jetzt übertreib' nicht, mein Lieber. Du tust ja gerade, als sei das hier ein Tête-à-tête, eine romantische Verabredung und kein Bruch."

„Ist das ein Wunder, wenn man eine charmante Assistentin hat wie dich, Chérie? Wie sagt man: Man soll das Angenehme mit dem Nützlichen verbinden. D'accord! Schau dich doch nur um. Sieht es hier nicht aus wie in einem Märchenschloss? All das Glas und das Kristall, die vielen Spiegel, die bunten Farben der Flakons, wie das geheimnisvoll funkelt und glitzert. Eine Parfümerie bei Nacht, das ist très chic, das hat Stil und Niveau. Aber du hast Recht, mon amour, ich muss arbeiten. Also, amüsier dich und such dir ruhig was Feines aus. Ich fang schon mal an zu bohren."

„Wenn du so weit bist, Alain, dann sag Bescheid. Ich helfe dir gerne die Scheinchen einpacken. So, wollen doch mal sehen. Wenn's nur nicht so düster wäre. Hier unten haben sie natürlich das billige Zeug stehen, die Duftwässerchen für die pfälzische Hausfrau und das Eau de Cologne für ihre Ludwigshafener Schwiegermutter. Schauen wir uns mal weiter oben in den noblen Etagen um. Aha, das hört sich schon besser an: „Grande Dame", das woll'n wir mal testen. Hm, viel zu pomadig, das würde dir nicht gefallen, Alain, da würdest du mich glatt von der Bettkante stoßen. Was haben wir denn da: „Pompadour". Na ja, das ist dann doch zu heftig. Das duftet, als würde ich auf den Strich gehen."

„Mais oui, Chérie, so ganz verkehrt wär das doch nicht."

„Nun werd nicht frech, Kleiner. Das war vor deiner Zeit und ist lange verjährt. Jetzt bin ich deine technische Assistentin, gell?"

„Pardon, ma petite, das stimmt, deine Technik ist magnifique. Arrète, gleich haben wir's. Das Kerlchen geht schon in die Knie."

„Moment, wie wär's denn damit: „Liebestraum"! Das muss ich ausprobieren. Hm, nicht übel. Damit könnte ich dich glatt verführen, Alain."

„Du machst mich ganz nervös, ma chère. Lass mir noch ein paar Minuten, verführen kannst du mich dann später. Ich freue mich schon auf den Duft deines Körpers. Ein tolles Parfum ist ein Kunstwerk, sag' ich dir, und macht eine schöne Frau unwiderstehlich. Verflixt, das Kerlchen wehrt sich wie ein kleiner Teufel."

„Hast du nicht gesagt, es wäre ein Spaziergang für dich? Macht wohl doch Mühe, das Tresorchen, was?"

„Pas de problème. Aber ich kann nicht beides zur selben Zeit: mit dir poussieren und den Safe aufs Kreuz legen. Eins nach dem anderen. Wenn wir hier fertig sind, werde ich mich ganz dir widmen, Chérie, das verspreche ich. Morgen geht's ab nach Paris, dann werde ich dich knacken, so oft du willst."

„Also jetzt werd' nicht ordinär, Alain. Ach, das hier klingt auch nicht übel: „French Kiss". Das ist doch genau deine Masche."

„Nun halt endlich deinen schönen Mund, Kleines. Du bringst mich noch völlig aus dem Konzept. Meine Hände sind schon ganz feucht. So, das wär's. Nun mach mal schön die Klappe auf und zeig her, was alles in dir steckt, mein Kleiner! Merde! Ich werd' verrückt. C'est pas vrai!"

„Was ist denn los, Alain. Ist was passiert?"

„Nichts ist los, gar nichts, rien de rien! Der gottverfluchte Safe ist leer! Eine Katastrophe!"

„Leer! Das kann nicht sein. Die haben doch heute das ganz große Geschäft gemacht, da bin ich sicher."

„Leer. Schau selbst! Die müssen das ganze schöne Geld abtransportiert haben, diese Halunken. Auf nichts ist mehr Verlass. Einen so reinzulegen. Hat man da noch Worte! Die ganze Arbeit umsonst. Diese Verbrecher!"

„Halt, Alain. Da ganz hinten im Safe ist ja doch was. Schau, eine kleine Flasche. Lass mal sehen. Na klar, das ist ein Parfum."

„Hör auf. Was interessiert mich das dämliche Parfum. Ich könnte den ganzen Laden zusammenschlagen."

„Aber das muss doch einen Grund haben, dass sie dieses eine Fläschchen in den Tresor sperren. Wie heißt das: „Tender Trap". Hast du 'ne Ahnung, was das bedeuten soll?"

„Pass auf, da gibt es einen alten Song von Armstrong, der hat denselben Titel. Zärtliche Falle heißt das, oder so ähnlich. Ich kann diese amerikanische Musik nicht leiden. Komm wir packen ein und verschwinden. Mir reicht's für heute."

„Zärtliche Falle? Nie gehört. Das ist bestimmt ein ganz neuer und teurer Duft, Alain. Versteh doch, deshalb verstecken sie ihn im Safe. Das probier ich rasch mal aus. So viel Zeit muss sein. Mh, das ist ja wirklich ein ganz besonderer Duft, der zieht dir glatt den Slip aus. Hier, schnuppere doch mal, Alain!"

„Also, du kannst einem den letzten Nerv rauben, Chérie. Wir machen hier den ganz großen Reinfall, und du hast nichts Besseres zu tun, als ... Un moment, c'est incroiable! Das ist ja tatsächlich ganz enorme. Du duftest, wie, wie ..."

„Jetzt bist du platt, mein Lieber. Das haut den coolsten Safeknacker aus den Latschen, wie! Hier nimm noch 'ne Prise von der zärtlichen Falle. Aber sachte, Alain, sachte. Nein, du kannst mir doch nicht! So, jetzt hast du mir die Bluse zerrissen! Aber Alain, was ist denn mit dir los, wo sind deine Manieren! Du bist ja außer Rand und Band. Also gut, wenn du unbedingt willst. Mal was Neues, direkt vor dem Safe. Also komm schon ... Stopp, Alain! Was ist das? Das klingt wie ein Lautsprecher! Da ist jemand draußen vor der Tür!"

„Hallo, da drin! Hier spricht die Polizei, Kommissar Panter! Das Haus ist umstellt. Geben Sie auf, und kommen Sie einzeln und mit erhobenen Händen raus!"

„Das glaub' ich einfach nicht. Erst der Tresor leer und jetzt das! Hätten die nicht wenigstens noch fünf Minuten warten können. Heute ist wirklich nicht unser Glückstag, Chérie. So schnell kommt kein Franzose!"

„Ich wiederhole: Kommen Sie mit erhobenen Händen raus. Jeder Widerstand ist zwecklos. Oder wir stürmen den Laden mit Tränengas. Hier spricht Kommissar Panter."

„Jaja, du Großmaul, hab' verstanden. Tut mir leid, Chérie. Zieh dich an. Kennst du diesen Spielverderber?"

„Kommissar Panter, ja den kenn ich, leider. Ein harter Hund. Der Schrecken der ganzen Kurpfalz."

„Dann hat es keinen Zweck. Wir geben auf. Wo ist denn meine Hose, Chérie?"

„Langsam, Alain, du gibst auf, nicht wir. Du musst wissen, ich kenne unseren Kommissar nur zu gut. Du wirst es erleben, wie das Panterchen schnurrt, wenn es mein neues Parfum riecht. Wollen wir wetten, dass auch er in meine zärtliche Falle tappt? Ich lass die Bluse am besten gleich aus."

Claudia Schmid

Sugar Mom

Die Nacht umgab sie samtschwarz. Ihre Schritte hallten leise wie mit Watte gedämpft. Alles schien ihr weich und warm. Sie ging durch Straßen, querte Kreuzungen, sah erleuchtete Fenster. An gedeckten Tischen saßen Menschen beim Essen. Blau zuckendes Licht enttarnte Fernseher. Wenige Menschen waren unterwegs, sie streiften sie nicht. Schon war sie an der Musikschule angelangt, gleich würde sie da sein. „Komm", hatte er zu ihr gesagt. Sie lächelte. Einfach nur „komm". Dieses Wort zog sie magisch an, führte sie durch die Nacht und wies ihr den Weg. Kakaoduft lag über der Stadt.

In dieser Straße musste es sein. Sie fand eine breite Hofeinfahrt, in vergangenen Zeiten für Kutschen gemacht. Sie schritt hindurch, auf einen geräumigen Hinterhof. Spärlich beleuchtet. Kein Auto, nur ein paar Fahrräder und ein abgemeldetes Moped. Ein Kätzchen strich um ihre Beine, ließ sie zusammenfahren. Sie hatte es nicht kommen sehen. Geradeaus die Tür. Grünliches Licht sickerte über die Schwelle. „Trotzdem" stand in beleuchteten Neonfarben über der Tür. Wie über dem Eingang einer Disco.

Die Tür war nur angelehnt. Sie stieß sie auf. Ein großer hoher Raum. Eine Werkstatt früher irgendwann mal? In der Mitte auf dem Boden Gerümpel. Kunstvoll arrangiert. „Das war doch schon damals aus der Mode", ging ihr durch den Kopf, ohne zu wissen, wann genau „damals" war. Rostige Teile lagen über- und nebeneinander gestapelt, leere gewaschene Dosen dazu gefügt. Ein paar bunte Reißnägel dazwischen. Ein Häufchen Einweckgummis. Menschen lehnten an der Wand. Junge, in Schwarz gekleidete Menschen. Mit Bierflasche in der Hand, Zigarette lässig im Mundwinkel. In der Tür gegenüber stand er. Neben sich ein blasses, nichtssagendes Wesen. Sie hatte einen Silberring mit einem roten Stein durch ihre Nase gezogen. Er hob die Augenbrauen. Schickte das Mädchen mit einem Senken des Blicks fort. Ging langsam auf Anke zu.

„Du hast es gefunden", sagte er. Er wollte cool wirken. Mit

Zeige- und Mittelfinger der linken Hand hielt er eine Zigarette. Mit den drei anderen Fingern eine Flasche Bier. Er nahm einen Zug von der Zigarette und inhalierte tief. Seine Haare hingen ihm über die Augen, sie waren frisch gesträhnt. Sein schwarzes Hemd stand weit offen, er trug es über der Hose. Die rechte Hand legte er ihr auf den Arm, streifte sie kurz. Sonst küsste er sie immer. Jetzt nicht.

„Meine Freunde sind gekommen. Wir feiern ein bisschen. Willst du ein Bier?"

Er hatte vergessen, dass sie kein Bier mochte. Nicht diese braune kohlehydrathaltige Brühe, die ihren Bauch aufpumpte. Sie trank nur Wasser. Diszipliniert hielt sie ihre Figur. Eisern im Privaten und beruflich. Bis auf das kleine bisschen Spaß, das sie sich gönnte. Wenig genug.

Sie trug ein Kostüm. Sie mochte die Mode von Jil Sander, die klar und deutlich war, wie sie selbst.

Er stellte ihr seine Freunde vor. Er nannte Namen, die sie sich nicht zu merken vornahm. Blass waren die jungen Leute. Einige trugen Piercings im Gesicht. Sie taten cool und nicht freundlich, nickten ihr zu, ohne ihren Gesichtsausdruck zu wechseln. Sie wussten, wer sie war. Er hatte es ihnen erzählt. Eines der Mädchen – sie hatte purpurrot gefärbte Haare – gab die Deckung auf und musterte sie unverhohlen neugierig. Hatte selbst noch nicht viel gesehen im Leben und glaubte, alles zu kennen. Sie schätzte sie sofort richtig ein. Das war eine ihrer Stärken, Leute richtig einzuschätzen. Und ihr Handeln zu prognostizieren. Das hatte sie dahin gebracht, wo sie jetzt war. Sie hatte es ausschließlich ihrem eigenen Willen und ihrer Durchsetzungskraft zu verdanken. Und nun gönnte sie sich ein Boy-Toy.

„Mit Dominik", er wies auf einen der Männer, „habe ich das hier gemacht." Seine Hand zeigte in einem Bogen über das Werk, das den Raum zu weiten Teilen ausfüllte. „Du kannst dir auch noch die anderen Räume anschauen."

Anke ging durch die Tür, in der er vorhin gestanden hatte. Nun war sie in einem kleinen Flur, von dem drei Türen abzweigten. In einem der Räume standen Kartons mit Farbtuben, an der Wand hingen Bilder. Sie zeigten gemalte Quadrate, ein mal ein Zentimeter groß, mehrfach aneinandergereiht. Sie fand, da wäre was zu machen. Es roch nach Farbe und Terpentin. Er müsste ein paar Kurse an einer Kunsthochschule belegen, das sah sie deutlich. Ihm fehlte die Ausbildung. Vielleicht Karlsruhe. Oder Düsseldorf. Von der Decke baumelte eine nackte Glühbirne an einem speckigen Kabel. Sie würde in ihn investieren müssen.

Im nächsten Raum lag eine Matratze auf dem Boden. Das bleiche magere Mädchen warf eben ein Kissen auf die Mitte der Matratze. Sie verließ den kleinen Raum. Er war fensterlos. Anke schob mit dem Fuß das Kissen zur Seite. Auf dem Laken war ein blassgelber Fleck. Er war noch nicht getrocknet. Sie schob das Kissen wieder an seinen ursprünglichen Platz zurück.

Als sie den Raum verließ, merkte sie, dass das Mädchen sie vom Flur aus beobachtet hatte. Hämisch grinsend musterte das Mädchen sie nun.

„Zwischendurch braucht er mal was Junges. Fürs Vergnügen."

Anke fixierte sie. Bemerkte die vergrößerten Pupillen. Griff nach dem Arm des Mädchens. Sah die Einstiche.

„Was nimmst du?"

„Jedenfalls kein Botox." Das Mädchen strich ihr mit der freien Hand über die Wange.

Das war Anke zuviel. Sie schlug ihr mit der flachen Hand ins Gesicht. Eine Lippe platzte.

„Du abgewrackte Drogentussi, was meinst du, wen du vor dir hast?"

Das Mädchen wischte sich das Blut von der Lippe. Betrachtete das Blut auf dem Handrücken. Lachte schrill auf. Hörte gar nicht auf zu lachen.

Anke ließ sie stehen und ging zurück in den Raum mit dem Kunstwerk. Sie war ziemlich aufgebracht. Sie, die sonst immer alles im Griff hatte. Die coole Macherin. Jemand brachte ihr ein Mineralwasser. Es war ohne Kohlensäure und schmeckte abgestanden. Sie fühlte sich fremd hier. Gehörte nicht dazu.

Was hatte sie erwartet? Dass sie sie als ihresgleichen aufnehmen würden? Die Gönnerin des jungen Künstlers? Seine Sugar

Mom? Die ihm allmonatlich einen stattlichen Betrag überwies, die den Laden hier finanzierte? Sie musterte das blasse Mädchen. Hatte er mehr als eine Freundin? Anke teilte nicht gerne. Was hatten die ihm schon zu bieten, diese mageren Dinger? Sie, Anke, hatte Geld und Einfluss. Sie konnte ihn voranbringen. Ihn mit den richtigen Leuten zusammenbringen. Ihm etwas unter die Arme greifen. Einer ihrer Beratungs-Partner hatte Kontakte zum Mannheimer Kunstverein in der Augusta-Anlage, der konnte ihr mit den richtigen Tipps helfen.

„Was machen Sie eigentlich, beruflich?" Das Mädchen mit den purpurrot gefärbten Haaren hatte ihr die Frage gestellt. „Ich meine, womit macht man soviel Kohle?"

Anke fiel plötzlich die Ähnlichkeit der beiden Mädchen auf. Sie mussten Schwestern sein. Deshalb trat sie so für die andere ein.

Sie hatte keine Lust, der hier ihren Job zu erklären. Das freche Ding hätte leicht ihre Tochter sein können. So wie er ihr Sohn hätte sein können. Sie kräuselte ihre Oberlippe.

„Nun, sehen Sie, das ist so." Sie schenkte dem Mädchen einen langen Blick und ließ ihn dann abschweifen. „Die einen haben Geld und können sich damit sehr viel leisten."

„Und die andern, die keines haben, müssen was dafür bieten? Für umsonst machen sie nichts?"

Anke hörte den feinen Spott aus ihrer Stimme heraus. Der Abend begann sie zu langweilen. Sie hatte genug gesehen. Sie hatte sich für diesen Künstler entschieden und den würde sie nun systematisch aufbauen. Er würde an sich arbeiten müssen. Hart an sich arbeiten müssen. Ein paar Aufbaukurse an der richtigen Universität, der richtige Lehrer, die richtige Galerie. Sie sah es als Investition in die Zukunft. Dass der Künstler während seines Aufstiegs ihr Bett teilte, gehörte zu ihrer Abmachung. Sie leitete mit großem Erfolg eine Unternehmensberatung. Kennengelernt hatten sie sich in einer Bar am Paradeplatz, in die man nur mit einem Glasaufzug gelangte. Sie hatte an einem blauen Cocktail genippt, er hatte ein Bier getrunken.

„Muss die echt hierher kommen!" Das rothaarige Mädchen hatte es für sie hörbar zu ihm gesagt. Meinte wohl, ihre Schwester vor ihr schützen zu müssen. „Das ist gar nicht gut für Sylvia, dass die auch noch hierher kommt. Sylvia ist im Moment so labil. Mit etwas Glück bekomme ich bald einen Therapieplatz für sie. Bis dahin muss ich sie noch irgendwie durchbringen. Da kann ich die da", sie bohrte ihren Blick in Ankes Augen, „nicht gebrauchen."

Anke bedachte sie mit einem vernichtenden Blick und ging hinaus. Er folgte ihr. Was ging sie schon dieses Mädchen an. Sie wollte ihn.

„Wie gefällt dir unser Raum?"

Sie holte Luft. „Ja, also, ich habe mir da eine Strategie für dich zurechtgelegt. Ich glaube, ich kann dich ganz groß aufbauen. Das wird eine tolle Sache. Komm doch morgen in mein Büro, ja?" Die laue Sommernacht kitzelte sie. Sie drängte sich an ihn.

„Komm doch jetzt mit."

„Geht nicht, meine Freunde wollen noch feiern."

„Du meinst diese Loser?" Sie machte eine verächtliche Handbewegung. „Dann sag ihnen gleich, dass dies eine Abschiedsparty ist. Wir suchen dir neue Freunde. Du brauchst ein anderes Umfeld. Die hier sind nicht gerade der große Hit. Die bringen dich nicht voran. Nicht dahin, wo ich dich haben will."

Einer plötzlichen Eingebung folgend fügte sie hinzu: „Wir beide könnten für drei Monate nach New York gehen. Nur wir zwei. Ohne deine kleine Drogenfreundin. Wozu brauchst du die eigentlich? Du hast was viel Besseres verdient. Außerdem ist es gegen unsere Abmachung, dass du fremdgehst ..." Sie legte ihre Arme um seinen Hals. „Ich will dich jetzt."

„Später, ich komme nach. Ja?" Er befreite sich aus ihrer Umarmung. Küsste sie. Gab ein Versprechen.

„Aber komm nicht zu spät, ja? Und sag deiner kleinen Freundin, dass es aus ist zwischen euch. Ich möchte nicht, dass du sie noch mal siehst."

Aus der Tür löste sich ein Schatten. Hatte alles mitgehört. Ein Krampf überfiel sie. Vielleicht Entzug.

Anke strich mit dem Zeigefinger über seine Lippen. Sie wandte den Kopf in Richtung Tür.

„Hast du ihre Drogen etwa von meinem Geld gekauft? Sag ihr, sie soll es sich auf dem Strich beschaffen. Mein Geld ist mir echt zu schade für sie. In Zukunft will ich Abrechnungen haben. Ich will sehen, wo mein Geld bleibt."

Anke strich ihren Rock glatt und ging.

In den F-Quadraten war es sehr belebt. Autos hielten, Leute stiegen aus, unterhielten sich. An der Polizeiwache hielt ein Streifenwagen. Sie ging weiter. Überquerte den Paradeplatz. Hinter dem Lauergarten parkte ihr Auto. Der Lauerschen Gärten war menschenleer und schwach beleuchtet. Als sich ihr von hinten eine Hand auf die Schulter legte, wandte sie sich erstaunt um.

„Du denkst wohl, du kannst dir alles mit deinem blöden Geld kaufen."

Das blasse Mädchen führte den Stich mit dem großen Messer erstaunlich kraftvoll aus. Sie traf Anke mitten ins Herz.

Lilo Beil

Der Rosenkavalier

Marschallin: Die Zeit im Grund.
Die Zeit, die ändert noch nichts an den Sachen.
Wenn man so hinlebt, ist sie rein gar nichts.
Aber dann auf einmal, da spürt man nichts als sie.
Sie ist um uns herum, sie ist auch in uns drinnen.
Richard Strauss: „Der Rosenkavalier", 1. Aufzug

Susanna saß in der Loge, links, des Nationaltheaters in Mannheim. Janice Dixon sang gerade die Arie der Feldmarschallin gegen Ende des 1. Aufzugs („Da geht er hin"); sie verabschiedete gerade ihren jungen Liebhaber, den Grafen Octavian, den „Bub" und Rosenkavalier. Vor einem hohen Spiegel stehend, prüfte sie sich. Eine Arie voller Wehmut, Trauer und Melancholie. Die Schläge der Uhr fielen wie eine Totenglocke zwischen die Worte der Sängerin.

Susanna saß gebannt, fast versteinert.

Ja, so ist es. Es ist so wahr.

Tief berührt, denn die Feldmarschallin war doch sie selbst, stiegen ihr die Tränen in die Augen.

Wieder einmal hatte die Musik es geschafft, sie mit der Wahrheit zu konfrontieren. Ausgerechnet die Musik, dabei war sie doch schon früh als gänzlich unmusikalisch abgestempelt worden. Die qualvollen Stunden im Musikunterricht, das peinliche Vorsingen, besser Vorkrächzen vor der Klasse, die jämmerlichen Versuche, das Klavierspiel zu erlernen (es war ein Jugendstilklavier, ein Erbstück der Großmutter, vorhanden), immerhin gehörte das Klavierspiel zu einer „höheren Tochter" wie das Amen ans Ende der Predigt. Über „Ein Notenblatt für Elise", einige Etüden und Weihnachtslieder („Vom Himmel hoch ...") kam sie nie hinaus; die Klavierlehrerin, eine Polizeiobermeistergattin und ehemalige Sängerin, war erleichtert, als Susanna unter irgendeinem Vorwand den Klavierunterricht abbrach.

Im Kirchenchor ihres Dorfes war Susanna geduldet gewesen,

ihr Vater war ein angesehener Kirchenältester; außerdem fiel ihr Krähen unter dem Krähen der andern nicht sonderlich auf.

Und ausgerechnet sie also, die notorisch unmusikalische Susanna, fühlte in der Musik, vornehmlich in der Opernmusik und der Klassik überhaupt, zutiefst und uneingeschränkt das unendliche Glück des Lebens, seine starke unverwüstliche Schönheit, aber auch die niederschmetternde Verzweiflung, die Gemeinheit des Lebens. Und des Todes. Sie spürte die Vergänglichkeit, das unaufhaltsame Ticken der Lebensuhr.

Verstohlen, es war ihr ein wenig peinlich, ihre Gefühle nicht besser im Griff zu haben, wischte sie sich die Augen.

Aber sie hatte nichts zu befürchten.

Erstens war es im Theater dunkel, und zweitens würde kein Mensch ihre Rührung bemerken.

Niemand bemerkte sie mehr, denn sie gehörte zu jener Gruppe der Unsichtbaren, der Frauen ab 50, die mitten auf der Straße tot umfallen könnten, ohne dass es jemandem auffallen würde.

Früher, das war noch vor wenigen Jahren, hatten Männer und Frauen sie noch bemerkt, aber nach und nach kam sie sich wie eine Pappgestalt vor, die sich morgens mechanisch ankleidet und die aus dem Haus geht, weil es eben so sein muss.

Dabei nahm keiner sie mehr wahr. Weder in der Stadt noch beim Einkauf im Supermarkt, noch – zum Beispiel – im Theater.

Früher – vor wenigen Jahren noch – ja, da gab es Blicke vom Nachbartisch im Restaurant, kleine „Augenblicke", fast Flirts zu nennen, doch harmlos, zu nichts führend, Andeutungen von Möglichkeiten, so ungeheuer aufbauend für das Ego einer Frau.

Heute beachteten auch die Frauen, die „Mitschwestern" Susanna nicht mehr, denn sie war keine potentielle Gefahr, keine mögliche Rivalin, keine Herausforderung mehr, keine Quelle des Neids. Es gab nichts mehr zu beneiden seitens der Frauen, nichts mehr zu begehren seitens der Männer.

Eine Frau wie viele, viele. Alternd.

Da half keine echte Perlenkette, kein noch so raffiniert geschnittenes Kleid.

Ja, die Arie der Feldmarschallin war so gnadenlos wahr.
Musik war so gnadenlos wahr und Kunst überhaupt.

Da hatte Susanna auf einmal das Gefühl, dass jemand sie von der Seite her beobachtete. Von schräg hinten, man spürt so etwas. Einbildung, sagte sie sich, alles Einbildung. Sie drehte sich nicht um, sie war ein diskreter Mensch. Das seltsame Gefühl, beobachtet zu werden, beachtet zu werden, blieb.

Es war angenehm und unangenehm zugleich.

Als sich der Vorhang zur Pause senkte, sah sie gespielt gleichgültig, während sie aufstand und Tasche und Programmheft schnappte, die Reihe hinter ihr entlang. Da stand gerade ein älteres Ehepaar auf, daneben ein ganz junges Mädchen, dann ein Mann. Sie musste sich wirklich getäuscht haben. Sie ging zur Theke mit den Büchern und Kunstkarten, CDs und Theaterprospekten, dann schlenderte sie zur Theaterbar und holte sich einen Kaffee.

Sie setzte sich an einen kleinen freien Tisch. Ein Mann näherte sich langsam und fragte, ob noch Platz sei. Er hatte ebenfalls eine Tasse Kaffee in der Hand. Er sah sie an. Susanna erkannte in ihm den einzelnen Mann, der in der Reihe hinter ihr gesessen hatte. Sie hatte ein fast fotografisches Gedächtnis für Gesichter, auch wenn sie Leute nur flüchtig gesehen hatte, prägten sie sich ihr ein. Ob Alt oder Jung.

Er sagte: „Ich habe bemerkt, wie Sie die Arie der Marschallin berührt hat. Es ist eine herrliche Oper."

„Ja, Richard Strauss ist mein Lieblingskomponist", entgegnete Susanna. „Er ist so sensibel. Und so schön melancholisch und ein wenig morbide. Er kannte die menschliche Seele."

„Und vor allem die Seele der Frauen?" Ihr Gegenüber verwickelte sie unversehens in ein Gespräch, konfrontierte sie mit einer Situation, die sie lange nicht mehr erlebt hatte. Sie fühlte sich seit langem wieder einmal beachtet, wahrgenommen als Frau.

Das „Pappfigur-Gefühl" war wie weggepustet.

Doch war nicht alles nur ein Trugbild ihrer Einsamkeit, ihrer unendlichen Sehnsucht nach Nähe, nach ein wenig Zuwendung?

Er war um einige Jahre jünger als sie, mittelalt, aber was hieß das schon bei einem Mann, er war ganz leicht ergraut, auch dies kein Hindernis, ihn attraktiv zu nennen. Er war der intellektuelle und sanfte Männertyp, den sie immer bevorzugt hatte.

Er sah sogar Susannas verstorbenem Mann etwas ähnlich, sehr schlank und elegant. Sie schalt sich innerlich eine Närrin und sagte sich, sie dürfe die Situation nicht überbewerten. Ein Mann unterhält sich mit einer Frau im Theaterfoyer über eine Oper. Nichts weiter. Punktum.

„Alte romantische Närrin", schalt sie sich. „Bleib auf dem Boden." Der Mann hatte sich gewiss nur gelangweilt und etwas Kultur-Smalltalk gesucht.

Da sagte er auf einmal ganz unvermittelt, sie fest ansehend: „Your eyes tell the whole story. Entschuldigung, mir rutscht das Englische manchmal so heraus, ich übersetze nämlich englische und amerikanische Bücher ins Deutsche und umgekehrt, wissen Sie."

Und schon hatten sie einen neuen Gesprächsstoff, die englische Literatur. Susanna liebte die englische und amerikanische Literatur, sie las fast nur englische und amerikanische Bücher, kaum deutsche. Ihr verstorbener Mann war Dozent am anglistischen Seminar in Heidelberg gewesen, sie selbst hatte eine Zeit lang als Dolmetscherin gearbeitet.

„O ja? Ich lese gerade ‚Moon Palace' von Paul Auster. Ich kenne noch wenig von ihm."

„Ich habe mehrere Bände Paul Austers übersetzt", sagte er.

Susannas Augen leuchteten. Sie fühlte sich so jung, so begehrenswert, war es denn möglich, sie fühlte sich endlich wieder als Frau, als interessante, attraktive Frau, der man zuhört, die man ansieht, über die man nicht so einfach hinwegsieht.

Der Theatergong ertönte.

„Ich möchte Sie wiedersehen", sagte er ernst.

„Ich habe keine Familie, keinen Beruf, ich habe immer Zeit, ich bin eine ungebundene Frau", erwiderte Susanna. „Ja, ich habe immer Zeit."

Sie verabredeten sich für nächsten Mittwoch.

Er saß für den Rest der Oper neben ihr, der Platz war unbesetzt geblieben. Sie amüsierten sich zusammen, als im dritten Akt der fette, unsympathische Baron Ochs auf Lerchenau ein Stelldichein mit dem „Marianderl" hat, dem verkleideten jungen Grafen Octavian, dem Rosenkavalier, der dem grauslich-feisten Mannsbild einen Denkzettel verpassen will.

Als Octavian als Marianderl ganz geziert sang: „Nein, nein! I trink kein Wein", lachten sie beide Tränen. Richard Strauss, der Ernste, Melancholische, hatte solch einen großen Sinn für das Komische im Leben, für das Lächerliche. Wie alle Melancholiker, fand Susanna. Als am Ende der Oper die Feldmarschallin auf ihren „geliebten Bub", den Rosenkavalier, verzichtet und dem jungen Paar Sophie und Octavian ihren Segen gibt („Hab mir's gelobt ..."), dachte Susanna: „Sie muss verzichten. Die Arme. Doch was beginnt da gerade in meinem Leben?"

Aus Susannas Tagebuch:

Mittwoch, 15. Oktober
Ich kann es noch nicht glauben, aber ich werde beachtet, ich werde geachtet und ich werde geliebt.

Vorbei das Gefühl, zu den „Unsichtbaren" zu gehören.

Wie konnte ich nur so negativ, so pessimistisch sein.

Ich habe ihn in der Oper kennengelernt. Er heißt Anselm von Papen und er übersetzt Bücher aus dem Englischen. Anselm von Papen. Der Name klingt ungemein pompös und nach Heiratsschwindler, aber er braucht wirklich mein Geld nicht. Er hat mehr als ich, und ich habe auch nicht gerade wenig.

Vom Bücherübersetzen braucht er nicht zu leben, er ist ein wohlhabender Erbe, er übersetzt aus Lust und Laune. Die Gespräche, die wir haben! Wir treffen uns in zwei Wochen wieder, er besucht auf der Chicago Book Fair den Stand seines Verlages: Nächstes Mal nimmt er mich mit.

Ich bin glücklich.

Ausgerechnet ich pessimistischer, melancholischer, negativer Steinbock. Apropos Sternzeichen, ich könnte mir fast denken, er ist Fisch oder Jungfrau.

Mit Fisch- und Jungfrau-Geborenen kann ich am besten, schon mein ganzes Leben lang.

Mittwoch, den 29. Oktober
Unser Wiedersehen war so unbeschreiblich.

Er hat mir eine wunderhübsche Ausgabe von Paul Austers „Moon Palace" mitgebracht. Von Auster signiert.

Am Wochenende gehen wir zusammen in die Ausstellung „Lebenslust und Frömmigkeit" im Reiss-Museum.

Ich bin verliebt wie ein Teenager. Eigentlich lächerlich, ich müsste mich schämen, aber ich weigere mich ganz entschieden, dies zu tun. Er ist übrigens im Zeichen der Jungfrau geboren.

Montag, den 4. Dezember
Lange, lange habe ich nicht in mein Tagebuch geschrieben, denn ich bin zu sehr beschäftigt mit Glücklichsein.

Tagebücher taugen nur, wenn man einen Kummer hat.

Es ist viel geschehen, wir unternehmen so viel gemeinsam, alles stimmt. Überhaupt alles. Wie eine Nonne hatte ich schon gelebt, mich eingeigelt in meine Empfindsamkeit. Wie ein Neutrum, geschlechtslos.

Ich lebe wieder.

P.S. Was soll ich nur machen, wenn es mir einmal so ergeht wie der Feldmarschallin? Ich will es mir nicht vorstellen.

Aus dem Tagebuch von Anselm von Papen:

Mittwoch, den 15. Oktober
Endlich. Ich habe es gefunden, das lange gesuchte Objekt.

Ich habe schon nicht mehr daran geglaubt.

Die Idee mit dem „Rosenkavalier" war gut, diese Oper spricht doch die sogenannten Frauen im reiferen Alter an. Mein Objekt hat sich mit der Feldmarschallin identifiziert: Verzicht der alternden Frau. Zuerst hatte ich „das Objekt" nicht bemerkt. Solche Frauen bemerkt man nicht.

Doch dann, am Ende des ersten Aufzugs, als die Marschallin über die Zeit sinniert und ganz melancholisch wird, fiel mir auf, dass eine Frau in der Reihe vor mir sich die Augen tupfte. Da war jemand gerührt, das war auch im Halbdunkel des Theaters zu erkennen.

Sollte ich endlich das passende Studienobjekt für meinen Roman gefunden haben? In der Pause besah ich mir die Frau näher. Ja, es mochte so angehen. Viel lieber wäre ich dem ganz jungen Mädchen, das in meiner Theaterreihe saß, ins Foyer gefolgt – es steuerte auf die Sektbar zu – aber für meine Kunst muss ich eben nun mal Opfer bringen. Ich arrangierte ein Gespräch mit „dem Objekt", zog einige Register meiner Schauspielkunst – gelernt ist gelernt – zum Beispiel: „Your eyes tell the whole story" und andere kleine nette Phrasen. Sie verfehlten ihre Wirkung nicht.

Sie ist das passende Studienobjekt. Genau das, was ich für meinen „EDDA"-Roman brauche. Eine Bildungsbürgerin, kultiviert, mit allen Sehnsüchten der romantischen Seele. Das brauche ich für meine EDDA; allen Vorgängerinnen meines Studienobjekts fehlte eben dies eine: die Empfindsamkeit. Es gab Träume, Sehnsüchte, aber es waren Träume von teuren Autos, Klamotten, exotischen Ferienreisen. Da war nichts Tieferes. Nichts Geistiges. Nur Materie.

Susanna, so heißt mein Objekt, wird EDDA sein und dieser Roman wird ein Erfolg werden.

Sie weiß natürlich nichts von meinen schriftstellerischen Ambitionen. Für sie bin ich Übersetzer von Literatur. Ich werde Susannas Seele aufspießen, wie ein Insektensammler einen raren Schmetterling aufspießt.

Balzac hat die „Frau von 30 Jahren" geschrieben, Flaubert hat Emma Bovarys Seele seziert, ich werde die Frau von 50 Jahren in die Literatur einführen.

Ich reibe mir die Hände und freue mich auf mein Experiment. Es werden interessante Wochen werden für mich Frauenseelenforscher und zukünftigen Bestsellerautor.

Zum Glück sieht sie noch einigermaßen passabel aus, so fällt das „Leidenschaftliche" mir nicht zu schwer. Ich habe nicht umsonst ein Jahr lang Schauspielunterricht genommen.

Donnerstag, den 30. Oktober
Es läuft bestens. Chicago bestens, mein Gedichtband (mit Pseudonym) bestens, die Susanna-Sache zur höchsten Zufriedenheit. Sie ist wirklich das ideale Versuchskaninchen.

Gestern habe ich mit dem EDDA-Roman angefangen.

8. Dezember
Sie ist eine Muse ohnegleichen, sehr leidenschaftlich.

Mein Roman nimmt Formen an.

10. Dezember
Ihre Seele ist wie ein offenes Buch. Ich komme mir vor wie die bekannte Flaubert-Karikatur von Lemot vom 5. September 1869: Flaubert spießt Emma Bovarys Herz auf einer Gabel auf. Sie liegt auf dem Seziertisch.

Susanna merkt nichts von der Komödie, Liebe macht blind.

Mein Tagebuch ist im Medizinschränkchen im Bad gut versteckt. Mein Manuskript im Bettkasten auch. Ich denke, ich werde jetzt eine Weile nicht ins Tagebuch schreiben. Ich arbeite zur Zeit die Nächte durch an meiner „EDDA".

Aus Susannas Tagebuch:

22. Dezember
Vieles, zu vieles ist geschehen.

Noch kann ich nicht glauben, was da passiert ist.

Gestern war ich wieder bei ihm. Diese wundervolle Penthouse-Wohnung. Das schwarze Luxusbad. Der kleine Wintergarten, die Bücherwände, die Antiquitäten, noch wunderbarer als meine ererbten Biedermeiermöbel. Das geschmackvolle cremefarbene Schlafzimmer mit dem Renaissance-Himmelbett.

Nein, mein Geld braucht er wirklich nicht. Zwei so herrliche Stunden mit ihm und dazu die Musik aus dem „Rosenkavalier" (mit Christa Ludwig in der Titelrolle und Elisabeth Schwarzkopf als Marschallin).

So wehmütig, es passte jetzt, wo alles vorüber ist, so zusammen. Es war der Abschied. Eine Vorahnung. Ende und Verzicht.

Irgendwie hatte ich rasende Kopfschmerzen bekommen, danach.

Ich wollte ihn nicht wecken, er war ein wenig eingeschlafen. Er schlief hinterher immer ein. Ich schlich mich aus dem Schlafzimmer. Im Bad suchte ich nach Aspirin oder Paracetamol. Da war ein Medizinschränkchen, es war nicht abgeschlossen. Aber es waren ja auch keine Kinder im Haushalt, die verbotenerweise etwas hätten entnehmen können.

Ich fand Paracetamol und ich fand das Tagebuch.

Auch dieses war nicht verschlossen.

Aber in einem Junggesellenhaushalt muss man ja nichts verschließen.

Wie gut, dass er fest schlief.

Ich las und las und las.

Das Medizinschränkchen enthielt nicht nur Paracetamol gegen Kopfschmerzen.

Als er aufwachte, überraschte ich ihn ganz liebevoll mit einem Glas Bitter Lemon. Bitter Lemon, Bitter Mandel, das schmeckt eins wie das andere. Er liebte Bitter Lemon und er trank gierig in einem Zug.

Dann ging alles recht schnell. Nur diesen schrecklich verwunderten Ausdruck in seinem Gesicht werde ich niemals vergessen.

Ich schob den Toten beiseite, um an das Manuskript im Bettkasten ranzukommen. Da, in einer grünen Mappe mit Jugendstilmuster: „EDDA". Ich steckte es in eine große Tasche, wo auch schon das Tagebuch verstaut war.

Es ist manchmal praktisch, anonym in der Stadt zu wohnen, keinen Nachbarn zu kennen. Anselm war ganz zurückgezogen.

Allmählich lerne ich die Tatsache zu schätzen, dass ich zur Klasse der Unsichtbaren gehöre. Wir Frauen sollten mehr daraus machen.

Wie gut, dass er mich niemals irgendjemandem vorgestellt hatte. Es hätte lästig werden können für mich, man hätte mir Fragen gestellt.

Ich verschwand ganz einfach.

Im Lift fuhren drei junge Leute, aber sie nahmen keine Notiz von mir. Und ich dachte, während es im Lift abwärts ging: „Hätte er es nur auf mein Geld abgesehen, ich hätte ihm verzeihen können.“

Aber meine Seele? Niemals!”

Ich bin schon gespannt auf die Lektüre, das „EDDA” Fragment.

Ich mache jetzt mein Tagebuch zu (ich muss es besser verstecken als er seins), dann gieße ich mir einen schönen englischen Tee auf mit viel Milch, kuschele mich auf meinem Sofa in die Kuscheldecke ein und lese. Vielleicht erfahre ich dann endlich, wer ich wirklich bin.

Bettina von Cossel

Eine Nacht mit Ramona

Wolfgang Hartmann konnte nicht einschlafen. Im samtenen Halbdunkel seines Schlafzimmers träumte er mit offenen Augen von seiner Nachbarin, der erotischsten Frau, der er je begegnet war. Der Liebe seines Lebens. Bloß dumm, dass Ramona Seiler mit diesem tätowierten Kerl zusammenlebte. Wie dieser Schlägertyp an eine so fantastische Frau herangekommen war, wusste Gott allein. Sie hätte jemand anderen verdient, jemanden wie ihn.

Frustriert schlug er die Bettdecke zurück und stand auf, um den Rollladen herunterzulassen. Nun konnten die vereinzelten nächtlichen Straßengeräusche nicht mehr von der Fressgasse in sein Zimmer heraufdringen, aber es half nichts. Ramonas sanfte Schönheit geisterte besitzergreifend durch jeden seiner Gedanken, beflügelte seine Fantasie und weigerte sich, ihn wieder loszulassen.

Im Treppenhaus schlug die Haustür. Das konnte nur sie sein, die anderen Leute im Haus waren längst daheim. Er lauschte dem Klick-Klack ihrer hohen Absätze, die auf die Steintreppe schlugen. Sicher die roten Schuhe mit dem sexy Riemchen über dem Fußgelenk. Er lächelte. Heute Nacht im Traum würde sie ihm in roten Schuhen begegnen.

In der Wohnung über ihm, wo sie mit diesem Proleten wohnte, wurde es laut. Jede Nacht hörte er die gleichen Szenen. Sie fingen mit lautstarken Vorwürfen des Lovers an, gingen dann ins Handgreifliche über und endeten mit der klassischen Versöhnung im Bett. Als er es nicht mehr ausgehalten hatte, hatte Wolfgang kurzerhand seine Möbel umgerückt. Jetzt war sein Schlafzimmer unter dem Wohnzimmer der beiden leidenschaftlichen Streithähne, was ihm ermöglichte, in Ruhe einzuschlafen, ohne seine Traumfrau beim Liebesspiel belauschen zu müssen.

Plötzlich hörte er es, das Unglaubliche mit dem er nie gerechnet hätte. Mörderische Schritte im Dunkeln. Mit angehaltenem Atem lag er in der Finsternis und fragte sich, ob er sich geirrt haben könnte, aber oben war es jetzt totenstill. Es war kein

Irrtum, spürte er deutlich: Ramona hatte ihren Lover umgebracht. Sie war, klicke-di-klack, an ihn herangetreten, ein kurzes Stöhnen, dann war ein schwerer Gegenstand dumpf auf das Parkett geprallt

Mein Gott, dachte Wolfgang. Es ist vorbei. Nie wieder werde ich mir ihre Versöhnungsorgien im Bett anhören müssen.

Blitzgeschwind fuhr er in seine Jeans, ergriff das nächstbeste Sweatshirt und strich sich übers Kinn. Sein Dreitagebart kratzte, aber das war jetzt egal. Dies war seine Chance – vielleicht die einzige, die er bei ihr hatte. Bisher würdigte ihn die Schöne höchstens eines flüchtigen Blickes, wenn sie sich im Flur begegneten. Er grinste. Das würde sich in Zukunft gewaltig ändern.

Wenige Minuten später klopfte er an ihre Wohnungstür. „Machen Sie auf“, flüsterte er eindringlich, als sie die Tür endlich einen Spalt breit öffnete. „Ich schaffe Ihnen die Leiche vom Hals.“

Einen Moment lang sah sie ihn unschlüssig an, dann löste sie zögernd die Kette und ließ ihn ein. Der Tote lag erschlagen im Wohnzimmer, mit einer Plastiktüte über dem Kopf.

„Er blutete so“, erklärte sie. „Die Flecken ...“

„Schon gut“, fiel er ihr ins Wort. „Schaffen wir ihn erst mal runter. Morgen Früh können wir sauber machen.“ Er sah suchend um sich. „Haben Sie vielleicht eine Kapuzenjacke, die man ihm anziehen kann? Es muss ja nicht jeder gleich die Tüte über seinem Kopf bemerken.“

„Hier“, sagte sie und nahm einen Parka von einem der Garderobenhaken. „Wir können seine eigene nehmen.“

Gemeinsam streiften sie ihm die Jacke über und zogen die Kapuze tief in sein Gesicht.

„Der ist reisefertig“, entschied Wolfgang und schulterte sich den Toten auf wie einen betrunkenen Saufkumpan.

Ramona lächelte zu ihm hoch. „Wie soll ich Ihnen dafür jemals danken?“

Grinsend ließ er seinen Blick über sie gleiten.

Sie hatte verstanden. „Beeil dich“, raunte sie verheißungsvoll und berührte wie zufällig seine Hand. „Ich warte ...“ Dann rief sie den Aufzug nach oben.

Die Aussicht auf die bevorstehende Liebesnacht verlieh ihm Heldenkräfte. Der Tote war unangenehm schwer, weit würde er den nicht schleppen können. Sein erster Gedanke war, die Leiche mit dem Auto wegzuschaffen, allerdings fiel ihm kein geeignetes Versteck ein, wo er ihn hätte hinkarren können. Der Käfertaler Wald käme in Frage, aber wie sollte man den Mann da verscharren, ohne Schaufel? Dazu die ganzen Wurzeln im Boden. Außerdem stand sein Wagen nicht gerade vor der Haustür. Blieb also nur die Innenstadt. Wo konnte er ihn hier ablegen, so dass er möglichst lange unentdeckt blieb – vielleicht in der Grünanlage um den Wasserturm? Oder unter einem Busch am Parkhaus in Q7? Wolfgang runzelte die Stirn. Jeder hergelaufene Köter würde den Toten sofort erschnüffeln und den Fund kläffend seinem Herrchen melden. Da konnte er ihn auch gleich auf die Planken legen.

Er stutzte. Die Idee war gar nicht so schlecht – mitten rein ins Getümmel. Kein Mensch würde in der belebten Fußgängerzone eine Leiche vermuten. Kurzentschlossen schickte er den Lift in den Keller, wo er seine Werkzeuge aufbewahrte.

Eine Viertelstunde später kamen sie wieder nach oben und wankten auf die Fressgasse – der Tote, das Stemmeisen und er. Der Typ wird mit jedem Schritt schwerer, fluchte Wolfgang, aber in diesem Fall machte sich sein jahrelanges Fitnesstraining bezahlt. Die Fußgängerzone lag mittlerweile wie ausgestorben da, um diese Uhrzeit torkelten höchstens noch ein paar Betrunkene nach Hause. So wie sein Kumpel und er. Tot sah der doch wirklich nicht aus, eher wie eine Schnapsleiche. Er brauchte sich also keine allzu großen Sorgen zu machen, von einem Passanten angehalten zu werden.

Schließlich erreichte er schwitzend sein Ziel: Ein matt glänzender Kanaldeckel, dessen Aufschrift für das Modehaus Engelhorn & Sturm warb. Hierher und nicht weiter, entschied er und setzte den Toten an der nächsten Hausmauer ab. Es wird Zeit, dass ich den Kerl endlich loswerde. Tief durchatmend zog er das Stemmeisen aus dem Gürtel.

„Das wäre erledigt“, stöhnte Wolfgang, nachdem er den Kanaldeckel wieder in die ursprüngliche Position gebracht hatte. Kein Mensch würde merken, dass Ramonas kleines Geheimnis jetzt dort unten im Schacht lag. Sicherlich würden sich die Mannheimer Ratten gleich über die Leiche hermachen und ein Freudenfest feiern. Er grinste. Irgendwo hatte er mal gelesen, dass man nirgendwo auf der Welt weiter als einen Meter von der nächsten Ratte entfernt sei. Für die Planken galt das mit Sicherheit auch.

Ein Schweißtropfen glitt seinen Nacken hinunter. Wahrscheinlich stinke ich wie ein Schwein, dachte er und wischte erschöpft die Hände an seinen Jeans ab. Ich muss erst mal unter die Dusche. Müde zog er sich das Stemmeisen durch den Gürtel und machte sich auf den Heimweg.

Vor der Haustür sah er eine Zigarette im Dunkel glimmen. Wolfgang traute seinen Augen nicht, als er erkannte, wer dort an der Wand lehnte und qualmte.

„Da staunste, was?“, fragte Ramonas Lover und reckte sein Kinn in die Höhe. „Noch nie ’n Zombie gesehen?“

Was zum Teufel ...? Der Typ war doch tot, er hatte ihn doch gerade erst in den Kanal geschafft!

Dann dämmerte es Wolfgang. Die Plastiktüte. *Natürlich!* Er hatte nie das Gesicht des Toten gesehen, sondern war so dämlich gewesen anzunehmen, dass es ihr Liebhaber war. Die Schlampe hatte ihn reingelegt.

„Ich hab ihr gleich gesagt, dass sie das Schloss wechseln soll“, fuhr der Muskelprotz fort, „aber die Weiber hören ja nie. Jetzt hat sie den Salat. War doch klar, dass ihr Ex sofort nach seiner Entlassung hier aufkreuzt und Stress macht.“ Grinsend blies er eine Ladung Rauch in Wolfgangs Gesicht. „Gut, dass ich erst zu Hause aufgetaucht bin, als du schon abgezogen warst. Sonst hätte Ramona glatt mir aufgetragen, ihren Ex aus der Wohnung zu schaffen.“

Wolfgangs Mund wurde trocken. Der Typ schien ja sehr genau Bescheid zu wissen. Und jetzt? Wollte der Scheißkerl ihn etwa erpressen? Ohnmächtige Wut stieg in ihm auf. Wut auf diesen tätowierten Proleten, Wut auf Ramona, Wut auf sich selbst. Es juckte ihm in den Fingern, sich auf sein Gegenüber zu stürzen, ihm gehörig die Fresse zu polieren – aber welche Chance hatte er, ausgelaugt wie er war?

Ein Taxi fuhr vor und hielt mit laufendem Motor neben ihnen. Im selben Moment öffnete sich die Haustür und Ramona trat in Minirock, Stilettos und kurzer Jacke auf die Straße, einen kleinen Rollkoffer hinter sich herziehend.

„Ab jetzt kannst du da oben qualmen, soviel du willst“, säuselte sie in Richtung ihres Lovers, während der Taxifahrer ihren Koffer im Wagen verstaute. Sie warf einen abschätzigen Blick auf die halbgerauchte Zigarette in seinen fetten Wurstfingern. „Ach übrigens, mein Schatz: Falls du deinen Parka suchst – den trägt jetzt jemand anders.“

Ihr Lover starrte sie mit offenem Mund an. „Was soll'n das heißen?“, stammelte er. „Wohin fährst du überhaupt?“

Ramona würdigte ihn keines Blickes. Süffisant lächelnd trat sie ganz nah an Wolfgang heran. „Ich konnte nun doch nicht auf dich warten“, sagte sie. „Aber manchmal gibt es Wichtigeres im Leben als das Eine.“ Sie zwinkerte ihm zu. „Keine Angst, Süßer, von mir wird niemand erfahren, wie nett du mir aus dieser Patsche geholfen hast – solange keiner von euch beiden auf die Idee kommt, die Polizei hinter mir herzuhetzen.“ Lächelnd glitt sie auf den Beifahrersitz.

Das war's dann wohl, dachte Wolfgang. Die Liebesnacht kann ich mir abschminken. Ein letzter Blick auf ihre begehrenswerten Schenkel und die sündig-roten Stilettos, dann schloss sich die Wagentür und das Taxi verschwand in der Dunkelheit.

„Ich glaub' ich spinne“, entfuhr es dem Ex-Lover, der seine Stimme wiedergefunden hatte. „Die hat sie wohl nicht mehr alle.“ Stirnrunzelnd kratzte er sich am Kopf. „Was meint die denn damit, dass jetzt jemand anders meinen Parka trägt?“

Wolfgang sparte sich die Erklärung. Das würde er spätestens herausfinden, wenn die Polizei vor seiner Tür stand.

„Egal“, brummte sein neuer Kumpel. „Auf den Schreck brauch' ich jetzt 'n Bier – und du bestimmt auch.“ Freundschaftlich schlug er Wolfgang auf die Schulter. „Was ist, kommst du mit? Ich kenne da einen Schuppen in der Neckarstadt. Super Tussis gibt's da, sag' ich dir. Dagegen ist Ramona 'ne Vogelscheuche ..."

Wolfgang strich sich das Haar aus der Stirn. Warum eigentlich nicht? Der Abend konnte nur besser werden – und ein Eichbaum passte immer noch rein. „Alla gut", murmelte er, „auf in die Neckarstadt ..."

Ingrid Glomp

Show-down in Wohlgelegen

„Sie müssen mir unbedingt helfen, meine Frau zu finden. Sie ist die Liebe meines Lebens." Kaum hatte der große, unglaublich gut aussehende Fremde mein Büro betreten, sprudelten diese Worte aus ihm heraus.

Es war Freitagnachmittag und ich starrte gerade auf den Computer-Bildschirm und meditierte über meinen Kontostand. Nein, ich war nicht in den Miesen. Aber das Plus bewegte sich im zweistelligen Bereich. Das war nicht gut, wenn man bedachte, dass bald die Miete fällig war.

Anscheinend hatte wenigstens mein Eintrag in den Gelben Seiten endlich etwas gebracht. Ich hatte ihn so formuliert, dass er mir einen Platz ganz vorne garantierte:

A bis Z – Detektei
Anja Zenk
Ermittlungen aller Art

„Auch Ihnen einen guten Tag", begrüßte ich meinen Klienten höflich. „Nehmen Sie doch Platz." Dabei zeigte ich auf den Stuhl vor meinem Schreibtisch (beides frühes Ikea). „Und dann erzählen Sie mal, wo Sie Ihre Frau verloren haben."

Wie sich herausstellte, hatten die beiden in Bonn, denn dort lebten sie, einen „schlimmen Streit" gehabt und dann hatte sie einfach ihre Sachen gepackt und war auf und davon. Ich zog einen Block zu mir heran und begann, mir Notizen zu machen.

Die tiefbraunen Augen im Kontrast zum strahlend blonden, hoch gegelten Haar meines Klienten waren ein durchaus erfreulicher Anblick. Doch sein Gezappel machte mich ein ganz klein wenig nervös. Mal beugte er sich vor, dann lehnte er sich wieder zurück, dann rückte er den Stuhl etwas zur Seite, dann näher heran.

Jedenfalls hatte er eine Spur. Die letzte Website, die seine Frau auf dem heimischen Computer besucht hatte, war eine aus Mannheim: das Hotelverzeichnis.

„Und sie geht gerne in Parks“, fügte er strahlend hinzu, stolz auf seine Beobachtungsgabe. „Sie sagt, das findet sie beruhigend.“

Nun, er mochte das für einen wichtigen Hinweis halten, aber ich hatte nicht vor, alle Grünanlagen Mannheims abzuklappern.

„Kommen wir auf die Hotels zurück. Haben Sie vielleicht eine E-Mail mit einer Zimmerreservierung gefunden? Oder haben Sie am Telefon die Wahlwiederholung versucht?“

Nein, hatte er nicht (eine solche E-Mail gefunden) und ja, hatte er (die Wahlwiederholung benutzt), aber ohne Erfolg. Wäre ja auch zu schön gewesen.

Was ich nicht verstehen konnte: Wieso ließ frau so einen Kerl sitzen? Gut, er war ein bisschen hektisch. Aber habe ich erwähnt, dass er super aussah? Zwar war sein Blond so echt wie das von Orlando Bloom im Herrn der Ringe. Aber, he, im Glashaus ist nicht gut Steinewerfen. Mein Haar strahlte auch erst seit zehn Jahren so hell, genauer gesagt, seit ich 14 war. Ich bezeichne es gerne als Gwen Stefani-blond. Wenn ich nicht auffallen will, verstecke ich es unter einem Basecap, das geht gut, denn mein Haar ist kurz, und verzichte auf den kirschroten Lippenstift.

„Ich heiße übrigens Andreas Müller“, riss er mich aus meinen Träumen. „Aber meine Freunde nennen mich Andi. Wie den Fußballspieler.“

Keine Ahnung, wovon er redete. Aber darauf kam es auch nicht an. Er hatte eine weiche, einschmeichelnde Baritonstimme, der ich stundenlang hätte zuhören können.

Und wie hieß seine Frau?

„Auch Müller.“

„Klar. Und der Vorname?“

„Sandy. Also eigentlich Sandra.“

Andi und Sandy – wow, da taten sich Abgründe auf.

Er hatte auch ein Foto von seiner Angetrauten dabei, falls sie sich unter falschem Namen eingemietet hatte.

Für Fälle dieser Art habe ich eine Regel. Man weiß schließlich nicht, ob man es mit einem verrückten Stalker zu tun hat. Bei seinem Aussehen hielt ich Andi eher für ein potentielles

Stalking-Opfer. Aber was weiß man schon über einen anderen Menschen? Bei Britney Spears hatte vor zehn Jahren auch keiner erwartet, dass sie eines Tages Madonna küsst. Richtig? Ich erklärte Andi also, dass ich zuerst mit der Gesuchten sprechen und sie fragen würde, ob sie sich mit ihm treffen wollte. Er schmollte ein wenig. Aber ich blieb hart, auch wenn ich mir vorkam wie jemand, der Bambi die letzte Hoffnung auf sein Lebensglück nahm.

Aus rehbraunen Augen sah er mich an: „Was auch immer Sie tun. Bitte finden Sie sie. Ich brauche eine zweite Chance, um ihr zu zeigen, wie sehr ich sie liebe."

Gut, dann war da noch das Geschäftliche. Er kam aus Bonn. Hatte in Mannheim noch keine Unterkunft und weil er überstürzt aufgebrochen war, keinen Ausweis dabei. Alles, was er mir geben konnte, war seine Handynummer – und einen Vorschuss, darauf musste ich bestehen. 250 Euro, bar auf die Kralle und nicht rückzahlbar.

Noch am selben Abend telefonierte ich alle Hotels durch. Ohne Erfolg. Sandy benutzte vermutlich einen anderen Namen. Am nächsten Morgen, als hoffentlich neue Leute an den Rezeptionen saßen, die von meinen Anrufen nichts wussten, begann Phase zwei. Ich ging, beziehungsweise fuhr, von Hotel zu Hotel. Ich fing mit den kleineren an, denn Andi vermutete, dass seine Sandy nicht viel Geld dabeihatte. Ich erzählte immer dieselbe Geschichte: Meine Schwester war beruflich in Mannheim. Leider wusste ich nicht, wo sie wohnte. Ihr Handy hatte sie zu Hause vergessen und jetzt war unser Vater krank. Dann zeigte ich das Foto. Kein einziger fragte nach meinem Namen oder dem meiner Schwester. Schauspielern gehört zum Detektiv-Handwerk. Manchmal schaffte ich es sogar, echte Tränen hervorzupressen. Falls es also mit der Detektei nicht klappt, kann ich immer noch nach Hollywood gehen. Aber ich schweife ab.

Nach dem zweiten vergeblichen Versuch bemerkte ich, dass mir jemand folgte. In einem schwarzen SUV, so einem aufgemotzten Geländewagen, mit Kölner Kennzeichen. Andi kam aus Bonn. Und jetzt ein Wagen aus Köln? Sehr mysteriös und ein ganz klein wenig beunruhigend. Ich beschloss, mir den Fahrer anzusehen, lenkte meinen Polo in die nächste freie Parkbox am Straßenrand und blickte hinüber zu meinem Verfolger, dem nichts übrig blieb, als dicht an mir vorbeizufahren. Es war Andi. Als er sah, dass ich ihn sah, verzog er das Gesicht zu einer zerknirschten Miene, zuckte entschuldigend mit den Schultern und fuhr davon.

Konnte er es nicht abwarten, seine Sandy wiederzusehen oder hatte er andere, dunklere Motive? Ich beschloss, erst einmal an meinem Plan festzuhalten. Nach gut zwei Stunden hatte ich die Lady gefunden. Ich hielt gerade vor einer Pension in der Nähe des Herzogenriedparks, als sie herauskam und in einen kleinen Audi stieg.

Ich erkannte sie sofort an ihrem glatten braunen Haar, das sie wie auf dem Foto in einem kurzen Pagenkopf trug. Ihre Arme waren dünn, aber muskulös, wie bei Madonna. Sandy war allerdings deutlich größer. Mindestens 1,80 Meter. Modelmaße, aber ihr Gesicht wirkte verhärmt. Wer mager ist, altert früher, sage ich immer. Das neongelbe Minikleid stand ihr auch nicht besonders gut, aber ich bin ja nicht die Modepolizei.

Ich folgte ihr bis zum Parkplatz gegenüber dem Luisenpark. Als sie zu Fuß die stark befahrene Straße überquerte, musste ich ihr einen gewissen Vorsprung lassen, und bis ich an der Kasse den Eintritt bezahlt hatte, war sie meinem Blick entschwunden. Wenigstens hatte ich gesehen, dass sie den Hauptweg entlangging und dann nach links Richtung Gewächshaus abbog. Was folgte, war eine schweißtreibende Viertelstunde. Ich joggte die Wege entlang, immer Ausschau haltend nach einem neongelben Farbklecks. Gewächshaus und andere Innenräume schloss ich wegen des strahlenden Sonnenscheins aus. Ich beschränkte mich auf Grünflächen und Spielplätze und die diversen Sitzgelegenheiten, die sie boten. Ganz am anderen Ende des Parks, am Wasserspielplatz, spürte ich sie endlich auf. Ohne das Zitronengelb ihres Kleides hätte ich sie glatt übersehen. Entspannt beobachtete sie von einer Bank aus das bunte Treiben: Massen von Kindern, die durch das Wasser liefen, Pumpen und andere Geräte bedienten und dabei einen ziemlichen Lärm machten.

Ich setzte mich neben Sandy, die anscheinend keine Angst vor Hautkrebs hatte, auf die sonnenbeschienene Bank. Sie schaute kurz erstaunt, war aber nicht beunruhigt. Mit meinen 1,60 Meter und 24 Jahren bin ich alles andere als eine Furcht erregende Erscheinung.

Als ich Sandy allerdings erzählte, wer ich war und dass ihr Ehemann mich gebeten hatte, sie zu suchen, schaute sie hektisch in alle Richtungen.

„Ist er hier?“

„Nein. Sie brauchen keine Angst zu haben. In solchen Fällen spreche ich immer erst mit der Gesuchten, ob ich dem Klienten ihren Aufenthaltsort verraten darf.“ In solchen Fällen? Das war mein erster. Aber das brauchte sie nicht zu wissen.

Sie zögerte, biss auf ihrer Unterlippe herum, bis der Lippenstift von dort auf ihre Zähne gewandert war, und dachte nach. Schließlich zeigte sie mitten in das Kindergetümmel: „Das ist unsere Tochter. Da vorn, das blonde Mädchen.“ Die Kleine, die sie anscheinend meinte, bei dem Gewimmel ließ sich das schlecht sagen, trug ein gelb und pink geblümtes Kleidchen und platschte mit nackten Füßen im Wasser auf und ab. Sandy holte tief Luft: „Er hat gedroht, uns beide umzubringen.“

Also doch. Aber Moment: „Sie sind allein in den Park gegangen.“ Kühl sah ich sie an, bis mir auffiel, dass ich zu viel verraten hatte. „Ihr Mann hat mir erzählt, dass Sie Parks lieben.“ fügte ich hinzu. Regel Nr. 3 in dem Detektiv-Handbuch, das ich eines Tages schreiben werde: Lass niemanden in deine Karten schauen.

„Sie haben vor dem Eingang gewartet?“

Ich nickte.

Sie überlegte fieberhaft und zog erst die Finger der einen, dann die der anderen Hand nacheinander in die Länge. „Ich weiß nicht, ob Sie das verstehen können. Aber mein Mann ist wirklich sehr gefährlich. Deshalb habe ich meine Tochter zur Sicherheit bei einer Freundin untergebracht. Die ist jetzt zur Arbeit. Er ist krankhaft eifersüchtig. Aber das habe ich zu spät gemerkt.“ Sie schaute nervös in alle Richtungen. „Bitte verraten Sie mich nicht. Geben Sie mir Zeit bis übermorgen, um für uns etwas Neues zu organisieren.“

Sie sah meinen zweifelnden Blick. Der bezog sich allerdings auf die Frage, ob ich bei diesem verfahrenen Fall noch irgendwelches Geld sehen würde.

„Versprechen Sie mir, dass Sie ihm nichts sagen." Ihre Stimme klang leise und flehend.

„Natürlich. Kein Thema. Versprochen." Ich sah ihr ernst in die Augen und nickte zur Bekräftigung mit dem Kopf.

‚He, was soll's?', dachte ich mir. Wenn Andi tatsächlich eine Art Stalker war, und einiges sprach dafür, dann würde ich sie natürlich nicht verraten. Wenn sie mir nicht die Wahrheit gesagt hatte, dann war dies meine Revanche-Lüge und wir wären quitt.

„Ach, das stimmt doch gar nicht", brauste der besagte Andi auf, als er mir kurz darauf in meinem Büro gegenüber saß. Er hieb mit der Faust auf meinen Schreibtisch, so dass die Stifte in dem schwarzen Metallbecher, in dem ich sie aufbewahre, klapperten. „Diese Frau lügt doch, wenn sie den Mund aufmacht. Sie hat gar kein Kind. Aber ich weiß, wie sie darauf kommt: Ihrer Schwester ist mal so was Ähnliches passiert."

Dann fing er sich wieder.

„Kann ich Ihnen vertrauen?" Er zeigte mir sein gewinnendstes Lächeln. Und das brauchte sich hinter dem von Orlando Bloom nicht zu verstecken.

Ich nickte. Klar konnte er mir vertrauen.

Dann erzählte er mir eine neue Geschichte. Sandy war nicht die Liebe seines Lebens, aber seine Geliebte (Ex-Geliebte musste man wohl sagen) und außerdem Mädchen für alles in seinem kleinen Computer- und Softwareladen. Bis sie sich mit dem Geld aus seinem Safe abgesetzt hatte. Das er leider schwarz verdient hatte, so dass er nicht zur Polizei konnte. Dieses Geld – er sagte nicht, wie viel – wollte er wieder haben.

Ich ließ den Film von der Begegnung im Luisenpark noch einmal vor meinem inneren Auge ablaufen. Am Wasserspielplatz war viel los. Vielleicht hatte sie tatsächlich auf ein fremdes Mädchen gezeigt. Wäre das aus irgendeinem Grund schief gegangen, hätte sie immer noch behaupten können, sie habe ein anderes Kind gemeint. Möglich, dass Andi die Wahrheit sagte. Ich wollte ihm so gern vertrauen, wie er mich treuherzig aus braunen Augen anschaute, die zu seinem blonden Haar super aussahen, und mir ein anscheinend völlig offenes Lächeln schenkte. Andererseits hatte er mich schon einmal belogen.

Hinwiederum: Merkwürdig war es schon, dass sie ohne Kind allein im Hotel wohnte ...

„Na gut“, sagte ich, denn ich bin von Natur aus großzügig und hilfsbereit. „Geben Sie mir noch mal 250 Euro Vorschuss und ich lass mir was einfallen.“

Was, das verriet ich ihm nicht, hauptsächlich, weil ich es selbst nicht wusste. Aber, he, das ist mein Beruf: Sachen rauszufinden, die man nicht weiß. Ich versprach Andi, mich später bei ihm zu melden.

Zum Schluss schärfte ich ihm ein: „Versuchen Sie nicht, mir zu folgen.“ Sein schuldbewusster Blick verriet mir, dass er genau das vorgehabt hatte.

Ich musste mir ein genaueres Bild von den beiden Hauptpersonen machen. Das Internet hatte ich schon ganz am Anfang gecheckt und nichts gefunden, was mir weiterhalf. Wo Andi wohnte, wusste ich immer noch nicht. Also war Sandy mein bester Ausgangspunkt.

Ich hatte Glück: Als ich vor dem Hotel hielt, konnte ich sie in ihrem Zimmer im ersten Stock des Hotels auf und abgehen sehen. Sie hatte also nicht die Biege gemacht. Soweit es ging, machte ich es mir in meinem Wagen gemütlich. Aber ein VW Polo ist kein Rolls. Ganz ehrlich! So eine Überwachung ist ätzend. Ein Krimi von Robert B. Parker half mir wach zu bleiben und Kaffee in einer Thermosflasche – ganz klassisch. Das Problem: Ich durfte nicht zuviel trinken, denn was oben reingeht, kommt etwas später unten wieder raus. Zum Glück gab es gegenüber dem Hotel ein Gebüsch, hinter das ich mich verziehen konnte.

Um zehn Uhr am nächsten Morgen, es war Sonntag, wie das Läuten diverser Kirchenglocken verriet, kam Sandy in Jogging-Kleidung aus dem Hotel. Um den Bauch trug sie eine geräumige Gürteltasche, aus der die Kabel eines MP3-

Players hervorrankten. Sie hatte bei unserer Begegnung im Park recht durchtrainiert ausgesehen. Also durfte ich hoffen, dass sie nicht schon nach fünf Minuten schlapp machen und zurückkommen würde – wie ich das getan hätte, wäre ich jemals auf die idiotische Idee verfallen, durch die Gegend zu joggen.

Vorsichtig öffnete ich die Eingangstür des Hotels. Die Rezeption war verlassen. Anscheinend erwarteten sie niemanden. Ich glitt die Treppe hinauf und zählte im Flur des ersten Stocks die Türen. Das mittlere Zimmer zur Straße hin musste es sein. Das Schloss war ein Witz und ich hatte es ruckzuck geknackt – schließlich habe ich bei einem der Besten gelernt. Aber das ist eine andere Geschichte.

Sandys Sachen waren gepackt. Nicht gut. Neben einem Stadtplan lag ein Zettel, auf dem sie Ort und Zeit für ein Treffen mit einem gewissen Rollo notiert hatte. Das war schon besser. Systematisch ging ich ihre Sachen durch auf der Suche nach Hinweisen auf ihre angebliche Tochter. Die fand ich nicht. Dafür andere interessante Dinge, unter anderem ihren Ausweis. Sie hieß Nadine, nicht Sandra, und Schmitz, nicht Müller. Immer wieder lauschte ich auf Geräusche und blickte zur Tür. Ich war doch ein ganz kleines bisschen nervös. Als es nichts mehr zu durchsuchen gab, machte ich mich schnell aus dem Staub. Dieses Mal benutzte ich die Hintertür des Hotels, die gerade offen stand. Hätte mir noch gefehlt, dass ich Nadine alias Sandy beim Rausgehen in die Arme lief.

Auf der Fahrt zum Büro hatte ich Zeit zum Nachdenken. Dort angekommen machte ich zuerst ein paar Anrufe und haute mich dann auf dem Sofa, das der Vormieter, ein netter Psychologe, dagelassen hatte, noch kurz aufs Ohr. Das Treffen mit Rollo sollte um 14.00 Uhr stattfinden.

Um zwanzig vor zwei sammelte ich Andi an einer Straßenecke ein und er quetschte sich auf den Beifahrersitz meines Polos. Grinsend nannte ich ihm unser Ziel: den Hauptfriedhof. Mannheim ist eine Stadt mit Humor. Der Hauptfriedhof befindet sich nicht nur in direkter Nähe zum Klinikum, sondern außerdem in einem Stadtteil mit dem schönen Namen Wohlgelegen. Letzte Ruhe in Wohlgelegen – das hat was.

Ich parkte in der Nähe des Haupteingangs. Es war schwül und ich bedauerte, dass ich meinen Blazer anhatte, aber er ist so etwas wie Berufskleidung. An den Füßen trug ich meine roten Chucks. Die Klassiker, hochgeschnürt wie Basketballschuhe. Mit blauen Jeans, weißem T-Shirt und schwarzem Baumwollblazer war mein Outfit von schlichter Eleganz. Auch Andi trug ein Jackett.

Durch einen Seiteneingang betraten wir den Friedhof. Links war der Haupteingang mit den Arkaden, die sich zu seinen beiden Seiten erstreckten. Wir wandten uns nach rechts und gingen einen gepflasterten Weg entlang. Einen sehr langen Weg, möchte ich hinzufügen. Auf seinen beiden Seiten war Mannheimer Prominenz aus früheren Zeiten zur letzten Ruhe gebettet. Engel als Deko waren damals anscheinend in: sitzend, kniend, stehend, als Skulptur oder als Relief, groß und edel oder als kleine, rundliche Putten. Aber ich schweife mal wieder ab.

Es waren viel weniger Menschen unterwegs, als ich erwartet hatte. Drei oder vier, wenn's hochkam. Eine Frau studierte eine Schautafel neben einer Baugrube. Hier wurde anscheinend das Konzept Parkfriedhof – oder war es Park im Friedhof? – verwirklicht, mit einem kleinen Teich und einer zierlichen Holzbrücke, die sich darüber schwang. Am Horizont grüßte der Fernmeldeturm.

„Hinterer Teil des Friedhofs" hatte Nadine sich notiert. Der Weg, dem wir folgten, führte zu einer niedrigen Mauer aus rötlichen Steinen, die sich quer durch den Friedhof zog. Sie endete links und rechts des Wegs in Pfeilern, auf denen jeweils eine Art steinerne Suppenterrine mit Henkeln und Deckel thronte. Wir schritten dazwischen hindurch und betraten, was ich in Gedanken als „hinteren Teil" des Friedhofs definierte. So leise wie möglich bewegten wir uns vorwärts. Das schattige, üppige, dichte Grün aus Büschen und Bäumen hatte tatsächlich etwas von einem Park. Kies, der hier auf den Wegen als Belag diente, knirschte unter unseren Schuhen. Vorsichtig spähten wir an jeder Wegkreuzung nach links und rechts.

Unvermittelt ergriff Andi meinen Jackenärmel. „Ich glaube, das ist ihre Stimme.“

Hinter dem Gebüsch zu unserer Linken hörte ich ein unverständliches Gemurmel. Eine Frauen- und eine Männerstimme. Im Süden und Westen zogen sich dunkle Wolken zusammen.

Wir gingen um das Gebüsch herum und da stand sie: auf einem Rasenstück, vielleicht 8 mal 15 Meter (der Rasen, nicht sie), das an drei Seiten durch Sträucher und Bäume von neugierigen Augen abgeschirmt wurde. Die vierte Seite war zu einem Kiesweg und dem menschenleeren hinteren Bereich des Friedhofs hin geöffnet. Wenigstens trampelte sie nicht auf irgendwelchen Gräbern herum. Ja, auch ich kenne Pietät.

Nadine sprach mit einer Art Späthippie, dessen Umhängetasche vermutlich schon lange vor meiner Geburt irgendwo in Südamerika gewebt worden war.

Eine Begrüßung schien mir das geeignete Mittel, ihre Aufmerksamkeit auf uns zu lenken. „Hallo, Nadine“, rief ich fröhlich und fuhr dann an den Langhaarigen gewandt fort: „Und du musst Rollo sein.“

Kaum war das letzte Wort über meine Lippen, hatten plötzlich alle eine Waffe in der Hand.

Also echt. Hatte hier jeder eine Knarre außer mir? Ich kam mir vor wie in einem Western, wenn sich die Kontrahenten zu einem letzten Show-down gegenübertreten. Nur dass wir uns nicht auf einer staubigen Dorfstraße befanden mit Zuschauern, die sich auf beiden Seiten drängten, sondern auf einer Wiese des Mannheimer Hauptfriedhofs, wo weit und breit kein anderer Mensch zu sehen war.

In der Ferne hörte man Donnergrollen. Gut, um Rollo, der mindestens so entgeistert guckte wie ich, brauchte ich mir keine Sorgen zu machen. Er stand ein paar Meter von mir entfernt und hielt, genauer betrachtet, nur ein Schnappmesser in der Hand.

Andi hatte nur Augen für Nadine und blaffte sie an: „Du hast etwas, das mir gehört. Los, bring es hier rüber.“

Dazu wedelte er mit seiner Wumme. Ganz großes Kaliber. Hatte er anscheinend hinten im Hosenbund unter seiner Jacke versteckt gehabt. Kein Wunder, dass er im Auto so unruhig hin und her gerutscht war. Muss ziemlich unbequem sein so ein Teil im Rücken.

Ich stand zum Glück direkt neben ihm und konnte kontern. Aus meiner Jackentasche zog ich die Waffe meiner Wahl. „Go ahead. Make my day.", knurrte ich wie Clint Eastwood als Dirty Harry. Nur dass ich nicht wartete, bis er die Pistole sinken ließ. Statt dessen machte es bei „day“: Zapp! Und mein leopardengemusterter Elektroschocker, eine Neuerwerbung, schickte 750.000 Volt durch seinen Körper. Ich weiß, der Spruch war ein unnötiger Schnörkel. Es war gar nicht nötig, den Kerl groß zu verwirren. Aber erstens war ich nach der durchwachten Nacht ein ganz klein wenig schlecht gelaunt und zweitens konnte ich der Versuchung nicht widerstehen, endlich einmal Clints coolen Spruch anzubringen.

Lautlos hatte Andi sich im Gras schlafen gelegt. Die Waffe war ihm schon vorher aus der Hand geglitten.

„Uff, das ist noch mal gut gegangen“, sagte ich und wandte mich Nadine zu. Während Rollo mit offenem Mund daneben stand, richtete sie ihr Schießeisen jetzt auf mich. Es war zwar eine Nummer kleiner, aber bestimmt nicht weniger tödlich.

Nicht ganz einfach, jetzt Herrin der Lage zu bleiben. Alle möglichen Gedanken schossen mir durch den Kopf. Hatte sie die Pistole etwa beim Joggen dabei gehabt, in ihrem Gürteltäschchen? In ihrem Zimmer hatte ich sie nicht gesehen. ‚Das ist doch jetzt total egal’, rief ich mich zur Ordnung. Schließlich hatte ich dringendere Probleme. Zeit. Genau. Ich brauchte mehr Zeit.

„Verstehe“, sagte ich. „Er“, dabei stieß ich Andi mit der Fußspitze an, „lässt gerne andere die Laufarbeit für sich machen. Ich wette, Sie haben die Drogen für ihn geschmuggelt.“

Wir blickten alle drei auf die Reisetasche zu Nadines Füßen. Ich machte eine kurze Pause, für den Fall, dass sie auch etwas sagen wollte. Und tatsächlich. Sie nickte: „Aus Amsterdam.“ Dann misstrauisch: „Woher wissen Sie das?“

‚Dummerchen. Ich habe dein Zimmer durchsucht.’ Das dachte ich, sagte aber statt dessen: „Und dann haben Sie gemerkt, dass er den großen Reibach macht und Sie in die Röhre schauen?“

„Reibach? Welcher Reibach?“

Okay, Redewendungen, die man nicht bei MTV hörte, überforderten sie. Schade, schade. Ich spiele gerne ein wenig mit der Sprache. Aber, na gut.

„Sie haben gemerkt, dass er Sie über den Tisch gezogen hat. Die Kohle, Asche, den Schotter? Für sich behalten hat.“

„Genau.“ Sie hatte verstanden und war darüber beglückt. Das verriet das Strahlen in ihrem Gesicht. „Ich meine, ist Olli nicht echt ein fauler Hund?“ Sie deutete das Erstaunen in meinen Augen ganz richtig und fuhr fort: „Er heißt Oliver Koslowski. Wussten Sie wohl nicht. Ich musste den Stoff aus Holland reinschmuggeln und dann wollte er mich nicht mal ordentlich beteiligen. Aber nicht mit mir. Ich verkauf den Stoff jetzt selbst. Hat nur leider etwas gedauert, bis ich Rollo hier in Mannheim gefunden habe. Den Namen hatte mir jemand in Amsterdam gegeben, bei meiner letzten Reise.“

Oh, oh. Ihre Mimik zeigte erst Schreck (Was hatte sie mir da alles erzählt?), dann Erleichterung (Sie war diejenige mit der Waffe in der Hand.) und dann Nachdenken (Was tun?).

Die ersten Regentropfen fielen. Es donnerte und hinter dem Fernmeldeturm, von dem man nur die Spitze sehen konnte, leuchtete ab und zu der Himmel auf. Das gab der Szenerie etwas eindeutig Unheimliches, Horrormäßiges.

Mein linkes Auge begann nervös zu zucken.

„Äh, Nadine? Ich glaube, es wird hier langsam ungemütlich. Wie wäre es …?“

„Schnauze!“, herrschte sie mich an und brachte die Pistole in Position. Offensichtlich hatte sie ihren Denkprozess noch nicht beendet. Ich konnte sehen, wie es hinter ihrer Stirn arbeitete.

Dann kam der Knaller. Sie lächelte mich liebreizend an und fragte wie nebenher: „Haben Sie eigentlich irgendjemandem von diesem Treffen erzählt?“

Links und rechts hinter den Büschen hörte ich Schritte, die sich schnell näherten. Nadine jedoch schien sie nicht zu bemerken. Die Aufregung. Konnte man verstehen. Vielleicht auch das

Donnern, das lauter wurde. Und die Allerhellste war die Tussi auch nicht, sonst hätte sie wohl kaum eine so durchsichtige Frage gestellt. Ihr IQ bewegte sich eindeutig im zweistelligen Bereich – wie mein Konto. Aber das war nicht der Moment, um abzuschweifen.

„Äh, hm", ich musste auf Zeit spielen. „Lassen Sie mich überlegen. Habe ich jemanden informiert?" Nachdenklich legte ich meinen Zeigefinger an die Nasenspitze. Nicht gut. Ein Blitz zuckte vom Himmel. Ich sah, wie sich Nadines Finger am Abzug krümmte und sprach deshalb sehr schnell und sehr laut.

„Ja, das habe ich in der Tat. Die Polizei. Jungs", meine Stimme legte noch ein paar Dezibel zu. Schließlich musste ich den Donner übertönen. „Jungs oder Mädels, das wäre jetzt der richtige Moment."

Ich sah wie Nadines Augen sich weiteten. Begleitet von Blitz und Donner und einem einsetzenden Platzregen brachen Kommissar Sänger und ein ganzer Trupp seiner Kollegen und Kolleginnen aus dem Gebüsch.

Ratlos schwenkte Nadine die Pistole von mir zu Rollo, zu Sänger und seinen Kollegen und zurück zu mir. Dann ging alles ganz schnell. Der junge und, wenn ich so sagen darf, ausgesprochen gut aussehende Kommissar Sänger entwand Nadine – zack! – die Waffe und im nächsten Moment lag sie schon bäuchlings im Gras. Also dem echten, nicht dem aus Amsterdam. Rollo wollte sich vom Acker machen, wurde aber mitten im Sprint von zwei Uniformierten gestoppt, die ihm den Weg verstellten.

Ich werde gerne unterschätzt, weil ich jung, blond und nicht besonders groß bin (wie übrigens eine Menge coole Sängerinnen: Shakira, Christina Aguilera, Pink, Fergie ...). Aber als ich in Nadines Zimmer ihre Reisetasche öffnete und darin zwei Plastiktüten mit insgesamt circa 5 Kilo Gras fand (nicht solches, wie das, an dem sie gerade schnupperte, sondern einen Gruß aus Jamaika sozusagen), Marktwert schlappe 40.000 Euronen schätzte ich, da war mir klar, dass ich kein Geld mehr von Andi zu erwarten hatte. Jedenfalls nicht, wenn er einmal wusste, wo er Nadine finden konnte. Ich hatte schon so etwas befürchtet. Schließlich hat man seine Erfahrungen. Okay, nicht direkt. So lange bin ich noch nicht im Geschäft. Aber ich habe genug Krimis gesehen und gelesen, um zu wissen, was alles passieren kann. Wenn die Welt gerecht wäre, dürfte ich das als Fortbildung von der Steuer absetzen.

Aber zurück zu diesem Fall. Mir war klar, dass ich aus dieser Sache nicht mit heiler Haut, einer weißen Weste *und* einem anständigen Honorar herauskäme. Also entschied ich mich für die weiße Weste (und die heile Haut) und informierte die Polizei. Ich seh das so: Als Privatdetektivin kann ich bestimmt mal die Hilfe der Jungs in Grün gebrauchen.

Durch den strömenden Regen ging ich auf den erstaunlich jungen Kommissar zu, der den Abtransport der Delinquenten und des Beweismaterials überwachte. Ich schnippte mit den Fingern, um seine Aufmerksamkeit auf das Wesentliche, nämlich mich, zu lenken. Dann schaute ich ihm tief in seine seefahrerblauen Augen.

„Nicht vergessen: Sie schulden mir was."

Florian Landin

Schritt für Schritt

Der Vogelstangsee lag verlassen inmitten des Parks. Die Wege, die durch die Anlage mäanderten, waren verwaist, die Jogger und Spaziergänger längst heimgekehrt in ihre warmen Wohnungen. Nur eine junge Frau mit einem Kinderwagen war zu sehen, dann und wann verdeckt von dem alten Baumbestand. Jäh brach die Sonne durch die bis dahin geschlossene Wolkendecke und tauchte die Szenerie in ein unwirklich intensives Licht, das so gar nicht zu dem trüben Wintertag passen wollte. Der Mann stand etwas erhöht, er hatte die Stelle mit Bedacht gewählt. Unwillkürlich kniff er die Augen zusammen, das helle Licht blendete ihn. Er zog die Schirmmütze tiefer ins Gesicht und ließ den Blick schweifen, genoss den Augenblick. Endlich. Wie lange hatte er auf diesen Moment gewartet? Weit im Osten, hinter dem Odenwald, ließ sich bereits die aufziehende Dämmerung erahnen.

Seit seiner Kindheit litt er unter bis zum Selbsthass gesteigerten Minderwertigkeitskomplexen, die ihn über die Jahre von innen heraus zerfraßen und eine nur noch äußerlich intakt erscheinende Hülle hinterlassen hatten. Sein Vater hatte ihn nie wie ein Kind behandelt, sondern schon immer wie einen kleinen Erwachsenen. Wenn er diesem Bild nicht entsprach, hagelte es Strafen. Seine Kindheit war geprägt gewesen von Gewalt und einem Erwartungsdruck, dem er niemals genügen konnte. Einmal sperrte ihn sein Vater eine Nacht in den Keller, weil er bei Tisch ein Glas umgeworfen und den Anzug des Vaters ruiniert hatte. Ein andermal hatte er im Haus herumgetobt und war gegen eine wertvolle Vase gestoßen, die herunterfiel und zerbrach. Daraufhin hatte ihn sein Vater an den Haaren gepackt, ins Kinderzimmer geschleppt, aufs Bett geworfen und ihm das Kopfkissen aufs Gesicht gepresst, bis er blau anlief und fast das Bewusstsein verlor.

Seine Mutter war körperlich selten, geistig so gut wie nie präsent gewesen. Ständig reiste sie in der Welt herum, und wenn sie doch einmal daheim war, verbrachte sie ihre Zeit mit dem Besuch esoterischer Selbstfindungsgruppen. Sie hatte sich in eine eigene Welt zurückgezogen.

Ein anderer wäre vielleicht unter dem auf ihm lastenden Druck zerbrochen, doch er war einen anderen Weg gegangen, den einzigen, der für ihn in Frage kam: Seit der Zeit im Kindergarten lebte er in ständiger Konkurrenz zu seiner gesamten Umwelt, musste immer besser sein als der Rest. Das war umso anstrengender, als er nicht mit besonderen Begabungen gesegnet war. Er war im wahrsten Sinne des Wortes durchschnittlich. Sein größtes, vielleicht sein einziges Kapital war seine Beharrlichkeit. Mit ihrer Hilfe hatte er im Jurastudium seine durchschnittliche Begabung mehr als kompensieren können und schließlich mit Prädikatsexamen abgeschlossen. Damit standen ihm alle Türen offen, er legte eine steile Karriere hin. Ein Schritt auf der Karriereleiter schien fast selbstverständlich den nächsten zu bedingen. Allerdings merkte er in letzter Zeit zunehmend, dass die Luft dünner wurde. Einerseits war hinsichtlich seiner Karriere kaum noch Spiel nach oben, andererseits, so schien es ihm, erodierte in der Kanzlei in der Oststadt, in die er vor zwei Jahren als Miteigentümer eingestiegen war, allmählich seine Position. Der in letzter Minute geplatzte Auftrag vergangenen Monat, der Wutausbruch einem langjährigen Klienten gegenüber, der damit endete, dass er seinem verdutzten Gegenüber ein Glas Wasser ins Gesicht geschüttet hatte. Dem fast übermenschlichen Bedürfnis, das leere Glas auf dem kahlen Schädel zu zertrümmern, hatte er gerade noch erfolgreich widerstanden. Die plötzlichen Schweißausbrüche in letzter Zeit, das manchmal unkontrollierbare Zittern, die Konzentrationsschwierigkeiten. Manchmal saß er in irgendwelchen Besprechungen und hörte keine Stimmen mehr, sondern sah nur noch die Münder auf- und zuklappen, während es in seinem Kopf rauschte wie die Niagarafälle.

Viel von dem Druck, der permanent auf ihm lastete, war über die Jahre hinweg von der Tatsache abgefedert worden, dass er all seine Energie auf den Fortgang seiner Karriere gerichtet hatte. Nun war er jedoch an einem Punkt angelangt, an dem es nicht viel mehr zu erreichen gab. Was sich früher noch als Herausforderung gestaltete, geriet mehr und mehr zur reinen Routine. Der innere Druck aber war immer noch existent, vielleicht stärker als je zuvor. Nur kompensieren konnte er ihn nicht mehr so wie früher. Sein Name hatte immer noch einen guten Klang, doch er spürte, wusste einfach, dass hinter seinem Rücken über ihn geredet wurde. Gespräche, die bei seinem Eintreten plötzlich verstummten, verstohlene Blicke, die über die Kaffeemaschine hinweg ausgetauscht wurden, Unterlagen auf seinem Schreibtisch, die verschwanden, auftauchten und wieder verschwanden. Sein Telefon wurde abgehört. Jedes Mal, wenn er den Hörer abnahm, hörte er das leise Knacken in der Leitung. Letzte Woche hatten sie begonnen, ihn mit stecknadelkopfgroßen Kameras zu beobachten, jede Bewegung, die er machte wurde registriert. Letzte Woche hatte er sich einen ganzen Nachmittag in seinem Büro eingeschlossen und jeden Quadratzentimeter nach den Kameras abgesucht. Gefunden hatte er sie bisher nicht. An der Tatsache, dass sie da waren, änderte das natürlich nichts. Er musste nur noch einmal suchen, besser suchen. Er durchschaute das Spiel, das zumindest bildete er sich ein, und war bereit diese Herausforderung anzunehmen, so wie er jede Herausforderung in seinem Leben angenommen und auch gemeistert hatte. Dass ihm die Dinge in letzter Zeit immer mehr entglitten, dessen war er sich durchaus bewusst. Er hatte sich treiben lassen. Nun galt es aktiv zu werden und das Heft wieder fest in die Hand zu nehmen.

Deshalb war er an diesem spätherbstlichen Nachmittag hier am Vogelstangsee und folgte nun mit gebührendem Abstand der jungen Frau, die einen Kinderwagen über den Laubteppich, der den Weg bedeckte, schob und gerade die Stelle passierte, an der der untere in den oberen See überging. Sie war an allem Schuld. Nachdem sie vor einigen Monaten in der Kanzlei angefangen hatte, war es losgegangen mit all den Problemen, die ihn seither um den Schlaf brachten. Sicher, sie hatte die besten Referenzen aller Bewerber auf die ausgeschriebene Stelle gehabt und sein Partner war hellauf begeistert gewesen von ihrer Eloquenz, auch er war angetan gewesen von ihr, doch es dauerte nicht lange bis er ihr auf die Schliche kam. Ihre Einstellung hatte er nicht verhindern können, mit welchen Argumenten auch? Schließlich gab es fachlich nicht das Geringste zu beanstanden. Seinen Partner hatte sie schnell auf ihre Seite gebracht, sich bei der gesamten Belegschaft lieb Kind gemacht, während sie ihn langsam, aber sicher ausbootete. Das Gespräch mit seinem Partner gestern.

„Was ist los mit dir? So etwas wie mit dem Kunden darf einfach nicht passieren! Ich habe das Gefühl, dass dir die ganze Sache über den Kopf wächst. Vielleicht sollten wir die Verantwortung für die Kanzlei auf mehr Schultern verteilen. Oder nimm dir doch einfach mal eine Auszeit! Denk darüber nach!"

Auszeit! Mehr Schultern! Vermutlich war damit die Neue gemeint. Das gehörte doch nur zu ihrem perfiden Plan, ihn aus der Kanzlei zu drängen. Sie zog im Hintergrund die Fäden. Aber damit war jetzt Schluss! Er durchschaute ihr Spiel. Lange genug hatte er zugesehen.

Die Sonne war wieder hinter den dichten Wolken verschwunden. Ein kalter Wind ließ ihn frösteln. Er zog die Kapuze seines Parkas über die Schirmmütze und begann den Abstand zu der jungen Frau kontinuierlich zu verringern. Sie bewegten sich mittlerweile auf dem Rundweg um den kleineren oberen See, der im Sommer hauptsächlich von Rentnern, Familien mit Kind und dann und wann von ein paar Joggern frequentiert wurde. Am heutigen Sonntag erblickte er keine Menschenseele. Es wurde ja auch schon bald Abend. Eine tote, schmutzigweiße Ente trieb auf der entgegengesetzten Seite nahe des betonierten Uferrands unweit des Steges im Wasser. Sachte schaukelte sie im Wind. Er dachte kurz an die Vogelgrippe und die Hysterie des vergangenen Winters. Bald mochte es wieder soweit sein.

Die junge Frau war mittlerweile wenige Schritte von der Uferbefestigung entfernt stehen geblieben. Sie kehrte ihm den Rücken zu und stand über den Kinderwagen gebeugt. Unwillkürlich schnaubte er verächtlich durch die Nase. Diese karrieregeile Rabenmutter! Drei Monate nach der Geburt hatte sie ihren Job in der Kanzlei angetreten, ihr Mann kümmerte sich unterdessen um das Kind. Asoziale Verhältnisse waren das. Er riss sich gewaltsam aus seinen Gedanken. Keine Zeit abzuschweifen. Es musste etwas passieren.

Mit schnellen Schritten näherte er sich ihr, sie wandte ihm immer noch den Rücken zu. Als er nur noch wenige Schritte entfernt war, drehte sie den Kopf und sah ihn an, ein ungläubiger Blick jähen Erkennens. Dann war er bei ihr, packte sie und riss sie mit sich, war schon an der kniehohen Uferbegrenzung, drückte mit aller Kraft ihren Kopf nach unten. Sie wehrte sich verzweifelt, ruderte mit den Armen, gurgelte unter Wasser, vergeudete ihre Kraft. Ihre Handschuhe schabten am Beton. Schnell erlahmten ihre Bewegungen. Er hielt sie noch eine Weile so, um sicherzugehen, dass sie auch wirklich tot war. Wer mochte noch die Hände im Spiel haben? Hatte etwa sein Partner sie in die Kanzlei eingeschleust, um ihn loszuwerden? Seine Hände begannen vor Kälte zu schmerzen. Er ließ sie los und hievte ihre Beine über die Brüstung. Langsam versank sie in dem dunklen Wasser. Er stand vornübergebeugt und atmete schwer. Wirklich in Form war er auch nicht mehr. Wann war er das letzte Mal laufen gewesen? Er versuchte seine Atmung zu beruhigen und nahm sich vor, regelmäßiger etwas für seine Gesundheit zu tun. Er war nachlässig geworden. Mit all dem war jetzt Schluss.

Das Kind begann leise zu wimmern. Wahrscheinlich wurde ihm kalt. Er trat an den Kinderwagen und spähte unter das Verdeck. Er sah nur das Gesicht des Babys. Es war dick eingepackt und trug eine gestrickte Mütze, tief ins Gesicht gezogen, die etwas verrutscht war.

„Na, du“, sagte er leise, eine vage Erinnerung an seine eigene Kindheit überkam ihn. Mit einem Ruck zog er die Decke weg, knüllte sie zusammen und stopfte sie an der Kopfseite tief unters

Verdeck. Das Kind schrie jetzt und strampelte mit den Beinen, die Decke schluckte fast den ganzen Lärm. Er gab dem Kinderwagen einen sanften, aber nachdrücklichen Stoß, so dass er zwischen den Büschen, die den Weg säumten, verschwand. Nun hörte man gar nichts mehr außer dem Rauschen des Windes im Gehölz. Es würde eine kalte Nacht werden, vielleicht gab es den ersten Frost.

Er trat den Rückweg an. Trotz der Kälte, die ihm langsam, aber sicher in die Knochen kroch, fiel es ihm schwer, sich von der friedlichen Umgebung loszureißen. Daheim würde er erst einmal zum Aufwärmen heiß duschen. Und dann warteten eine Menge Unterlagen auf ihn. Schließlich standen am kommenden Morgen die vielleicht entscheidenden Verhandlungen für die große Firmenfusion an, die er betreute. Er pustete sich in die Hände. Wirklich höchste Zeit heimzugehen.

Simone Ehrhardt

Kellerkind

Es war dunkel und es war still, so still wie nirgends sonst. Diese Stille war erholsam wie ein Ausflug aufs Land an einem warmen Frühlingstag. Die Bomben waren es, sie waren gefährlich, sie machten alles kaputt, aber vor allem waren sie so unerträglich laut und sie brachten Gestank über die Straßen Mannheims. Sie fielen oft auf die Stadt, zerstörten fast alles, nahmen viele Leben und stürzten die Menschen in Verzweiflung.

In der Oststadt waren bisher weniger gefallen, viele Häuser standen noch. Wasserturm und Rosengarten waren kaputt, doch nicht weit davon standen die Gebäude unversehrt. Hier war seine Zuflucht. Hans konnte nicht sagen, wie lange er hier schon war, er hatte aufgehört, die Tage zu zählen. Er lebte im Dunkeln, in den Kellerschluchten, die ein einziges, großes Labyrinth bildeten.

Wegen des Krieges hatte man die Trennwände zwischen den Kellern der einzelnen Häuser eingerissen, um Fluchtwege zu schaffen, falls es irgendwo brannte oder man abhauen musste. Nicht nur in der Oststadt, auch in anderen Stadtteilen, in der Innenstadt, der Neckarstadt, auf dem Lindenhof ... Hans wusste das von den anderen Leuten, man sprach darüber, nicht mehr soviel wie zu Beginn, aber immer noch erwähnte jemand diesen oder jenen Keller.

Sein Vater war im Krieg gefallen, sein Bruder in Gefangenschaft, seine Mutter verschwunden. Sie war einfach fort, eines Tages hatte er sie nicht mehr in der Wohnung vorgefunden, nur einen Zettel, auf dem sie ihm viel Glück wünschte. Er hatte keine Ahnung, wohin sie wollte, aber innerlich war sie schon lange vorher gegangen, hatte ihn verlassen und sich an einen unbekannten Ort zurückgezogen. Nur ihr Körper war noch bei ihm gewesen. Das war wenig, aber alles, was er bekommen konnte, und dann war auch das nicht mehr da.

Die Nachbarn hatten sich zuerst um ihn gekümmert, aber dann wurden sie von ihren eigenen Sorgen bezwungen, da war keine Kraft für Hans, den Nachbarsjungen, übriggeblieben. Es war ihm

Recht – sie waren so laut, ihr Anblick so aufdringlich, ihre Gerüche so unangenehm. Wie hätte er es ihnen erklären sollen? Es lag nicht an ihnen, es lag an ihm. Er war anders, er wusste das, seit er ein kleiner Junge gewesen war. Doch er hatte nie mit jemandem darüber geredet, nicht einmal mit seinem Bruder oder der Mutter.

In den Kellern war es dunkel und still, außer wenn die Sirenen heulten oder die Bomben fielen. Die Geräusche drangen wie von fern zu ihm, ganz gedämpft, erträglich. In den Kellern war es feucht oder trocken, je nachdem, wie das Wetter draußen war. Die Keller waren sein Zuhause, sein Zufluchtsort, hier konnte er sein, wie er war, und niemand und nichts verursachte ihm Leiden. Hin und wieder musste er hinaus, um sich Dinge zu besorgen, Essen, Wasser, Kerzen, Streichhölzer, oder er holte sich Kleider aus der Wohnung, Decken, Kissen, ein Foto oder ein Buch. Vor dem Auftauchen in die helle, laute Welt graute es ihm und er beeilte sich, so gut er konnte.

Manchmal machte er sich Sorgen um sich selbst. Er war dreizehn, er verstand, dass es nicht normal war, in den Kellern zu leben. Er wunderte sich, dass er kein Verlangen nach dem Tageslicht hatte, nach der Sonne, dem Draußen, nach anderen Menschen oder Tieren, Blumen, den Bäumen, dem Anblick der Gebäude und der Läden. Die Schule vermisste er manchmal, das Lernen, aber nicht die Lehrer oder seine Mitschüler. Sie hatten ihn immer als einen Sonderling betrachtet und er hatte sie seinerseits auch nicht verstanden.

Seine Sinne waren zu gut. Darauf war er gekommen, als er immer wieder festgestellt hatte, dass seine Spielkameraden nicht mitbekamen, was er sah, roch oder hörte. Oft hatte er gedacht, sie wollten ihn hochnehmen und stellten sich nur dumm, doch mit der Zeit war ihm klar geworden, dass sie tatsächlich nichts merkten. Ihre Augen waren trüber als seine, ihre Nasen stumpfer, ihre Ohren verschlossener. Hans fragte sich, ob es ein Segen oder ein Fluch war, wenn man solch eingeschränkte Wahrnehmungen hatte, aber er fand nie eine Antwort darauf, so wenig wie er sagen konnte, ob es ein Segen oder ein Fluch war, dass seine Sinne so scharf waren.

Er roch nicht, er witterte. Die geringsten Körpergerüche fing er auf und interpretierte sie, er konnte nichts dagegen tun. Die Menschen rochen, je näher sie kamen, desto stärker, und die Gerüche waren besitzergreifend, sie drängten sich ihm auf, er musste ihnen Aufmerksamkeit schenken, selbst wenn er es nicht wollte. Er sah alles, all die unerfreulichen Dinge, vor denen er lieber die Augen verschlossen hätte. Die anderen gingen durchs Leben und sahen vieles nicht, doch auf ihn stürmten die Bilder ein, er war hilflos dagegen. Sein Gehör ruhte nie, die kleinsten Geräusche vernahm er und oft ängstigten sie ihn. Laute Menschen konnte er nicht leiden, er versuchte stets, ihnen aus dem Weg zu gehen.

Im Keller war es erholsam. Es gab nicht viel zu sehen, wenn es dunkel war, und wenn die Kerze brannte, erhellte sie nur einen kleinen Umkreis. Zu hören gab es kaum etwas außer den fernen Außengeräuschen und ein wenig Geraschel hier und Knabbern da. Gerüche gab es viele, aber sie blieben gleich, sie änderten sich nicht ständig und es kamen kaum neue dazu. Er hatte sich an sie gewöhnt, wusste genau, wo es wie roch. Die Gerüche waren seine Landkarte, mit deren Hilfe er sich in den Kellern unter den Häusern zurechtfand. Er wusste auch ohne Licht stets, wo er sich befand. Wenn jemand in den Keller kam, hörte er ihn rechtzeitig und verbarg sich, niemand hatte ihn je gesehen, seit er dort unten lebte.

Das Einzige, wonach er sich wirklich sehnte, mit jeder Faser und so sehr, dass es schmerzte, war seine Mutter. Er konnte sich nicht vorstellen, wohin sie gegangen sein mochte. War sie in den Odenwald gefahren? Ab und zu hatte sie von dort geredet, sie hatte Verwandte in einem der Dörfer, da ginge es den Menschen besser, hatte sie dann gesagt. Keine Bomben, mehr zu essen, ein geordnetes Leben, nicht wie in Mannheim, wo die ständigen Fliegeralarme den Alltag bestimmten. Keine Bunker. Er war noch nie in einem gewesen, aber er stellte sie sich wie die Hölle vor, dicht gepferchte Leiber, die alle stanken, all diese Geräusche und Bilder, die einen dort überwältigten.

Oder war sie noch in Mannheim – irgendwo, wo sie sich sicher wähnte? Womöglich war sie in einem der Krankenhäuser und er hatte keine Ahnung davon. Sie konnte ganz nah sein, sie konnte aber auch tot sein, ohne dass er davon wusste. Er malte sich oft aus, dass sie nur zu einer kleinen Besorgung unterwegs und auf dem Rückweg von einer Bombe erwischt worden war. Sie lag verletzt im Graben, niemand kümmerte sich um sie. Sie lag in einem weißen Bett und konnte nicht sprechen, auch nicht schreiben. Sie hatte ihr Gedächtnis verloren, wusste nichts von sich oder von ihm. Vielleicht versuchte sie auch, zu seinem Bruder zu kommen, der in Frankreich in Gefangenschaft geraten war. Mit 17 war er in den Krieg gezogen, mit 18 ein Gefangener, keiner wusste, ob er jemals zurückkommen würde. Sie wussten nichts von ihm, nicht einmal, wo er gefangen gehalten wurde.

Er hatte keinen Anhaltspunkt, wo er nach ihr suchen konnte, also blieb er in den Kellern der Oststadt.

Nach Wochen in der beruhigenden Abgeschiedenheit unter den Häusern fing er einen neuen Geruch auf und das überraschte ihn. Er wusste, dass er menschlich war. Er hatte nichts wahrgenommen, was auf einen ungewöhnlichen Besucher hatte schließen lassen. Er hatte die Quelle des Geruches schnell lokalisiert: sie befand sich in einer Sackgasse, in einer Abzweigung eines Kellers am Werderplatz. Er schlich sich an und lauschte lange, doch es gab keine Geräusche, nicht einmal ein leises Atmen. Er hätte gern nachgesehen, denn er war neugierig. Dies schien ihm ein interessantes Rätsel zu sein, aber er zögerte, ohne zu wissen, warum. Sein Instinkt hielt ihn davon ab, in den Kellerarm hineinzugehen.

Der Geruch veränderte sich rasch, schon nach ein paar Stunden wurde er von etwas überlagert. Hans wusste nur zu gut, was es war. Er hatte es oft genug gerochen, wenn in Mannheim die Bomben gefallen und Leute verbrannt oder verschüttet worden waren. Es roch nach Tod, nach Verwesung. Es war ein abscheulicher Gestank und er würde sich in Windeseile in sämtlichen Kellern ausgebreitet haben. Er wusste nicht, ob er mit dieser ständigen Belästigung leben konnte. Er versuchte es einige Stunden lang, hoffte, er könnte sich daran gewöhnen, würde es nach einer Weile nicht mehr riechen, aber es funktionierte nicht. Der Gestank war zu stark und von einer Art, die einem beständig im Bewusstsein blieb und die unangenehmsten Empfindungen hervorrief.

Er wusste nicht, was er tun sollte. Wieder nach oben wollte er nicht. Sie würden ihn alle ansprechen und Fragen stellen, würden wissen wollen, wo er gesteckt hatte und wie es der Mutter ging. Sie würden sich auf ihn stürzen mit ihrem Lärmen und den Düften, die sie um sich herum wie Wellen aussandten. Er würde die leere Wohnung sehen und seine Mutter noch mehr vermissen, sie würden ihn wieder in die Schule schicken. Hans entschied sich für die andere Möglichkeit – nachsehen und, falls möglich, die Quelle des Gestanks wegschaffen.

Lange verharrte er an der Ecke des Kellerarms, aus dem der üble Gestank drang. Wieder lauschte er konzentriert, aber der Geruch irritierte ihn. Es wurde nicht besser, indem er es hinausschob, also raffte er sich auf und tastete sich in den Gang. Einige Meter ging es leicht bergab, dann stand er vor einem Holzverschlag. Dort zündete er die mitgebrachte Kerze an, wartete einige Momente, bis seine Augen sich an die veränderten Lichtverhältnisse gewöhnt hatten, hob den Arm und hielt die Flamme in die Höhe, so dicht wie möglich an die Latten, um zwischen ihnen hindurchzuleuchten. Er streckte den Kopf nach vorne, presste seine Nase an dem rauen Holz platt, um seinen Geruchssinn zu unterdrücken. Dann sah er es und das Grauen ließ ihn zurücktaumeln, noch ehe er gänzlich begriffen hatte, was seine Augen für immer in sein Gedächtnis gebrannt hatten.

Auf einem Regal lagen vier Häupter, abgetrennte Köpfe auf den Halsansätzen, die wulstig wirkten durch das Fleisch, das sich unregelmäßig wellte. Wie auch immer sie durchtrennt worden waren, es waren keine geraden Schnitte gewesen. Das Holz des Regalbrettes war dunkelbraun von dem Blut, das aus den Köpfen gelaufen war. Das Schlimmste waren die Gesichter. Weiß und wächsern waren sie, die Augen aller waren aufgerissen, die Haare wirkten wie angeklebte, unordentliche Perücken, eines hatte eine zertrümmerte Nase, bei allen standen die Münder offen und die Zungen quollen hervor.

Hans taumelte durch die Keller, gejagt von Entsetzen und Panik. Er kämpfte mit aller Kraft gegen den Schrei an, der sich aus seinen Lungen hocharbeiten wollte. Nein, nein, er durfte sich mit keinem Laut verraten, niemand durfte wissen, dass er hier unten war und dass er das Abscheuliche gesehen hatte. Er konnte das Entdeckte nicht einordnen, er verstand nicht, wieso jemand Köpfe in einem Keller aufheben sollte. Woher kamen sie? Wieso waren diese Leute tot? Wieso hatte man sie enthauptet? Und wo waren ihre Körper? Hatten sie etwas mit dem Krieg zu tun?

Er blieb stehen und sah in der Dunkelheit auf seine Hände. Er hatte die Kerze dort fallen lassen, weil er sich so fürchterlich erschreckt hatte. Er konnte sie holen und das Wachs auf den Steinen entfernen, aber man würde immer noch die Flecken davon sehen und wissen, dass er dort gewesen war. Er dachte an seinen Bruder und versuchte sich vorzustellen, was dieser an seiner Stelle tun würde, doch es fiel ihm nichts ein, er konnte kaum einen klaren Gedanken fassen. Alles, was sich außer den Fragen in sein Bewusstsein drängte, war der Impuls zu flüchten. Er musste fort, die Keller verlassen, die Oststadt verlassen, am besten ganz aus Mannheim verschwinden. Er musste weg von hier, von dem Bild und dem Gestank.

Als er die Tür aufgeschlossen hatte und die Wohnung betrat, spürte er augenblicklich, dass sich etwas verändert hatte. Auch hier war ein unbekannter Geruch – jemand war in seiner Abwesenheit hereingekommen und es war noch nicht lange her. Hans wusste nicht, wer es gewesen sein konnte, außer vielleicht einer der Nachbarn, jemand, der noch einen vergessenen Schlüssel hatte. Er war sich sicher, dass es eine vernünftige Erklärung gab, und wollte dem nicht mehr Aufmerksamkeit als nötig schenken. Er musste sich beeilen und sein Kopf war bereits übervoll mit Eindrücken und Ängsten.

Ein paar Dinge in einer Tasche, die gesamten Essensvorräte, die er noch besaß, alles was er an restlichem Geld und Wertgegenständen hatte – das war sein Gepäck. Er wusste nicht, wohin er sollte. Vielleicht könnte er in den Odenwald, die Verwandten seiner Mutter suchen. Vielleicht würden sie ihn aufnehmen. Falls er es schaffte, dort zu bleiben. Auf dem Weg durch den Flur kam er an einer alten Fotografie vorbei. Sie zeigte seine Eltern, seinen Bruder und ihn vor dem Krieg. Steif saßen sie in ihren besten Kleidern im Fotostudio der Gebrüder Strauß in U 1,6, er konnte sich daran erinnern, wie es aufgenommen wurde. Er war noch so viel jünger gewesen und hatte keine Ahnung von all den Schrecken gehabt.

Das Geräusch an der Tür überrumpelte ihn. Sie ging auf und ein bärtiger Mann kam herein. Auf den ersten Blick schien er ein Fremder zu sein. Wie angewurzelt blieb er stehen, als er Hans entdeckte, und starrte ihn an. Hans starrte zurück, bereit zur Flucht, falls es nötig wäre. Dann plötzlich stürmte der andere auf ihn zu und riss ihn in seine Arme. „Bin ich froh, dich zu sehen. Ich dachte schon, es wären alle fortgegangen!“ Als er ihn von sich schob, konnte Hans sein Gesicht sehen, und endlich erkannte er seinen Bruder. „Fred, wie kommst du hierher? Ich dachte, du wärst in Gefangenschaft!“ Der Ältere nickte. „Ja, das war ich, beinahe zwei Jahre lang. Aber ich konnte fliehen.“

Hans war unendlich erleichtert. Jetzt würde alles gut werden. Fred würde wissen, was zu tun war, vielleicht sogar, wie sie die Mutter finden konnten. Sie setzten sich in die Küche und erzählten eine Weile. Im hellen Licht sah Fred so verändert aus, entwurzelt, gealtert und unstet, seine Bewegungen waren fahrig, sein Gesicht ausdruckslos. Nur einmal, als Hans erzählte, dass ihre Mutter fortgegangen war, wurden Freds Augen dunkel und konzentriert. Hans fiel auch auf, dass sein Bruder nicht viel von sich redete. Die Frage, warum er in Mannheim sei, beantwortete er nicht. War er desertiert?

Fred roch schlecht, wie ein gänzlich anderer Mensch. Er roch nach Tod und Krankheit, nach Verzweiflung und Irrsinn, nach Kämpfen und Blut. Das alles schien seinen eigenen ursprünglichen Duft ausgelöscht zu haben. Hans fühlte sich unbehaglich, das Bild aus dem Keller wurde hervorgelockt, während er ein- und ausatmete und nichts dagegen tun konnte, dass seine Nase die Witterung immer weiter aufnahm. Wie lange würde Fred das mit sich herumtragen? Er sollte baden und frische Kleidung anziehen, vielleicht würde es etwas helfen. Der regungslose Blick eines unberechenbaren Raubtieres heftete sich auf ihn.

„Wo warst du?“, fragte sein Bruder. Hans zögerte. Er wusste nicht, wie er erklären sollte, dass er wochenlang in den Kellern gehaust hatte. „Im Keller“, sagte er langsam und ließ es so klingen, als sei er gerade nur kurz unten gewesen. Endlich senkte Fred seine Augen und betrachtete das Tischtuch. „So, im Keller.“ Hans wollte ihm doch von den Köpfen berichten, ihn fragen, was zu tun sei, aber nun konnte er es nicht. Sein Bruder würde ihm nicht helfen können, das spürte er. Fred war ihm fremd, er machte ihm Angst.

Hans stand auf. „Ich muss noch etwas erledigen“, sagte er und nahm auf dem Weg durch den Flur seine Tasche hoch. Fred begleitete ihn zur Wohnungstür. „Wirst du lange wegbleiben?“ Hans schüttelte den Kopf. „Nein, ich bin bald zurück.“ Er drehte sich um und legte seine Hand auf die Türklinke. Seine Finger zitterten leicht, und er wunderte sich darüber. Es musste der bedrückende Gedanke an einen neuen Abschied sein, dass er sich so heimlich davonstahl, gerade wo sein Bruder zurückgekommen war. Er kam sich wie ein Verräter vor. Langsam verstärkte er den Druck seiner Finger. Als er die Klinke hinuntergedrückt hatte und die Tür aufziehen wollte, legten sich Freds Hände fest um seinen Hals. „So also stinkt der Wahnsinn, das Töten“, dachte Hans.

Lilo Beil

Familienglück. Märchenhaft.

Als Henrietta an jenem heißen Junimorgen die Mannheimer Kunsthalle betrat, fühlte sie sofort, dass ihr etwas ganz Besonderes begegnen würde.

Eine Person, eine extreme Situation, eine ganz und gar unerwartete Konfrontation mit einem nie da gewesenen Sachverhalt, eine Offenbarung, eine neue Sicht alter Dinge.

Vielleicht. Sie hatte so eine Ahnung.

Ein neues unbekanntes Kinderbild könnte es sein, denn dies war ja ihre Obsession. Kinderbildnisse, immer wieder. Eine Obsession, belächelt, doch geduldet von einem verständnisvollen Ehemann.

Die Gleichförmigkeit der letzten Wochen und Monate, die sich wiederholenden Handlungen, Gesten, Gewohnheiten, all dies musste, dessen war sich Henrietta gewiss, doch endlich einmal unterbrochen werden.

Waren soviel Monotonie, soviel geregelte Sicherheit, soviel fast beängstigende Ruhe und Harmonie überhaupt auf Dauer auszuhalten? Misstrauen regte sich in Henrietta.

Nein, die schöne verlässliche Routine, sie musste und würde ein Ende haben.

Wie undankbar ich bin, dachte sich Henrietta, als sie die Marmortreppe hinaufging.

Dieser Eingang der Kunsthalle, diese elegante Jugendstilkonstruktion mit dem Lichthof, immer wieder blieb sie sprachlos gegenüber diesem Meisterwerk der Architektur aus einer faszinierenden Epoche, dem Beginn des 20. Jahrhunderts. Henrietta betrat die erste Halle, sie freute sich über die Gemälde, die sie schon so oft gesehen hatte, die sie mit einiger Regelmäßigkeit immer wieder besuchte. Sie grüßte sie wie gute Freunde.

Auch hier wieder diese Verlässlichkeit, die Henrietta heute jedoch, heute in dieser merkwürdigen Gespanntheit, fast als lästig empfand. Routine auch hier, das Fehlen von Veränderung.

Immer, seit Jahren, hingen die Gemälde an der gleichen Stelle.

Der Beckmann, der Hodler, der Otto Dix. Wilhelm Trübners Villa, die Bilder der neuen Sachlichkeit, Karl Hubbuchs „Schulstunde“ und Christian Schads „Sonja“ aus dem Jahre 1928.

Schön, euch wiederzusehen, sagte Henrietta laut, und eine junge Museumsbesucherin, die in ihrer Nähe stand, schaute ziemlich verwundert drein. Verwirrt, sagte deren Blick, erst mittelalt und doch schon verwirrt wie eine 90-Jährige?

Henriettas Herz fing plötzlich an kräftig zu klopfen.

Es war ein fast panischer Zustand. So etwas wie ein „Horror vacui“ ergriff Henrietta.

Wenn sich nun nichts mehr veränderte, in ihrem Leben sich nichts mehr tat, alles so bleiben sollte wie gehabt, die Anordnung der Bilder in der sonst so geliebten Gemäldegalerie, der Ablauf der Tage zuhause, die Gesten in den Beziehungen zu den Menschen um sie herum, die Planung der Urlaube, das Feiern der Familienfeste, die Kalkulierbarkeit des Alltäglichen? Wie benommen, lustlos und matt, schlenderte Henrietta von Raum zu Raum, von Bild zu Bild.

Ein Satz fiel ihr ein, den sie irgendwo gelesen oder eher noch gehört hatte, sie wusste nicht mehr genau, wo. In einem Café am Nachbartisch? Im Foyer des Nationaltheaters? Ein Satz, den jemand, jemand mit intellektueller Ausstrahlung, soviel wusste sie noch, gesagt hatte zum Gegenüber. Vielleicht sogar nur ganz banal in der Schlange im Supermarkt stehend, wer weiß?

Von der „Magie des Alltags“ hatte irgendjemand gesprochen.

„Magie des Alltags“.

Es klang wundervoll und nahm dem Gedanken an die „Monotonie des Alltags“ den Schrecken.

Der Marmorfußboden unter Henriettas Füßen zeigte ein Mandala, eine Schneckenform in graubeigeschwarz und altrosa. Hübsch. Ein Hinweis?

Ein Hoffnungszeichen für Henrietta?

War dies die Magie des Alltags?

Sie wurde ruhiger, das Gefühl einer bedrohlichen Leere wich der Bereitschaft, geduldig abzuwarten, die Dinge auf sich zukommen zu lassen, die normalen wie die unerwarteten gleichermaßen. Sie fühlte sich plötzlich aufgehoben, wie ein kleines Kind sich aufgehoben fühlt, ohne Bewusstsein für gestern und morgen. Nur das Heute und das Jetzt zählten.

Sie war im Begriff, nachdenklich die Marmortreppe hinunterzugehen, als sie plötzlich innehielt.

War sie tatsächlich so sehr tagträumend von Saal zu Saal gegangen, dass sie in der Erwartung, das Gewohnte zu sehen, das Ungewohnte, Neue, übersehen hatte?

Man sieht immer, was man sehen will oder meint, sehen zu müssen. Und dann übersieht man das Neue, mit dem man nicht gerechnet hat. Weil nicht sein kann, was nicht sein darf.

Da war doch dieses andere Bild gewesen, das sie noch nie vorher gesehen hatte. Eine Neuerwerbung?

Henrietta ging, nein sie lief jetzt zurück, die Marmorstufen empor. Wo war es nur gewesen? Ja, richtig, im dritten Saal. Da hing es, das neue Gemälde.

Ein Schildchen daneben dankte dem Spender, einem Dr. Hanemann aus Mannheim.

Das „Neue“ war eine Schenkung.

Titel: Familienglück, 1858, Maler anonym. Ein Spätbiedermeierbild, ein Pastell. Von einem anonymen Maler meisterlich gefertigt. Eine kleine Familie von nur drei Personen, ungewöhnlich für jene Zeit der Großfamilien und der gepriesenen Kinderscharen, war in einem idyllischen, parkartigen Garten mit Buchsbäumchen, Rondellen und einer Laube dekorativ drapiert. Den Mittelpunkt bildete ein pummeliges Kleinkind.

Es war zu vermuten, dass es sich eher um einen Jungen handelte, denn obwohl er noch lange Locken trug und einen Rock mit daraus hervorschauenden Hosen – so wie es noch lange üblich war für Jungen unter fünf Jahren – sprachen der Kreisel in der einen Hand und die Peitsche in der anderen und vor allem der herbere Gesichtsausdruck dafür, dass dieses Kind kein Mädchen war.

Vater und Mutter, beide zeitgemäß und vornehm gekleidet, die Mutter im lavendelfarbenen Taftkleid mit cremefarbenen

Streifen und mit hübschem Granatschmuck um Hals und Handgelenk, der Vater im dunkelblauen Frack mit gelber Weste und Taschenuhr, waren ausschließlich damit beschäftigt, das Kleinkind zu bewundern und zu hätscheln und es mit beschützenden Gesten zu umfassen.

Die Eltern sahen nicht mehr so jung aus, eher über vierzig, ebenfalls doch ungewöhnlich für die Zeit, in der man jung heiratete und in schneller Folge viele Kinder in die Welt setzte.

Vielleicht waren die ersten Kinder aus den Anfangsjahren der Ehe früh gestorben und sie hätschelten und tätschelten nun dieses einzige, noch verbliebene, spät geborene Kind, zumal es ein Junge war. Der Stammhalter.

Doch da, Henrietta stockte der Atem.

Auf dem Bild war noch ein zweites Kind zu sehen, es stand, etwas vom Vater verdeckt, hinter diesem, legte seine Hand auf dessen Frackärmel und schaute zu ihm hoch.

Aber **wie** es schaute, das war beinahe unbeschreiblich traurig.

Ein Flehen war da zu sehen in den Augen des Kindes, eines Mädchens übrigens.

Sieh mich an, es gibt mich auch noch, wenn ich auch im Hintergrund stehe.

Das Gemälde, dachte Henrietta, müsste mal restauriert werden. Es müsste aufgehellt werden, dann käme auch das Mädchen besser zum Vorschein. Es verschwand ja buchstäblich im Hintergrund, in diesem Park, daher hatte es so ausgesehen, als gäbe es nur drei und nicht vier Personen.

Die Hände des Mädchens, das vielleicht neun oder zehn Jahre alt war, schien den Vater am Ärmel zu zupfen.

Warum beachtet mich keiner?

In dem Blick des Kindes lag aber auch etwas wie Verachtung oder Hass, es war wirklich schwer zu beschreiben.

Das Mädchen hielt in der anderen Hand, die nicht die Kleidung des Vaters berührte, eine Lilie.

Sie war nach unten gesenkt.

Das Symbol von Unschuld, von Reinheit, aber auch ein Todessymbol.

Die Lilie sah gespenstisch aus dem unteren Teil des Gemäldes. Was hatte der Maler gewusst von dem stillen Drama, oder hatte er nur, wie der Fotograf der Moderne, abgebildet, was sich da seinen Augen bot? Henrietta spekulierte weiter.

Der vorausplanbare Alltag, das öde Einerlei, die satte Abgesichertheit ihres Lebens war, wie sie schon beim Betreten der Kunsthalle so merkwürdig geahnt hatte, mit einem Mal aus den Fugen geraten. Sie wusste auch plötzlich, warum. Zuerst sträubte sie sich, vielmehr ihr Inneres sträubte sich, die Bedeutung ihres Bestürztseins freizugeben.

Eine mollige, wohlige Schicht von Verdrängungsmaterial hatte sich im Lauf der Jahre um ihre Schuld gelegt. Eine sehr dicke Schicht, die nun vor diesem Gemälde auseinandergesprengt wurde. Explosionsartig fast. Henrietta meinte, eine Detonation zu hören, Funken stieben zu sehen. Es war doch alles schon so lange her. Zumindest trug Henrietta an dem eigentlichen Unglück keine Schuld.

War nicht der Vater der Verursacher gewesen? Er als Erwachsener hätte doch wissen müssen, dass man seine Familie nicht von heute auf morgen verlassen kann, ohne dass dieser Schritt Folgen für die Zukunft haben könne. Er, der immer gewissenhafte Vater, der nie aus dem Haus ging, ohne alle möglichen Sicherheitsvorkehrungen getroffen zu haben.

Waren alle Dachfenster geschlossen, falls es regnete oder ein Gewitter bevorstand? War die untere Eingangstür abgesperrt, waren die Steckdosen gesichert, lag kein Bargeld herum, war der Safe im Büro verschlossen?

Und dann eines Tages das aufgequollene, verheulte Gesicht von Mutter, schnell noch ein flüchtiger Kuss von Vater auf Henriettas Haar, ein paar hastig geflüsterte Worte: „Wenn du groß bist, wirst du mich verstehen. Es tut mir leid, ich kann nicht anders."

Die Leere danach, räumlich und auch sonst, eine fast greifbare Leere, Mutters Verstummen, Henriettas Streifzüge durch die Zimmer, die plötzlich viel größer schienen als zuvor, das Einatmen des Zigarrenrauchs, der in Vaters Büro feine Spuren hinterlassen hatte.

Auf dem Sofakissen, in den Vorhängen und in den Schubladen des schweren Eichenschreibtischs, wo noch vergessene Zigarren lagen zwischen Tabakskrümeln. Stundenlang schloss sich Henrietta ein in dieses Zimmer, in dem sie doch so oft mit Vater Halma gespielt hatte, wo sie auch immer ihre Hausaufgaben machte, am schweren Eichenschreibtisch Vater gegenüber sitzend, der seine Zigarren paffte und in dicken Aktenordnern wichtige Eintragungen machte.

Vater hatte jetzt ein anderes Schreibzimmer in einem anderen Haus, da gab es wohl auch einen Schreibtisch, denn diesen hier hatte er zurückgelassen für Henrietta und für Mutter. Er brauchte ihn nicht mehr.

Ein anderes Kind saß an jenem anderen Schreibtisch in jenem anderen Haus Vater gegenüber und bat ihn, bei den Hausaufgaben zu helfen. Jenes andere Kind spielte und atmete dabei Zigarrengeruch ein. Jenes andere Kind war ein Junge, der etwa fünf Jahre jünger war als Henrietta.

Niki, der Sohn von Vaters neuer Frau.

„Warum hat Papa eine neue Frau?“, fragte Henrietta. „Ist sie schöner, klüger oder jünger als du?“

„Nein“, entgegnete die Mutter. „Das nicht. Sie ist anders als ich. Sie ist neu. Das genügt als Grund.“

Henrietta konnte diesen Grund nicht verstehen, aber sie ließ das Fragen. Vielleicht würde sie, wenn sie erwachsen wäre, einmal alles, alles verstehen.

Zuerst wollte Henrietta Vater nie mehr wiedersehen, aber als sie dann, acht Wochen nach seinem Weggehen, seine Stimme am Telefon hörte, hatte sie nur einen Wunsch: wieder einmal mit ihm zusammen zu sein, die rauchige Luft um ihn herum zu atmen und ihn vielleicht, vielleicht einen Satz sagen zu hören: „Ich vermisse dich. Das andere Kind wird niemals deinen Platz übernehmen. Du bist mein Kind, nicht jenes.“

Als dann die Einladung für das erste Ferienwochenende kam, war Henriettas Zögern nur gespielt, um die Mutter nicht zu verletzen.

So täuschend echt spielte sie die Widerspenstige, dass Mutter ihr mit einem geschmeichelten Lächeln um den Mund versprach, nächstes Wochenende mit ihr in den Zoo zu fahren, um die Babylöwen zu besichtigen.

Henrietta gab nach.

Der Vater holte sie im Auto ab. Auch dieses war neu, wie die neue Frau und das neue Kind. Er hatte auch ganz andere Kleidung an, irgendwie teurer als sonst, das sah sogar Henrietta, die eigentlich Kleidung von Menschen nicht sehr wichtig fand. Vater hatte doch immer seine gammeligen Pullis und Sweatshirts getragen, auch eher ausgebeulte Cordjeans und am liebsten gemütliche Schuhe, aber dieser neue Vater trug ein seidiges Hemd in hellorange, auf dem der Firmenname stand: Boss. Und auch die Hosen und die Schuhe sahen elegant und teuer aus.

Außerdem duftete Vater nach einem herben Männerparfüm, und er trug die Haare, die er immer ein wenig länger getragen hatte als die Väter von Henriettas Klassenkameradinnen, nun viel kürzer. Die neue Frau war Henrietta nicht unsympathisch. Sie war fülliger als Mutter, auch sie war elegant gekleidet, so elegant wie Vater neuerdings, aber sie hatte wohl auch hausfrauliche Qualitäten, denn sie hatte einen Marmorkuchen gebacken und sie sah aus wie eine der Betreuerinnen aus Henriettas Kindergartenzeit, die Henrietta sehr gemocht hatte.

Die neue Frau war sehr um Henrietta bemüht, aber um ihren Sohn war sie geradezu besorgt.

Das war auch nötig, denn Niki war ... anders.

Henrietta konnte nicht richtig benennen, was anders war an Niki.

Er war nicht das, was man behindert nennt, aber er war einfältig, er stellte tausend komische Fragen, schien diese aber gleich wieder vergessen zu haben, denn bald darauf stellte er die gleichen Fragen wieder, die Henrietta so überflüssig erschienen.

Niki war sehr klein, fast dürr und auch ziemlich nervös.

Von Anfang an hängte er sich an Henrietta wie eine Klette, er himmelte sie an, sie musste seine beiden Meerschweinchen besichtigen und seine drei Hamster, nur sie durfte ihm die Schnürsenkel binden, ja, er konnte dies offensichtlich nicht allein, und das mit fast sieben Jahren, nur Henrietta durfte ihm den Kuchen auf den Teller legen und ihm die Hände waschen, nachdem er auf der Toilette war, und wenn er nicht das Kind gewesen wäre, das nun an Henriettas Stelle saß in Vaters neuem Schreibzimmer, sie hätten Freunde werden können.

Niki konnte Henriettas Namen nicht aussprechen, und er nannte sie „Retta“. „Retta“ sollte ein Märchen erzählen.

Spontan fiel ihr „Hänsel und Gretel“ ein.

Henrietta erzählte ihre eigene Version.

Beim Erzählen, sie wusste selbst nicht, wieso, kam ihr die Idee zur Abwandlung.

Niki würde nichts merken. Selbst wenn er das Märchen schon einmal gehört hätte, er hätte nicht, wie das bei Kindern immer der Fall ist, die kleinste Abweichung bemerkt, er hätte auch nicht die Erzählerin unterbrochen und leicht empört, wie das alle Kinder tun, den Fehler berichtigt.

Niki würde nicht berichtigen, Niki würde nichts merken, denn Niki war töricht.

Er würde alles, alles glauben, was Henrietta ihm erzählte.

Als sie zu der Stelle kam, wo die Eltern beschließen, die Kinder allein im Wald zurückzulassen, bekam Niki vor Schreck geweitete Augen.

So „dumm“ er war, so empfänglich war er für die Atmosphäre in Henriettas Geschichte.

Henrietta hatte den Eltern den Namen des Vaters und Nikis Mutter gegeben. Also ließen Robert und Rosa die Kinder Niki und Henrietta, Hänsel und Gretel, im Wald zurück, damit die wilden Tiere sie fressen konnten oder damit sie verhungerten.

Nikis Miene – er vergaß schnell – heiterte sich auf, als der Niki und die Henrietta im Märchen ans Haus der Knusperhexe kamen.

Henrietta beschrieb den Duft der Lebkuchen, sie malte die Formen der Lebkuchen aus, Männchen und Vögel und Hunde, und alles mit Schokolade überzogen und mit Mandeln und Korinthen und Rosinen verziert.

Niki strahlte und stellte tausend Fragen, ob die Schokolade weiß oder braun war, wonach die Lebkuchen schmeckten, nach

Obst oder nach Gemüse oder gar nach Fleisch? Typische Niki-Fragen.

Vielleicht half ihr irgendetwas in ihrem Unterbewusstsein, diese übermenschliche Geduld aufzubringen. Es würde sich lohnen, sie würde sich auszahlen, diese Geduld mit dem törichten Kind, das nur zwei Jahre jünger war, jedoch wie ein Kindergartenkind die unsinnigsten Fragen stellte, dabei in der Nase stocherte und aus dummen Fischaugen zu Henrietta, der „großen Schwester", dem Idol, emporsah und förmlich an ihren Lippen hing, jedes ihrer Worte begierig aufsog ... und alles sofort wieder zu vergessen schien, ein kleiner Narr.

Die Knusperhexe mit der schwarzen Katze auf der einen Schulter und dem schwarzen Raben auf der anderen und der hässlichen, behaarten Warze auf der krummen Nase kam aus dem Knusperhaus, sie krächzte, und Niki klammerte sich ängstlich an Henriettas Arm fest.

„Knusper, knusper Knäuschen, wer knuspert an meinem Häuschen?"

Henrietta gab dem Märchen eine Wendung.

Die Knusperhexe ist eine verzauberte Fee, die armen Kindern, die von ihren bösen Eltern im Wald ausgesetzt werden, beisteht und alles zum Guten wendet.

Der Märchen-Niki zupft die Hexe am Ärmel, und Abrakadabra wird sie zur goldblonden Fee im sternenübersäten Glitzergewand.

Sie zeigt den Kindern ihren Lebkuchen-Backofen, in welchem böse Eltern ihre gerechte Strafe bekommen.

In dem dampfend-heißen Ofen werden die bösen Eltern, welche von der guten Fee herbeigezaubert werden, verbrennen.

Niki und Henrietta dürfen bei der guten Fee wohnen bleiben bis an ihr Lebensende und immer und allezeit Schokoladenlebkuchen futtern.

Nikis Augen leuchteten. Mit Henrietta zusammen bei der guten Fee. Die gute Fee hieß übrigens Anne, wie Henriettas Mutter.

Nach dem Märchenerzählen führte Niki Henrietta an der Hand durch das ganze Haus.

Im neuen Schreibzimmer des Vaters, Henrietta schloss die Augen, roch es genau wie im alten Schreibzimmer: Zigarrenrauch, ein wenig wie Wildkirsche.

Gegenüber von Vaters Platz lagen Nikis Spielsachen, Bausteine, Kuscheltiere und Malstifte.

Henrietta meinte, das Herz müsse ihr stehenbleiben.

Sie war ganz blass geworden.

Niki führte Henrietta auf den Speicher, wo in großen Kisten geheimnisvolle Dinge verstaut waren. Nikis leiblicher Vater, der erst vor zwei Jahren an Krebs gestorben war, war sehr reich gewesen (dies wusste Henrietta von Mutter), und er hatte Niki die schönsten Sachen gekauft.

Im Keller war eine Sauna eingerichtet worden.

Bevor Vater wegzog, hatte er geplant, für Henrietta und Mutter und sich selbst eine Sauna einzubauen, „denn das ist so gesund“ hatte er gesagt.

Nun gab es eine gesunde Sauna für Vaters neue kleine Familie.

„Da ist es sehr heiß drin“, sagte Niki. Und er fügte hinzu: „So heiß wie im Backofen der guten Fee.“

Henrietta war erstaunt, dass der dumme Junge doch nicht alles zu vergessen schien.

„Ja ja, genau, das hast du dir aber toll gemerkt“, lobte sie ihn.

Am Ende der Ferien sollte Henrietta noch einmal zu Niki und Vater und Rosa zu Besuch kommen, sie freute sich heimlich darauf.

Es gefiel ihr, von Niki so angehimmelt zu werden, denn das kannte sie nicht. Es war ein Gefühl, das ihr Stärke gab und Wichtigkeit.

Beim nächsten Besuch erzählte Henrietta das Märchen von „Brüderchen und Schwesterchen“.

Die Geschichte von den Geschwistern, die vor der bösen Stiefmutter in den Wald fliehen.

In Henriettas Geschichte hieß die Mutter Rosa. Sie verfolgt die Kinder, verwandelt das Brüderchen, Niki, in ein Reh, dann scheint alles gut zu werden, die Jäger des Königs verschonen das Reh, der König heiratet das Schwesterchen und lässt das Reh-Brüderchen im Schlosspark grasen.

Dann bekommt die Königin Henrietta ein Kind, doch die böse Hexe Rosa beendet das Glück, indem sie zusammen mit ihrer hässlichen Tochter das Schwesterchen Henrietta in der Badestube jämmerlich ersticken lässt.

Sie verriegeln die Tür und machen ein rechtes Höllenfeuer.

Die hässliche Tochter und die Hexe Rosa werden jedoch entlarvt und ihrerseits in die Badestube gesperrt, wo sie jammervoll sterben. Die junge Königin wird auf wundersame Weise zum Leben erweckt, das Reh wird wieder in Niki zurückgezaubert, und alle leben glücklich zusammen bis an ihr Lebensende.

Als das Märchen zu Ende war, saß Niki mit offenem Mund da.

„War die Badestube so heiß wie der Ofen der guten Fee? So heiß wie unsere Sauna im Keller?

„Ja, genau so heiß."

Wieder wunderte sich Henrietta über Nikis Erinnerungsgabe für manche Details.

Das hätte sie nie gedacht von dem törichten Kind. Sie überlegte, welches Märchen sie beim nächsten Besuch erzählen würde.

Sie würde im großen Märchenbuch stöbern, das zuhause in ihrem Regal neben dem Bett stand.

Henrietta entschloss sich zum Märchen „Die Zauberfrau und die Kinder".

In Wirklichkeit hieß das Märchen, das sie im Band „Bechsteins Märchen" gefunden hatte, „Der alte Zauberer und die Kinder", es erschien Henrietta jedoch passender, aus dem alten Zauberer die Zauberfrau Rosa zu machen.

Diese hatte Bruder und Schwester geraubt und hauste mit ihnen in einer Höhle.

Sie hatten aber mit List und Tücke das Zaubern erlernt und rissen aus. Als die böse Zauberfrau die Kinder verfolgt, verwandeln sie sich schnell hintereinander in einen Teich, ein Fischlein, eine Kapelle und ein schönes Altarbild, die Zauberfrau dringt, obwohl das für Zauberer verboten ist, in die Kapelle ein, die Kinder schließen die Frevlerin ein und machen ein Feuer, welches der Zauberfrau Rosa schlecht bekommt. Sie muss sterben.

Bruder und Schwester leben glücklich und zufrieden bis an ihr Lebensende, und wenn sie nicht gestorben sind, so leben sie noch heute.

Diesmal sagte Niki nichts, er stellte keine einzige Frage.

Er starrte nur gedankenverloren einen fernen Punkt an.

„Dem Niki kann man nichts erzählen“, sagte Henrietta zu Rosa und zu ihrem Vater, nachdem Niki ins Bett gebracht worden war und kurz bevor der Vater Henrietta wieder zurückbrachte zur Mutter. „Wirklich, er kann sich nichts merken. Alles, aber auch alles vergisst er.“

Es wurde Herbst, Henriettas Besuche bei Niki, Rosa und dem Vater wurden seltener, aber immer gab es ein Märchen für Niki, und immer wurde es in abgewandelter Form erzählt. Niki war süchtig nach Henriettas Märchen. Henriettas Fantasie, ihre lebhafte Erzählweise, das mit Worten malen können, all das hatte Niki in Bann geschlagen.

Die Saunazeit begann. Bei Henriettas Besuch kurz vor Weihnachten schnappte diese den Teil eines Gesprächs zwischen Rosa und Vater auf.

„Wenn er das noch einmal macht ...“. ... „Psychologen zu Rate ziehen ...“...

„auf einmal so plötzlich diese feindselige Haltung der eigenen Mutter gegenüber ...?“... „Verhaltensgestört ...“ . „Das mit den aufgestapelten Stühlen vor der Sauna ...“.

Das war alles, aber Henrietta verstand.

Sie hatte diesmal auch wieder ein spannendes Märchen für Niki gefunden, so recht passend zum Winter.

„Die Schneekönigin“, Henriettas Lieblingsmärchen von Hans Christian Andersen, gefiel auch Niki.

Denn er war ja der Kay, Henrietta war die Gerda, die böse Schneekönigin hatte die Kinder in ihr eisiges Reich entführt, wo es keine Freude gab. Gläserne Herzen, gläserne Spiegel, ewiges Eis. Es gab Eisblumen statt grüner Pflanzen und bunter Sommerblumen, überall weißes, ödes Land. Schnee, Schnee, Gletscher und steile Berge.

Die Schneekönigin, sie musste gewärmt werden, vielleicht schmolz dann ihr hartes und kaltes Herz dahin. Da gibt es in Henriettas Märchen am Schluss ein Badehaus, die Schneekönigin Rosa kann der Versuchung nicht widerstehen, das Ende ist bekannt. Niki lutschte heftig am Daumen.

„Das war ein mutiger Junge, der Niki im Märchen", sagte Henrietta. „Und sie lebten glücklich und zufrieden zusammen bis an ihr Lebensende. So ... ich muss jetzt zurück in mein Haus und zu meiner Mutter. Vielleicht komme ich jetzt lange nicht mehr zu dir."

Sie ging, ohne sich zu Niki umzudrehen und ihm zu winken, wie sie es sonst immer tat. Wortlos stieg sie in Vaters Auto ein, der schon ungeduldig wartete, um sie zu Mutter zurückzubringen.

Es gab einige Tage später im „Mannheimer Morgen" einen Bericht über einen tödlichen Saunaunfall. Eine Frau war verbrannt, denn die Sauna im Keller hatte aus noch ungeklärten Gründen Feuer gefangen. Der kleine Sohn, der ein wenig zurückgeblieben war, und der Vater hatten Rauchvergiftungen, doch konnten sie wie durch ein Wunder gerettet werden. Ein sehr tragischer Unfall.

Henrietta war wieder einmal erstaunt über Nikis unverhofft gutes Gedächtnis. Die Mutter hatte ihr den Bericht aus der Zeitung vorgelesen.

Niki war in ein Heim eingewiesen worden damals, denn der Vater war der Situation nicht mehr gewachsen. Der Vater war nicht, wie Henrietta gehofft hatte, zu ihr und Mutter zurückgekehrt. Aber Henrietta durfte bei den häufigen Besuchen dem Vater gegenüber am Schreibtisch sitzen. Sie hatte sich an das helle Holz des neuen Schreibtischs gewöhnt, obwohl ihr der alte Eichenschreibtisch in ihrem und Mutters Haus, Vaters alter Schreibtisch, viel besser gefiel.

Henrietta, die erwachsene Henrietta, ging zum Vestibül der Kunsthalle.

Während sie ihren Mantel anzog, dachte sie: „Wie hätte ich wissen können, was in einem gestörten Kind so alles vor sich gehen kann?"

Aber sie dachte auch: „Es ist eine Schuld da, und meine

Kinderlosigkeit ist vielleicht die Strafe. Man muss für alles im Leben zahlen. Was wohl aus den beiden Kindern auf dem Gemälde „Familienglück“ geworden ist?“

Was war ihr Schicksal? Bin ich der Henrietta und dem Niki der Biedermeierzeit begegnet? Ob der Junge auch so früh gestorben ist wie Niki, Rosas Sohn? Er war so zart, so schwach. Zwei Jahre nach der Heimeinweisung starb er an einer Lungenentzündung. Ein schwaches Kind, von Anfang an.

Henrietta ging zu ihrem Auto und beschloss, vielleicht doch Nachforschungen anzustellen. Bei dem anonymen Maler würde sie anfangen, eine schwere Aufgabe. Über die Familie der Spender des Gemäldes würde sie vielleicht etwas herausfinden. Eine Vergangenheit aufarbeiten. Ihre Vergangenheit aufarbeiten. Ihre Schuld aufarbeiten. Ein langer Weg. Wie spannend war doch ihr Leben.

Dietlind Kreber

Das Leben danach

In der Dämmerung war nur ihr rhythmisches Atmen zu hören. Sarahs Muskeln brannten von der Höchstleistung, die sie ihrem Körper seit einer Stunde abverlangte. Früher hatte sie den Fitnesswahn der anderen belächelt, früher, bevor sie selbst mit dem Laufen begann. *Mit dem Weglaufen,* wisperte die Stimme in ihrem Kopf. Sarah verscheuchte sie mit einem Kopfschütteln.

Heute war sie länger gejoggt, als sie es geplant hatte. Sie liebte diese grüne Strecke, die eingerahmt zwischen zwei Wasserwegen durch die schönste Gegend von Mannheim führte. Wenn sie den Parkplatz der Maulbeerinsel noch vor Einbruch der Dunkelheit erreichen wollte, musste sie jedoch einen Gang zulegen. *Ein Wettlauf mit der Angst*, raunte die Stimme. Sarah zuckte zusammen und warf einen Blick auf den Pulsmesser, 130 war ein guter Wert. Sie erhöhte noch einmal das Tempo.

Ein Schrei durchschnitt die Stille.

Ein Vogel? Sarah stoppte. Ihr Blick flog zu der Baumreihe, die sich auf der rechten Seite fünfzig Meter entfernt von ihr auftürmte und die Sicht auf den Neckar versperrte. Niemand war zu sehen. Sie wandte den Kopf nach links und sah mit zusammengekniffenen Augen auf die andere Seite des Kanals. Nichts.

„Nein, hör bitte auf!“, flehte eine Frauenstimme.

Das kam aus der Richtung der Bäume. Ein ziehender Schmerz wütete durch Sarahs Körper.

Maria?

Sie spurtete auf die Bäume zu und stolperte über eine Feuerstelle. Der harte Aufprall presste ihr die Luft aus den Lungen. Das Herz hämmerte in ihrer Brust, als wollte es die Rippen sprengen. *Lass mich nicht wieder im Stich.* Marias Stimme trieb sie hoch. Schockwellen überrollten ihren Körper wie ein aufgewühltes Meer. „Ich komme“, flüsterte Sarah und sah sich fieberhaft um.

Ihre Augen huschten über den großen Steinkreis, in dem verkohlte Äste lagen. Eine Eisenstange, die zum Verteilen der glühenden Holzstücke gedient hatte, klemmte zwischen den

Steinbrocken der Feuerstelle. Mit einem Ruck riss Sarah sie heraus.

Das leise Jammern war jetzt ganz nah. Kläglich und durchdringend. Ihre Laufschuhe rutschten über feuchte Grasbüschel, vorbei an einer blaurot karierten Decke und einem umgefallenen Korb mit Essensresten, Geschirr und Wein, die sich über den Rasen verteilt hatten. Unter den Bäumen entdeckte sie eine stämmige Gestalt, die ein wimmerndes Bündel Mensch zu Boden drückte. Die beige Leinenhose des Mannes, die sich eng an seine muskulösen Beine schmiegte, war erdverkrustet.

Sarah schlich geduckt näher. Die klammen Finger krallten sich um die Stange. Ihre Hand zitterte. Sie durfte nicht versagen, musste die lähmende Furcht überwinden. Maria zuliebe. Das Geräusch von reißendem Stoff ließ sie aufstöhnen. Sarah klammerte sich an das Eisen und dachte an die Regeln, die sie im Selbstverteidigungskurs gelernt hatte. Laut schreien, keine Angst zeigen. In der Gruppe war alles so einfach gewesen. Heute war sie allein, die Unterstützung der zehn schreienden Frauen fehlte ihr. Sarah holte tief Luft.

„Lass sie los!“

Ihre Stimme klang wie das Piepsen eines Kükens. Der stämmige Kerl hatte sie noch nicht einmal wahrgenommen. *Du darfst das nicht zulassen*, rief die Stimme in ihrem Kopf. *Nicht noch einmal tatenlos zusehen.* Sarah schnappte nach Luft. Sie durfte Maria nicht enttäuschen, sie musste schreien, bis ihre Lungen protestierten. Die Wut herausbrüllen. Sarah starrte auf das schwarze Haar, das fettig am Hinterkopf des Mannes klebte. Sie begann zu schreien.

„Loslassen!“ War das wirklich ihre Stimme, die so laut und herrisch klang?

Es hatte gewirkt. Er rollte sich von seinem Opfer und starrte sie ungläubig an. Sarah erschrak über die Aggression, die sich langsam wie eine Maske über das feiste Gesicht legte. Ihre Augen suchten die schmächtige Frau, die sich schützend neben ihm zusammengekrümmt hatte. Von ihr konnte Sarah keine Hilfe erwarten, sie musste alleine mit diesem Schwein fertig werden.

„Hau ab, du blöde Kuh“, brüllte der Mann und stemmte sich

mit seinen kurzen, dicht behaarten Armen vom Boden hoch. Gleich würde er bei ihr sein und ...

Die Eisenstange traf sein Nasenbein. Er schrie auf und fiel auf die Knie, die fleischigen Hände schützend vor sein Gesicht gepresst. Sarah setzte nach. Ihr Kopf war leer. Eine Marionette, die wild an den Seilen ihres Zornes tanzte. Das Blut pumpte Ströme von Adrenalin durch ihre Adern.

„Aufhören! Lassen Sie meinen Mann in Ruhe."

Die am Boden liegende Frau rappelte sich auf und riss sie zurück. Sarah atmete schwer und stierte auf den blutüberströmten Körper, der vor ihren Füßen lag. Ihr Mann?

Verschwommen nahm sie wahr, wie die Frau sich über ihn beugte und wieder und wieder seinen Namen rief. Dabei strich sie ihm über das fettige Haar. Endlose Minuten verstrichen, bevor sie aufstand, die zerrissene Bluse über dem Brustkorb zusammen gezogen. Ihr linkes Auge war völlig zugeschwollen, mit dem anderen blickte sie an Sarah vorbei in die Ferne.

„Er ist tot", flüsterte sie und begann wie ein Kind zu weinen.

Warum weinte sie? Maria könnte noch leben, wenn Sarah ihr damals geholfen hätte. Die fröhliche Maria, die diese Schande nicht ertragen hatte. Der Anblick der schluchzenden Frau trieb Zornesröte in ihr Gesicht. Sie schleuderte die Eisenstange in das Gebüsch. Warum war sie nicht einfach weitergelaufen?

Marias Stimme raunte ihr etwas. Sie neigte den Kopf zur Seite, doch sie konnte die Worte nicht verstehen. Die schmächtige Frau stand abseits und übergab sich heftig. Von ihrer Verzweiflung berührt zog Sarah ein Taschentuch aus der Jacke und reichte es ihr.

„Wie heißen Sie?", fragte sie.

„Jelena."

Die Frau trat zwei Schritte von ihr zurück. Den Riss in der fleckigen Bluse hielt sie immer noch mit ihrer linken Hand umklammert.

„Sie haben meinen Mann getötet", schluchzte sie.

„Er wollte Sie vergewaltigen!"

„Was wissen Sie über mein Leben? NICHTS! Ich war ihm so dankbar, dass er sich um mich gekümmert hat."

Sarah betrachtete sie mitleidig. Wenn Jelena diesem Stück Dreck nachtrauerte, musste es ihr früher schlimm ergangen sein. Sie schob sich eine verirrte Haarsträhne aus dem Gesicht. Sein Tod war ein Unfall, sie hatte ihn nicht umbringen wollen. *Lügnerin,* wisperte Maria. „Ich wollte Jelena helfen", antwortete sie ihr stumm. *Wirklich?*

Wenn Maria ihr nicht glaubte, würde es die Polizei erst recht nicht tun. Sie würden sie ins Gefängnis stecken. Lange Jahre, eingesperrt in einer winzigen Zelle. Allein mit ihren Gedanken, ohne die Möglichkeit, ihnen beim Joggen davonzulaufen.

„Ich rufe die Polizei", murmelte Jelena. „Mein Gott, warum haben Sie ihn getötet?" Sie humpelte zu einer beigen Stofftasche, die unter einem Busch lag.

In wenigen Minuten würden Polizeisirenen die Stille durchschneiden. Im Geist hörte Sarah das Klicken der Handschellen, die sich um ihre Handgelenke schlossen.

Sie werden dich nicht verstehen.

Wenn sie die Sache mit Maria herausfanden, war es endgültig aus. Dann hatten sie ein unumstößliches Motiv. Rache. Für Maria und die Qualen, die sie zerstört hatten.

Siehst du sie noch, die verstohlenen Blicke auf meinem geschundenen Körper? Sarah nickte. Ja, diese Blicke und die Polizisten mit ihren scheinheiligen Fragen, ständig bemüht, Anteilnahme zu heucheln. Doch ihren Peiniger hatten sie bis heute nicht gefunden.

Es war dunkel geworden. In der Ferne flackerte das matte Licht einer Fahrradlampe. Die quengelnden Töne der Handy-Tastatur drangen an ihr Ohr.

„Nein", schrie Sarah. „Hören Sie auf!" Sie versuchte, Jelena das Handy zu entreißen.

Das Licht kam näher. Viel zu nah, gefährlich nah.

Sie kämpften verbissen, bis Jelena strauchelte und zu Boden fiel. Ihre hysterischen Schreie wurden lauter. Sarah warf sich über sie. Warum ist sie nicht still?, dachte sie. Bitte sei endlich still. Jeden Moment konnte der Radfahrer sie hören. Sie presste die Hand auf Jelenas geöffneten Mund.

Verdammt! Jelena hatte sie gebissen. Sarah schlug ihr mit

der Faust gegen die Schläfe und warf sich über sie, die Hände fest auf Mund und Nase der zuckenden Frau gedrückt. Endlich hörte Jelena auf, sich zu wehren. Außer dem gleichmäßigen Rauschen der Blätter war es ruhig. Der Radfahrer war an ihnen vorbeigefahren, ohne sie zu bemerken. Einen Moment noch warten – um sicher zu gehen, dann stand sie auf.

Der Vollmond leuchtete jetzt wie ein Medaillon am Himmel und tauchte den Neckar in ein silbriges Licht. Sarah schloss die Augen und rieb sich mit den Händen über die Arme. Es war kühl geworden.

„Es tut mir leid", sagte sie und ergriff Jelenas Hand, um ihr aufzuhelfen. Sie blieb liegen.

„Steh auf!" Sarah schüttelte Jelenas Arm.

Was sollte sie noch machen? Sie beugte sich über die Frau und strich ihr mit dem Handrücken über das schmale Gesicht. Jelenas Mund war leicht geöffnet. Sie ging neben ihr in die Hocke, sie mussten miteinander reden. Sarah hatte ihr diese Erniedrigung erspart, sie vor ihrem brutalen Mann beschützt. Wenn sie sich beruhigt hatte, würde Jelena das begreifen und ihr dankbar sein. Maria wäre es gewesen.

Aber zuerst musste Jelena aufstehen. Sarah zog heftig an ihrem Arm. Der Oberkörper richtete sich auf, endlich hatte sie Vernunft angenommen. Jelenas Kopf fiel in den Nacken, sodass die langen Haarstricke den Boden berührten. Sarah ließ sie vorsichtig zurückgleiten und klopfte ihr leicht mit den Fingern auf die Wange. Nichts. Sie drückte ihr Ohr auf den geöffneten Mund. Kein Lebenszeichen.

Warum atmete Jelena nicht mehr? Sie musste doch atmen!

Sarah schüttelte den schmalen Körper, aber Jelena regte sich nicht. Panisch suchte ihr Zeigefinger nach der Halsschlagader. Der Puls klopfte ganz sanft unter ihrer Fingerkuppe. Erleichtert sank Sarah neben der bewusstlosen Frau zu Boden. Vielleicht konnten sie Freundinnen werden, richtig gute Freunde – wenn Jelena erkannte, dass sie frei war und keine Demütigungen mehr ertragen musste. Seit der Sache mit Maria hatten sich Sarahs Freunde rar gemacht. Das Telefon blieb stumm. Wahrscheinlich wussten sie nicht, was sie sagen sollten.

Sarah ergriff Jelenas Hand. „Wir sollten in eine Selbsthilfegruppe gehen, zusammen können wir es schaffen, den Schmerz zu überwinden“, sagte sie leise.

Sie wird dir niemals verzeihen.

Sarah sprang auf und hielt sich die Ohren zu. Die Gedanken tobten wie ein Wirbelsturm durch ihren Kopf. Maria hatte Recht, sie hatte immer Recht gehabt. Auch damals, als sie nicht allein durch den Käfertaler Wald radeln wollte. Maria fehlte ihr so. Sarah blickte zum Fluss und sehnte sich plötzlich danach, von den kräuselnden Wellen gestreichelt zu werden.

Sanft berührte sie noch einmal Jelenas Hände und ging dann langsam zum Neckar. Das Mondlicht, das sich auf der Wasseroberfläche spiegelte, zog sie magisch an. Sarah schlüpfte aus dem Jogginganzug und legte ihn ordentlich gefaltet auf einen Stein. Dann zog sie sich den Pulsmesser vom Handgelenk.

Ein letzter Blick zurück. Konnte sie Jelena allein zurücklassen? Es war niemand da, wenn sie aufwachte. Sarah senkte den Kopf. Ich bin so müde, dachte sie. Eine Träne löste sich und kullerte über ihr Gesicht. Wie in Trance bewegte sie sich auf den plätschernden Neckar zu. Es war ganz still geworden, sogar das Rauschen der Blätter war verstummt. Ruhe. Friede. Lichtjahre von der Wirklichkeit entfernt.

Das Wasser umschloss ihren Körper wie ein samtiger Mantel und hüllte sie in seine schützende Haut. Eine Schlingpflanze legte sich um ihre Füße und zog sie nach unten. Ergeben hob Sarah die Arme und ließ die Ranke an ihren Beinen emporklettern. Das Wasser schloss sich über ihrem Kopf und machte sie träge.

Sarah lächelte mit geschlossenem Mund.

Die Lungen begannen, nach Luft zu schreien. Sie presste die Zähne zusammen, sog Wasser durch die Nase. Ihre Arme ruderten. Maria, ich komme zu dir.

Die am Ufer liegende Joggingjacke wurde von einem Windstoß erfasst und durch die Luft geschleudert. Ein Ausweis flatterte zu Boden und blieb im blühenden Löwenzahn stecken. Der Mond spiegelte sich in der glatten Oberfläche.

Sarah Maria Leitner.

Wolfgang Ohler

Feuer und Wasser

„Wir haben uns geliebt, Angelina, mein Engel, vergiss das nicht!"

„Das ist lange her. Eine Ewigkeit. Das war zur Zeit der Punischen Kriege, so kommt es mir vor."

„Ach, wie herrlich du übertreiben kannst, mein Engel. Das hat mir schon immer an dir gefallen: dein sizilianisches Temperament. Was sind schon ein paar Jährchen, wenn man sich so leidenschaftlich geliebt hat? Das kannst du nicht ungeschehen machen. Eine solche Liebe, die hinterlässt Spuren, unauslöschliche Spuren."

„Vielleicht Narben, Hans, aber auch die tun nicht mehr weh. Sie jucken ab und zu ein bisschen, man kratzt sich und fühlt sich dann besser. Und sag' nicht Engel zu mir! Ich habe es noch nie gemocht, wenn du mich so genannt hast. Wenn ich dein Engel war, dann hattest du immer ein schlechtes Gewissen, dann hattest du ... wie sagt man noch bei euch: etwas ausgefressen. Denn du warst schon damals ein maledetto inbroglione, ein verfluchter Lump und Betrüger, ja, das warst du!"

„Nun sei nicht ungerecht, Angelina. Denk an die schöne Zeit in Rom, an unsere Ferien in Ischia. Und dann bei dir zu Hause in Palermo, unsere leidenschaftlichen Nächte, die wunderbare Zeit bei deiner lieben Familie ..."

„... die dich nie gemocht hat. Hätte ich doch bloß auf meine Mama gehört. Er ist kein Mann für dich, hat sie gesagt, schau dir die Augen an: wie Wasser, so hell. Wer so blasse Wasseraugen hat, der ist nicht ehrlich, hat sie immer und immer wieder gewarnt, der spielt falsch, un doppio chioco, ein doppeltes Spiel. Und dann hat sie in der Kirche eine Kerze angezündet, damit dir die Madonna die Pest auf den Hals schicken soll. Und ich dummes Luder habe mich deshalb mit ihr gezankt! Ja, Augen wie Wasser. Deshalb hast du immer diese Sonnenbrille aufgesetzt, du Betrüger. Fuoco e aqua, wie Feuer und Wasser seid ihr beide, hat sie gesagt, meine Mama, das kann nicht gutgehen, das passt nicht zusammen, solche Wasseraugen und dein feuerrotes Haar. Und Großmutter Maria, Gott hab' sie selig, hat sich bekreuzigt: Un diavolo tedesco, ausgerechnet ein deutscher Teufel! Und dann hat sie schlimme Geschichten aus dem Krieg und aus ihrem Dorf erzählt und sich die ganze Nacht die Augen aus dem Kopf geweint, die arme Frau. Zwei Tage später ist sie gestorben, vor lauter Kummer und Gram."

„Du weißt, dass das nicht wahr ist, Angelina. Der Blitz hat sie erschlagen, draußen auf dem Feld."

„Ja und? Sie war auf dem Weg zur Kirche, um dich dort vor allen Heiligen zu verfluchen!"

„Also gut, es hat damals einige Missverständnisse gegeben. Aber lassen wir das. Wir sind älter geworden, mein Engel, und klüger. Und du bist heute schöner, als du es je gewesen bist, mit deinem wundervollen feuerroten Haar. Ich habe aus meinen Fehlern gelernt, glaube mir. Ich weiß, dass ich damals eine Dummheit gemacht habe, die größte Dummheit meines Lebens."

„Wie Feuer und Wasser, fuoco e aqua! Mein Papa war außer sich, als du damals Wasser in seinen wunderbaren Wein geschüttet hast. Eine Todsünde, hat er geschrien. Nein, Schorle, hast du gesagt und ihn ausgelacht, man nennt das Schorle! Weißt du, Hans, dass es dieses hässliche Wort nur in der deutschen Sprache gibt und sonst nirgends auf der Welt? Schorle, pfui Teufel!"

„Ich bitte dich, Angelina: Verderben wir uns nicht den schönen Abend. Du hast meine Einladung doch nicht angenommen, nur um mit mir zu zanken. Lass uns das Kriegsbeil begraben, die alten Geschichten vergessen und auf die Zukunft trinken. Salute, mein Engel, für dich habe ich diesen herrlichen sizilianischen Rotwein aus dem Keller geholt. Und ich werde ihn ganz gewiss nicht mit Wasser verdünnen, das verspreche ich. Salute!"

„Also gut, Hans. Lassen wir die Vergangenheit ruhen. Reden wir über die Gegenwart. Was willst du von mir? Weshalb hast du mich gebeten, zu dir zu kommen? Doch nicht, um mit mir sizilianischen Wein zu trinken und mich an deine Treulosigkeit zu erinnern! Und sei diesmal ehrlich! Kein doppio chioco!"

„Versprochen, Angelina: Ich will ehrlich zu dir sein. Lass

mich noch rasch eine neue Platte auflegen, dann werde ich dir alles erzählen. Erinnerst du dich: Der Bolero von Ravel, das war unsere Lieblingsmusik. Eine Musik wie unsere Liebe, zunächst verhalten, dann immer heftiger und wilder wie eine leidenschaftliche Umarmung."

„Ja, und als Höhepunkt der große Krach und aus. Ja, Hans, daran erinnere ich mich."

„So, Angelina. Und nun hör mir bitte zu: Ich bin am Ende, und diesmal geht es um Leben und Tod! Als wir uns heute Mittag begegnet sind, da war das für mich wie ein Lichtstrahl in der Finsternis. Du bist meine letzte Hoffnung, Angelina. Wenn du mir nicht hilfst, bin ich verloren."

„Nun bist du es aber, mein Lieber, der übertreibt!"

„Nein, Angelina, ich übertreibe nicht. Man hat mir gedroht, mich zu töten. Eigentlich bin ich schon ein toter Mann, denn ich hätte bis gestern Abend 100.000 Euro zahlen sollen. Und ich habe das Geld nicht. Noch nicht. Ich brauche Zeit."

„Tut mir leid, Hans, aber ich kann dir nicht helfen, selbst wenn ich wollte. So viel Geld trägt man nicht in der Handtasche mit sich herum. Außerdem hast du doch ständig Schulden und lebst ganz gut damit. Was ist das für eine Gaunerei, die dich das Leben kosten soll?"

„Versteh' mich nicht falsch, Angelina, ich will kein Geld von dir. Die Sache ist so: Ich handele seit ein paar Jahren mit Wein. Du weißt selbst, das ist ein hartes Geschäft, die Konkurrenz ist groß, und du darfst keine Skrupel haben."

„Skrupel, die hast du noch nie gehabt, Hans."

„Eben. Vor zwei Jahren bin ich auf einem ganzen Lager mit billigem Wein sitzengeblieben. Da habe ich mich an euren wunderbaren sizilianischen Weißen erinnert. Das ist deine Rettung, habe ich mir gesagt. Weißt du, man kann aus einem sauren Riesling keinen guten Kabinett machen, das ist unmöglich. Aber einen feurigen Sizilianer, das ist ein Kinderspiel."

„Soll das heißen, du hast schon wieder gepanscht, aber nicht mit Wasser, sondern mit Zucker?"

„Mit Zuckerwasser, wenn du es genau wissen willst. Und mit Zitronensäure und Schwefel und allem, was so dazu gehört, um einem Sauermost italienische Leidenschaft und sizilianisches Feuer einzuimpfen. Und verkauft habe ich das wunderbare Weinchen unter dem Namen Oreganza, für 12 Euro die Flasche. Die Leute waren begeistert. Man hat ihn sogar prämiert, meinen feurigen Oreganza. Da habe ich es natürlich wieder versucht. Ich war ein reicher Mann. Aber wie das so ist mit dem Geld."

„Du brauchst nicht weiter zu erzählen, Hans, jetzt kenne ich deine Geschichte. Du hast das vergiftete Zeugs tatsächlich Oreganza genannt. Nach der Aziende Vinicole meines Onkels Guiseppe Micelo. Und du Trottel hast nicht gewusst, dass Onkel Micelo nicht bloß ein harmloser sizilianischer Weinbauer ist, sondern der Pate von Palermo. Und natürlich war dir auch nicht bekannt, dass die Camorra jedem, der ihren Wein panscht, die Kehle durchschneidet. Falls er nicht schnell ein großzügiges Schmerzensgeld zahlt."

„Woher sollte ich wissen, dass es in deiner Familie solche Kriminelle gibt, Angelina? Es ist nun mal passiert, und da ich das Geld nicht habe, wollen sie mir einen Killer schicken. Ich trau mich kaum noch aus dem Haus. Gestern Abend ist die Zahlungsfrist abgelaufen. Ich habe die ganze Nacht kein Auge zugetan. Und heute Morgen läufst du mir zufällig über den Weg, nach so langer Zeit. Wenn das kein Wink des Schicksals ist! Du musst ein gutes Wort für mich einlegen, mein Engel. Unserer alten Freundschaft wegen. Auf dich wird dein Onkel doch hören. Ich brauche nur ein bisschen Zeit. Sagen wir einen Monat. Mehr verlange ich gar nicht. Ich flehe dich an, Angelina!"

„Also gut, Hans, trinken wir auf unsere alte Freundschaft und auf Onkel Micelo. Salute!"

„Salute, mein Täubchen. Ich habe gewusst, dass ich auf dich zählen kann. Mein Gott, ich habe schon das Messer an meiner Kehle gespürt!"

„Nein, Hans, das kann ich dir versprechen. Man wird dir nicht die Kehle durchschneiden, mio caro. Fuoco e Aqua, Hans! Feuer und Wasser!"

„Was meinst du damit, Feuer und Wasser?"

„So wie Mama gesagt hat: Wir beide sind wie Feuer und Wasser. Du mit deinen blassen Wasseraugen und ich mit dem feuerroten Haar. Das kann nicht gut gehen, Hans. Du panschst den Wein mit Wasser, ich pansche ihn mit Feuer."

„Ich verstehe kein Wort, Angelina."

„Es war kein Zufall, Hans! Und erst recht kein Wink des Schicksals!"

„Was war kein Zufall?"

„Dass wir uns begegnet sind. Das war Absicht. Mein Gott, bist du schwer von Begriff: Onkel Micelo schickt mich. Das Spiel ist aus, Hans. Und heute hab ich es gespielt: un doppio chioco."

„Aber Angelina, Liebes, du hast mir versprochen, dass mir niemand die Kehle durchschneiden wird."

„Und ich halte meine Versprechen! Feuer und Wasser, Hans. Während du dich um die Musik gekümmert hast, habe ich diesmal den Wein gepanscht. Aber nicht mit Wasser, sondern mit Feuer. Jetzt sind wir quitt."

„Du hast ..."

„Ja, ich habe den Wein in deinem Glas vergiftet. Gleich kannst du das Feuer spüren. Ich glaube nicht, dass du den Bolero zu Ende hören wirst."

Bettina von Cossel

Wahnsinnsliebe

Eva Luttermann, eine feingliedrige Endzwanzigerin, zündete die Kerzen im Silberleuchter an. Draußen war es bereits dunkel. Zufrieden strich sie eine kastanienbraune Haarsträhne aus ihrem Gesicht. Jetzt war der Tisch perfekt gedeckt – einladend und festlich.

„Susanne", rief sie und stellte noch schnell Pfeffer und Salz neben die Schüsseln, „wir können essen."

Genießerisch sog ihre Schwester den würzigen Duft des Zwiebelbratens ein. „Hmm", schwärmte sie, „das riecht aber lecker", und häufte sich eine große Portion auf den Teller. „Die Rösti sehen auch fantastisch aus. Ich wünschte, ich könnte so gut kochen wie du." Fragend sah sie Eva an, die schweigend vor ihrem Teller saß und Rotwein nippte. „Isst du nichts?"

„Nein", antwortete ihre Schwester, „irgendwie habe ich keinen Appetit."

„Kein Wunder, so kurz nach Vaters Tod", antwortete Susanne. „Außerdem war dies sein Lieblingsessen", fügte sie wehmütig hinzu. „Schade, dass er nicht mit dabei sein kann."

Angespannt hob Eva ihr Weinglas zum Mund. Sie dachte an die Beerdigung. Zwei Tage war das jetzt her, zwei lange Tage. Mit gesenktem Kopf hatte sie in der Trauerhalle des Mannheimer Hauptfriedhofs gestanden, erinnerte sie sich, und auf ihre schwarzen Lackschuhe hinunter geblickt.

Ungeduldig tippte sie die linke Schuhspitze auf den Boden. Der Gottesdienst nahm einfach kein Ende, dabei sollten sie längst auf dem Weg zum Grab sein. Vor der Tür warteten bestimmt schon Trauernde auf die nächste Beerdigung.

Sie zerknüllte ihr weißes Spitzentaschentuch und warf einen vorsichtigen Blick zu ihrer Schwester, die mit rotverweinten Augen neben ihr stand und leise schluchzte. Eva seufzte. Susanne hat Vater geliebt, dachte sie, im Gegensatz zu mir. Daran muss es liegen, dass ich nicht weinen kann. Mit gerunzelten Brauen betrachtete sie das trockene Taschentuch in ihrer Hand. Warum sollte ich auch, verteidigte sie sich vor sich selbst, so verstohlen wie er mich immer beobachtet hat. Als sei ich eine seiner Patientinnen in der geschlossenen Anstalt. Sie fröstelte. Seine merkwürdigen Fragen und der besorgte Blick, wenn er meine Antwort hörte – alles ein Test, um herauszufinden, ob ich nicht ganz richtig im Kopf bin. Hat er sich tatsächlich eingebildet, ich hätte das nicht bemerkt? Ausdruckslos blickte sie auf den blumengeschmückten Eichensarg, der mit seinen glänzenden Beschlägen majestätisch neben dem Altar stand. Mein eigener Vater hat mich für verrückt gehalten, dachte sie kühl; für eine eiskalte Psychopathin. Als ob ich einer Fliege etwas zuleide tun könnte.

Um Evas Mundwinkel zuckte ein feines Lächeln. Jetzt zwang sie wenigstens keiner mehr die weißen Kügelchen zu schlucken, die er ihr verschrieben hatte.

Nachdem die Trauergäste in feierlicher Prozession zum offenen Grab geschritten waren, angeführt von den Sargträgern und dem Pfarrer in seinem wehenden Talar, breitete dieser die Arme aus und setzte wieder zum Gebet an. Eva, die mit gefalteten Händen neben ihrer Schwester auf dem Kiesweg stand, überflog unter dem Schutz ihrer breiten Hutkrempe die Gesichter der Freunde und Verwandten, die gekommen waren, um ihrem Vater die letzte Ehre zu erweisen. In ihrer schwarzen Trauerkleidung sahen sie trist und unauffällig aus, als wollten sie dem Sarg unter der Pracht des farbenfrohen Blumengestecks nicht die Schau stehlen.

Wenige Gesichter waren ihr wohlvertraut, die meisten kamen ihr nur schemenhaft bekannt vor. Susanne und sie hatten sich ihr Leben lang vor Familienfesten aller Art gedrückt und niemand hatte sie gezwungen, hinzugehen. Das habe ich jetzt davon, dachte Eva missmutig. Ich bin bald dreißig und kenne die eigene Verwandtschaft nicht.

Gerade wollte sie ihren Blick wieder dem Grab zuwenden, als sie ihn in den Reihen der Trauernden entdeckte, groß, dunkelhaarig und bemerkenswert gutaussehend. Er sah ihr über die Köpfe der anderen hinweg in die Augen und sein Blick durchzuckte sie wie ein elektrischer Schock. Eva wurde es abwechselnd heiß und kalt, ihre Unterlippe fing leise an zu zittern. Liebe auf den ersten Blick – das gab es also tatsächlich. Bisher hatte sie nie geglaubt, dass Amor bereits nach Sekunden zuschlagen konnte. Jetzt wusste sie es besser.

Das muss Schicksal sein, schoss es ihr durch den Kopf. Vater verschwindet aus meinem Leben und *Er* tritt ein – mein Traumprinz. Der, auf den ich schon immer gewartet habe.

Die Erkenntnis raubte ihr den Atem: ihre große Liebe stand hier mit ihr auf dem Kiesweg und sie hatte keine Ahnung, wer er war.

„Erde zu Erde, Asche zu Asche, Staub zu Staub“, murmelte der Pfarrer und reichte ihrer Schwester die Schaufel. Leise weinend trat Susanne an das Grab heran und warf eine Rose auf den Sarg. Dann schaufelte sie etwas Erde hinterher und nahm ihren Platz auf dem Kiesweg wieder ein. Eva machte es ihr nach. In ihrem Kopf tanzten die Gedanken wie betrunkene Kobolde. Wer war dieser Mann? Die angespannte Friedhofsatmosphäre und ein nie gekanntes Glücksgefühl, die schwüle Süße verwelkender Blumen und hell auflodernde Begierde vermischten sich zu dem überwältigenden Wunsch, ihn haben zu wollen. Ganz für sich allein.

Aus einer Vase neben dem Grab nahm sie eine halb geöffnete Rose, das uralte Symbol für Liebe und Leidenschaft, roch für einen kurzen Moment den betörenden Duft, den sie verströmte, und warf sie auf den Sarg ihres Vaters hinab. Dem dunkelhaarigen Mann die Blume zu geben, erlaubte die Situation nicht. Mit gesenktem Kopf trat sie neben ihre Schwester, die mit Tränen in den Augen auf die Kondolenzbezeugungen der Trauergäste wartete. Evas Augen glänzten. Sie wartete auf ihn.

Der Mann, bei dem die Erde bebt. Sie hatte sich nie vorstellen können, was damit gemeint war. Bis heute. Im selben Moment, in dem seine Hand die ihre berührte, geriet Evas Welt aus den Fugen. Der Boden unter ihr schwankte, die Vögel unterbrachen ihr Lied, selbst der Friedhof und die schwarz gekleidete Gesellschaft um sie herum schienen nicht mehr zu existieren. Es gab nur noch ihn und sie, sonst nichts. Ohne ein Wort zu sagen sah sie ihn träumerisch an, ihre Hand noch immer in der seinen. Blau, dachte sie, seine Augen sind blau wie ein Sommerhimmel am Meer.

Am liebsten hätte sie ihn festgehalten, als er ihr seine Hand entzog und sich Susanne zuwandte. Er wird doch nicht gehen, bevor ich seinen Namen weiß, dachte sie erschreckt. Lieber Gott, lass ihn nicht gehen!

„Wir haben hinterher noch einen kleinen Empfang bei uns zu Hause“, sagte sie, konnte aber nicht sicher sein, ob er sie gehört hatte. Der nächste Trauergast stand bereits vor ihr, um zu kondolieren.

Er hatte sie nicht gehört, jedenfalls war er nicht auf dem Empfang. Mit ihrem Sektglas in der Hand irrte Eva suchend zwischen den Gästen umher, aber es half nichts. Er war nicht gekommen. Auf ihrer Stirn bildeten sich kleine Schweißperlen. Es kann nicht sein, dachte sie atemlos. Ich darf ihn unmöglich für immer verloren haben. Mit zitternder Hand führte sie das Glas zum Mund. Irgend jemand muss ihn doch kennen!

Sie hatte Pech. Niemand kannte ihn oder hatte ihn gesehen. Keiner schien sich überhaupt entsinnen zu können, dass ein großer, dunkelhaariger Mann auf der Beerdigung gewesen war. In der Erinnerung der anderen existierte er gar nicht. Eva konnte es nicht fassen. Schwer sank sie in einen Sessel und gab sich dem Alkohol und der grenzenlosen Hoffnungslosigkeit hin, die von ihr Besitz ergriffen hatte.

„Guck mal“, hörte sie ihre Schwester mit einer entfernten Kusine tuscheln, „Eva weint. Gott sei Dank lässt sie ihren Gefühlen endlich freien Lauf, ich hatte mir schon Sorgen gemacht.“ Susanne schob sich eine Haarsträhne aus dem Gesicht. „Es ist nicht gut, seine Trauer in sich hineinzufressen.“

Die Kusine nickte. „Die Zeit heilt alle Wunden“, orakelte sie und sah mitfühlend zu ihr hinüber. „Sie muss sehr an ihm gehangen haben, das arme Ding.“

Doch Eva trauerte nicht um ihren Vater, dachte gar nicht darüber nach, dass sie ihn gerade erst beerdigt hatten. Sie weinte um das Einzige auf der Welt, das sie jemals wirklich gewollt hatte: den großen, dunkelhaarigen Mann mit den strahlend blauen Augen.

Nach dem Rösti-Essen nahm Susanne ihr abendliches Bad – ein Ritual, das Stunden dauern konnte. Derweil stand Eva mit dem Rotweinglas in der Hand im Wohnzimmer und sah zum Fenster hinaus. Ein Schauer der Erregung ließ sie erbeben. Schon bald würde sie dem Mann ihrer Träume wieder gegenüberstehen, falls alles nach Plan lief – aber was sollte jetzt noch schiefgehen? Ihr Blick fiel auf den goldenen Engel, der trompeteblasend im Nachthimmel über der hell erleuchteten Kuppel der Christuskirche schwebte. Von weitem wirkte er fast wie Amor mit dem Liebespfeil. Eva hob ihr Weinglas und prostete ihm zu. Natürlich klappt alles, lächelte sie zuversichtlich, und diesmal werde ich meinen Traumprinzen nicht wieder gehen lassen.

Mozarts wundervolle Serenata Notturna drang leise durch die angelehnte Badezimmertür zu ihr hin. Zum Sterben schön. Langsam drehte sie sich um, ging durch die geöffnete Flügeltür, dann quer über den Flur und immer näher auf das Badezimmer zu. Ein feines Lächeln zuckte um ihre Mundwinkel, als sie die Hand auf die Klinke legte. In der Tat, dachte sie und öffnete die Tür, zum Sterben schön.

„Mein herzliches Beileid, Frau Luttermann“, murmelte der in würdiges Schwarz gekleidete Herr vom Beerdigungsinstitut, derselbe, der sie bereits beim Tod ihres Vaters beraten hatte. „Ich habe von dem tragischen Unglücksfall im Mannheimer Morgen gelesen.“ Er hüstelte verlegen. „Man hört ja immer wieder von Unfällen im Badezimmer.“

Eva senkte den Blick auf ihre gefalteten Hände. „Ich möchte nicht darüber sprechen“, antwortete sie leise, während der Herr in Schwarz diskret einen Prospekt mit einer Auswahl an Särgen zu ihr hinüberschob.

„Hatten Sie an Fichte oder Eiche gedacht?“

Vierzig Minuten später trat sie wieder auf die Straße. Erleichtert atmete sie die klare Herbstluft ein. Drinnen war es bedrückend stickig gewesen, hier draußen wehte ein angenehm leichter Wind. Besser hätte es gar nicht klappen können, ging es ihr durch den Kopf. Die Beerdigung ist am Mittwoch, genau wie bei Vater.

Eva Luttermann sah in den sonnigen Herbsthimmel hinauf. Irgendwo dort flog ein Engel namens Susanne durch die Wolken, so wie der über der Kuppel der Christuskirche.

„Tut mir leid, Susanne", sagte sie leise in den Himmel hinein, „aber wie hätte ich meinen Traumprinzen denn sonst wieder herzaubern können?" Sie strich sich eine Haarsträhne aus der Stirn, die der Herbstwind dort hingeweht hatte. „Wenn er zu Vaters Beerdigung gekommen ist, dann wird er sicher auch zu deiner kommen. Das verstehst du doch, oder?"

Ein einsames Platanenblatt wehte über die Straße und blieb an ihrer Schuhspitze hängen. Ein Zeichen. Susanne hatte geantwortet. Eva lächelte. Sie hatte gleich gewusst, dass ihre Schwester verstehen würde.

Wer würde das nicht?

Fenna Williams

Mannheimer Moneten

Ich betrat die Halle des Parkhotels in Mannheim mit leichtem Gepäck. Dieser Auftrag würde nicht lange dauern; dafür würde ich sorgen. Morgen Mittag plante ich diese Stadt, die sich nicht einmal ordentliche Straßennamen leistete, wieder in Richtung große weite Welt zu verlassen. Mit denkbar schlechter Laune überhaupt hier sein zu müssen, begab ich mich zur Rezeption und forderte mein reserviertes Zimmer.

„Mein Name ist Kaempf, Annette Kaempf. Nationalität: Deutsche – mit Diplomatenpass. Beruf: Fälscherin."

Ich liebe den Moment, wenn mir statt blasierter Gleichgültigkeit ungeteilte Aufmerksamkeit zuteil wird. „Hier ist meine Kreditkarte. Absolut fälschungssicher." Ich beugte mich über den Tresen und lächelte mein Gegenüber gewinnend an. „Sie sind der erste Nutzer. Garantiert."

An dieser Stelle beginnt die Mehrzahl der Angesprochenen unsicher zu lachen – und ich zähle in Gedanken die Dauer der Verzögerung aus, um den Intelligenzquotienten meines Gesprächspartners zu testen.

In der Stimmung, in der ich mich befand, erwartete ich wenig, sehr wenig. Aber dieser Mannheimer überraschte mich. Er verzog keine Miene, sondern antwortete trocken: „Dann zahlen Sie mal bar. In alten gebrauchten Scheinen mit vielen verschiedenen Endnummern. Im Voraus."

„1:0", grinste ich anerkennend, als sich das Gesicht meines Gegenübers verhärtete. Ein nervöser, drahtiger Jungmanager hatte sich neben mich gestellt und trommelte ungeduldig auf den Tresen: „Nun machen Sie mal hin, Mann, mein Meeting beginnt gleich. Ich habe Wichtigeres vor, als ewig hier zu warten. Sie wollen sich doch keine Beschwerde einhandeln, oder?"

Ich hasse es, wenn jemand angetrieben oder erpresst wird – ganz gleich ob dieser Jemand ich selbst oder jemand anders ist.

„Etwas zu jung und etwas zu aufgeblasen", kommentierte ich laut. Mein sympathischer Mannheimer zuckte gelassen mit den

Schultern und raunte mir zu: „Ludwigshafener Firma – von der Seite schwemmt viel Unrat an."

Dann wies er mir augenzwinkernd das beste Zimmer zum günstigsten Preis zu und verdiente sich Trinkgeld in Höhe meines Spesensatzes, weil er meine Laune aus ihrem Tiefpunkt wieder in aufbauendere Bereiche katapultiert hatte.

Anschließend bestellte er seinen Bruder als Chauffeur ins Hotel und gab Anweisung, mich exklusiv durch Mannheim zu kutschieren. Ich nehme Ausnahmebehandlungen immer dankbar an, denn meine Aufträge sind anstrengend und erfordern höchste Konzentration und meinen ganzen Einsatz. Besonders dieser.

Ich bin Unterhändlerin und Lockvogel. Hoch bezahlt von der Europäischen Union und in absoluter Sonderstellung. Man hat mich wegen meiner ungewöhnlichen Vorbildung und meines Ansehens in einschlägigen Kreisen ausgewählt. Mein Ruf ist legendär.

Nach meinem Kunststudium hatte ich mich jahrelang intensiv der Nachahmung beliebter Porträts auf internationalen Wertpapieren zugewandt und mich dabei an die besten Lehrer und hervorragenden Druckstöcke gehalten. Ich war auch die Erste und Beste, die sich 2002 mit Erfolg an der neuen Währung versuchte – bis ich ein äußerst verlockendes Friedensangebot aus Brüssel bekam, mit der Bitte, meine freischaffende Arbeit einzustellen und die Seiten zu wechseln. Heute ist es meine Aufgabe, Blüten zu analysieren, die „Handschrift" des Künstlers zu identifizieren und ihn ausfindig und unschädlich zu machen.

Unser Ausstiegsangebot ist immer gleich: neuer Pass, Wohnort nach Wahl plus gewünschte Ausstattung, Auskommen mit dem Einkommen durch aktives Sponsoring weltweit agierender Banken – und das garantierte und großmütige Vergessen der Strafverfolgungsbehörden der betroffenen Mitgliedsstaaten. Der einzige Makel dieses Luxus ist die Aufgabe der bisherigen Lebenswelt: Freundschaften, Beziehungen, Familie – das war gestern. Heute erfülle ich mir alle erdenklichen materiellen Wünsche und führe kurze Gespräche an der Rezeption.

Fälscher, die auf die Ausübung ihres Berufes nicht verzichten wollen, werden von mir in ein Labor gesteckt, in dem sie nach Herzenslust Ideen entwickeln dürfen, wie ein Personalausweis oder eine Banknote zu modifizieren sind. Auf diese Art und Weise sind wir immer auf der Höhe der Zeit, nehmen die modernste Entwicklung vorweg und wenn einer der „Freischaffenden“ eine für alle Staaten kostspielige Variante erfindet, sind wir schneller auf der richtigen Spur.

Meine Informanten und Geschäftspartner bitten in der Regel um ein Treffen in einem unverfänglichen, internationalen Hotel mit schummriger Bar: immer anonym, immer abgedunkelt und immer mit einer Seitentür ausgestattet, die, falls nötig, direkt hinter die Mülltonnen des hohen Hauses und in die Freiheit führt.

Auf diese Weise hatte ich bereits in Belgrad und Bombay auf meine Informanten gewartet, hatte in Hamburg und Harare die ewig gleichen Cocktails geschlürft und hatte mir in Madrid und Monrovia am chlorgetauften Pool die Wartezeiten vertrieben.

Eigentlich gab es nichts, was mich auf dieser Erde und in dieser Branche noch verblüffen konnte: Aber jetzt war ich in Mannheim. Der Stadt, in der ich geboren wurde und die ich aus persönlichen Gründen seit Jahren meiden musste wie der Teufel das Weihwasser. Diesmal blieb mir allerdings keine Wahl. Ich musste herkommen, um das Codewort „Mannheimer Moneten“ und die dahinter verborgene Fälschergeschichte für immer in den Aktenschrank abgeschlossener Fälle zu verbannen. Ich dachte, ich hätte alles im Griff – aber Mannheim ist nicht berechenbar.

Meine Zielperson hatte mich regelrecht angefordert. Nach Eheschließung mit seiner großen Liebe brannte ihm seine derzeitige Tätigkeit unter den Nägeln und er strebte ein Luxusleben auf einer nicht näher bezeichneten griechischen Insel an. Als mein Chef einen passenden Treffpunkt aushandelte, hatte er deshalb auf eine Stadt mit großer griechischer Gemeinschaft und erstklassigen griechischen Lokalen bestanden. Ich fiel fast in Ohnmacht, als er ein mir wohlbekanntes Spezialitätenrestaurant mit gemütlicher Gartenterrasse und Blick auf den Stollenwörthweiher wählte, das ich mit viel Mühe aus meinem Gedächtnis verbannt hatte. Dieser listige Fuchs schien sich in der Menge verstecken und dabei nicht auf heimatliches Essen verzichten zu wollen. Bemerkenswert war auch, dass er angekündigt hatte, seinen eigenen Übersetzer mitzubringen, für den Fall, dass ich weder Griechisch noch Monnemerisch ausreichend beherrschte. Obwohl ich alles versuchte, ließ er keine Änderungsvorschläge zu. Der Mann wusste genau, was er wert war. In Zweihundert-Euro-Scheinen.

Haben Sie in der letzten Zeit mal einen Zweihundert-Euro-Schein gesehen? Nein? Eben! Die Bundesdruckerei hält sich mit dem Druck dieser wertvollen gelben Scheine extrem zurück, um möglichst wenig in Umlauf zu bringen – denn sie ist derzeit nicht in der Lage die eigenen Produkte und die Kunstwerke von „El Greco“ auseinanderzuhalten. Nicht einmal die Prüfgeräte der Bundesbank schlagen bei seinen handwerklichen Kleinoden an. „El Greco“ hatte uns in der Hand. Und er wusste es. Es gab nur eine Alternative: entweder auf alle seine Forderungen einzugehen oder sich vom Zweihunderter auf immer zu verabschieden. Meine Aufgabe war, den finanziellen Schaden so weit es ging zu bannen und ihn nicht merken zu lassen, wie viel er wirklich verlangen durfte.

Wer über außerordentliches Können auf seinem Gebiet verfügt, will sich von anderen Meistern seines Faches bestätigt sehen. Ich war gewillt, diesem außergewöhnlichen Fälscher ein wirklich achtbares Angebot zu machen – damit er eben diese Kunst für immer an den Nagel hing.

Damit wir uns richtig verstehen: Ich bin nicht von Interpol. Ich stelle keine Bedrohung für mein Gegenüber dar. Ich will integrieren, absorbieren, die kriminelle Energie in staatliche Bahnen lenken. Ich musste schleunigst handeln, um diesem Mannheimer Glücksritter mit griechischer Abstammung den Schwung für die Ausdehnung auf andere Banknoten zu nehmen. Mein Erfolgszwang war so groß wie nie.

Mein Chauffeur holte mich pünktlich am Hotel ab und schaukelte mich durch Mannheim. Ich saß im Fond und hielt meine Augen fest geschlossen. Ich wollte nichts sehen und nichts hören, denn Wasserturm, Schloss und viele Straßen erinnerten mich an Zeiten, die zu meinem jetzigen Leben nicht mehr passen durften. Ich linste nur einmal kurz aus dem Fenster und sah das breite Band des Rheins blitzen. Ich seufzte tief – das hatte mir gerade noch gefehlt. Sonne, Rheinblick, gutes Essen und Pfälzer Wein. Manche Dinge sind teurer als man denkt.

Mein Chauffeur hatte einige Schwierigkeiten, das gewünschte griechische Lokal in Neckarau zu finden, aber ich wollte nicht helfen, um weiter als Fremde gelten zu können. Neugierige Fragen mussten unbedingt vermieden werden. Ich hätte nicht gewusst, wie ich umschreiben sollte, dass ich in einem anderen Leben Stammgast in den Sommerbädern des Stollenwörthweihers gewesen war und mich im dazugehörigen griechischen Lokal nicht nur in das leckere Essen aus Hellas verliebt hatte. Heute hatte ich die Zeit unter *kaimos* und Nostalgie abgelegt und unter einem ausgelasteten Terminkalender begraben.

Ich erkannte sofort, welcher Tisch für mich bestimmt war. Eine tiefrote Rose – passend zu meiner Erkennungsbluse – zierte den weiß gedeckten Tisch im hinteren Teil des Gartenlokals. Fälscher neigen eben zu malerischen Gesten.

Ich beschloss, mir als Hommage an frühere Zeiten einen siebensternigen *Metaxa* zu gönnen und lauschte ein wenig neidisch den Sommerlauten, die aus dem Badebereich herüber getragen wurden.

Wie immer war ich früher am Treffpunkt als verabredet, um eventuell versteckte Partner oder gut postierte Beobachter in aller Ruhe zu erkennen oder in meinen Plan zu integrieren: aber diesmal fehlte mir meine sonstige Ruhe und die Schärfe in meinem Blick.

Dies war nicht Bombay, New York oder Rio. Dies war Mannheim – und hier gab es andere Regeln. Und eine davon hieß Georgios.

Noch bevor ich den ersten Schluck *Metaxa,* dies Überbleibsel meiner Zeit mit griechischem Lover, genießen konnte, betrat eben dieser lässig das Gartenlokal und sah sich ausgiebig um.

Ich verschluckte mich und hustete laut. Verdammter Zufall. Was konnte man bei einer *undercover*-Aktion am wenigsten gebrauchen? Genau, alte Bekannte. Ich rutschte einige Zentimeter tiefer in das Polster des Gartenstuhls und versuchte mein Konterfei hinter der Menükarte und meiner üppigen Sonnenbrille zu verbergen. Zu spät erinnerte ich mich daran, dass sie fünf Jahre alt war und auf Korfu das Ende unserer Beziehung und den Anfang meiner derzeitigen Karriere bedeutet hatte.

„Meine Liebe, wie wunderbar!“, Georgios hatte mich entdeckt und schlängelte sich erfreut entlang der vollbesetzten Gartentische bis zu mir.

„Welch ein Zufall“, knurrte ich und hörte bereits in Gedanken die O-Töne meines Chefs, wenn er mit sauertöpfischer Miene bemängelte, dass ich nicht einmal den echten Namen des avisierten Fälschers in Erfahrung gebrachte hatte.

Ich seufzte ergeben und machte eine einladende Handbewegung, eine Sekunde nachdem Georgios mich herzlich umarmt und mit erleichtertem Stöhnen neben mir Platz genommen hatte.

„Welch ein Zufall“, wiederholte ich, um meine Verlegenheit nach einer Berührung zu überspielen, die meinen Blutdruck höher hatte ansteigen lassen, als sich dies für ein erledigtes Kapitel meines Lebens gehörte – ganz abgesehen von dem Tatbestand, dass ich gerade dabei war offenen Auges mein Treffen mit dem mutmaßlichen Fälscherkönig Europas in den Sand zu setzen.

„Ach was, Zufall“, Georgios wischte meinen Glauben an eine höhere Macht beiseite, „Zufall ist auch nur eine andere Bezeichnung für die Wirklichkeit des Lebens. Und in der mussten wir uns irgendwann einmal wieder begegnen.“ Mein Ex strahlte mich an, als wäre unser unbeabsichtigtes Treffen nur natürliche Ernte nach fünf Jahren Saat. „Wir sind schließlich füreinander bestimmt.“

Ich war mir an diesem Punkt nicht sicher, ob ich schwitzte,

weil mein Gegenüber gerade fünf einsame, aber im wahrsten Sinne des Wortes verdienstvolle Jahre charmant beiseite wischte oder weil meine ursprüngliche Verabredung mit der Unterwelt nur noch wenige Minuten entfernt lag. Mein Hirn schaltete auf „Ausweg finden“, aber meine Libido signalisierte „*Metaxa* life mit sieben Sternen“. Ich kämpfte diese anarchische Anwandlung entschlossen nieder, indem ich an die Millionen von Europäern dachte, denen ich es schuldig war, ihre 200-Euro-Scheine vor dem Aussterben zu bewahren.

Meine Panik steigerte sich, als ich einen Mann mit graugrünem Trenchcoat, auf den die Beschreibung „brandgefährlich“ ohne weiteres zutraf, das Gartenlokal betreten sah.

„Hör mal, Georgios“, flüsterte ich panisch. „Du kannst hier nicht bleiben. Ich erwarte jemanden.“

Georgios hob seelenruhig die Hand, um den Kellner zu rufen. „Das will ich doch wohl hoffen“, sagte er – und bewegte sich keinen Millimeter.

In diesem Moment drehte sich der Mann im Trenchcoat um und betrachtete mich und die verabredete dunkelrote Bluse eingehend. Ohne auf Georgios zu achten kam er zu mir an den Tisch.

„Madam Kaempf. Ich bringe Mannheimer Moneten“, begrüßte mich der Fälscher wie besprochen, ließ einen Schwall griechischer Worte auf mich regnen und setzte sich zwischen mich und Georgios. Zum ersten Mal war ich einer Situation dieser Art nicht gewachsen. Ich wirkte wie ein Flusspferd bei seiner ersten Ballettstunde – nicht wie eine staatlich bestallte Fälscherin, die einem ebenbürtigen Kollegen von der anderen Seite der Betrugsskala ein Friedens- und Ausstiegsangebot machen will. Und das um jeden Preis.

Währenddessen zeigte Georgios völlig unbeeindruckt so lange mit drei Fingern seiner linken Hand in die Luft und mit seiner Rechten auf meinen *Metaxa*, bis der vorbeifliegende Kellner endlich nickte. Dann warteten wir stumm auf die hochprozentige Flüssigkeit und musterten uns gegenseitig. Der Subtext füllte dreizehn Bände.

Als das Gewünschte vor uns auf dem Tisch stand, hob Georgios sein Glas und prostete uns zu. Ich kippte meines wie einen Waschkübel in mich hinein, um einen Hustenanfall zu provozieren und Zeit zu schinden – aber Georgios schlug mir fürsorglich auf den Rücken und die Flüssigkeit traf tatsächlich die Speiseröhre.

Wieder signalisierte Georgios seelenruhig der Bedienung. „Wir sollten etwas zu essen bestellen – mein lieber Freund Mikis hier“, er schlug meiner Zielperson jovial auf die Schulter, „empfiehlt das *Souvlaki*. Er hält dieses Restaurant für eines der wenigen griechischen Lokale, in denen man wirklich authentisches griechisches Essen bekommt. Der neue Koch ist sehr vielseitig. *Giouvetsi* und *Gyros* sind auch sehr lecker.“

Ich stieß gurgelnde Laute aus und versuchte die zur Verabredung passende Kleidung des Mannes mit Georgios Kommentar in Einklang zu bringen – aber das gelang nur mit einem äußerst fragwürdigen Gesichtsausdruck.

„Ich ... Du ... Er ... Ihr seid meine Verabredung?“

Georgios und Mikis nickten synchron. Verstand der Typ wirklich deutsch oder machte der prinzipiell alles nach, was mein Ex-Lover tat? Brüllender Kopfschmerz setzte ein und ich stöhnte laut.

Georgios sah mich aufmerksam an.

„Ich habe nicht genau verstanden, was du gesagt hast, aber ich nehme an, es war dein Angebot an Mikis – nun, ich muss sagen – es reicht nicht.“ Georgios drehte sich in aller Ruhe einen *Schwarzen Krauser* und ich glaubte endlich den tieferen Sinn hinter der Wahl des Gartenlokales zu erkennen. „Und bevor du versuchst mit Mikis direkt zu verhandeln: ich bin sein Übersetzer, sein Anwalt und – sein Schwager. Die ganze Familie steht hinter unseren Bedingungen. Übrigens: schöne Grüße.“

Ich nickte völlig verstört. In meiner Fantasie sah ich den Großteil der Bevölkerung Griechenlands sich mir zuwenden und mich neugierig angaffen. Die Töne aus meinem Mund waren zusammenhanglos, aber offenbar von Georgios problemlos zu entschleiern.

„Ich nehme an, die EU bietet meinem lieben Schwager ein Haus …“

Ich gurgelte einen kehligen Laut über den Tisch.

„… ein gutes Gehalt, den Verzicht auf Strafverfolgung …“

Meine Stimmbänder pfiffen Zustimmung.

„… und eine Stellung deiner Güteklasse?“

Ich schaffte es endlich seriös zu nicken.

Georgios wartete, bis uns der Kellner den nächsten *Metaxa* serviert hatte und beugte sich dann zu mir herüber.

„Schade, meine Liebe – aber das reicht nicht.“

Ich versuchte die Nerven zu behalten. „Zu mehr bin ich nicht autorisiert. Mehr hat noch keiner bekommen.“

Georgios übersetzte, was ich gesagt hatte und Mikis schlug sich aus unerfindlichen Gründen auf die Schenkel und lachte fröhlich. Ich biss die Zähne aufeinander, versuchte meiner Stimme mehr Nachdruck zu verleihen und wiederholte: „Zu mehr bin ich nicht autorisiert.“

Georgios zuckte mit den Schultern. „Du hast doch viel Fantasie. Dir wird schon noch etwas einfallen.“

„Alle Angebote liegen auf dem Tisch.“

Georgios lächelte breit: „Das weiß ich besser.“

Ich sah meinen früheren Freund wütend an. „Ich erkenne in Mikis einen Kollegen mit außergewöhnlichen Fähigkeiten – aber ich sehe keine andere Chance für ihn: entweder gnadenlose Verfolgung durch Interpol oder die bereits genannten Friedensangebote. Wählen zwischen Plus und Minus kann er sicher selber.“

Georgios blies ruhige Rauchringe in die Luft. „Strafverfolgung habt ihr mit diesem Treffen ja schon ausgeschlossen. Die Drohung zieht nicht.“

Ich hatte Georgios zwar als Nervensäge in Erinnerung, aber nicht als knallharten Anwalt der Unterwelt.

„Also gut, worum geht es noch?“

„Tegernseeweg 9.“

Noch ein Haus. Ich seufzte ergeben. „Na gut. Das sollte drin sein.“

Georgios wechselte einen Blick mit Mikis und hob die Augenbrauen.

„Du verstehst uns falsch. Das Haus gehört uns schon."
Ich verstand gar nichts mehr. „Was ist es dann?"
„Deine neue Adresse!"
Mikis nahm mit einem Leuchten auf dem Gesicht sein Essen entgegen und begann zu schaufeln. Ich konnte ihm nicht mal beim Essen zusehen.
Ich dachte an die Lastkähne auf dem Rhein, die sich voll beladen stromaufwärts kämpfen und dabei ihre ganze Energie einsetzen. Genau so kam ich mir vor. Nur kannte ich nicht das Ziel der Reise. Mikis bekam doch schon alles wovon ein gewöhnlicher Gauner nur träumen konnte: Haus, Geld, eine endlose Reihe von guten Tagen, einfach alles. Ich konnte mir nicht vorstellen, was der Familie jetzt noch fehlte. Ich runzelte die Stirn. „Was ist das hier? Erpressung? Eine Falle?"
Georgios drückte mir den letzten *Metaxa* in die Hand und sagte im Ton eines Siegers:
„Ein Heiratsantrag – bezahlt von der EU."

Amy Lendsor

Tiefe Narben

Der weiße Kies knirschte unter ihren Füßen, als sie aus dem Schatten der pflanzenbewucherten Arkaden in das Sonnenlicht hinaustrat. Loreley brauchte ihre Sonnenbrille nicht erst aufzusetzen. Das Prunkstück der neuesten Fendi-Kollektion war nicht wie bei anderen Frauen ein geliebtes Accessoire, sondern vielmehr ein Teil ihres Gesichtes, sobald sie in die Öffentlichkeit ging. An besonders schlechten Tagen trug sie die dunkle Brille, die einen Großteil ihres schmalen Gesichtes verdeckte, sogar zu Hause.

Loreley korrigierte den Sitz ihrer Handtasche als sie den großen Brunnen zu Füßen des Wasserturms umrundete. Zielstrebig steuerte sie eine der Bänke an, die sich am Rande der Wasserturmanlage in die dichten Hecken schmiegten. Morgens waren hier, am Lieblingsplatz ihrer Heimatstadt, nur wenige Menschen unterwegs. Die vorbeieilenden Geschäftsleute in ihren schicken Anzügen schenkten der schlanken blonden Frau in ihrem Chanelkostüm keinerlei Beachtung. Loreley war froh darum, denn sie hasste es mittlerweile ebenso sehr wie sie es einst geliebt hatte, angesehen zu werden.

Mit sicherem Schritt manövrierte sie gekonnt wie eh und je ihre exquisiten High Heels über den ungünstigsten aller Bodenbeläge. Unwillkürlich fragte sie sich, ob die heutigen Topmodels ihr dies ebenso elegant nachtun könnten. Auf der Bank Platz genommen, reinigte sie ihre Schuhe sorgfältig mit einem seidenen Taschentuch vom Staub der weißen Kieselsteine. Als Loreley vorn übergebeugt mit dem Tuch hantierte, nahmen sofort die Schmerzen zu. Leise stöhnend vollendete sie ihre Prozedur und warf anschließend sanft ihren Kopf in den Nacken. Mit der Zeit hatte sie gelernt dem Schmerz entgegen zu wirken. Wie üblich stieß sie zwischen ihren zusammengepressten Zahnreihen den Standardfluch aus: „Scheißkerl!" Loreleys weit geöffneten Augen blickten durch die getönten Gläser in den blauen Sommerhimmel. Mit großer Mühe brachte sie ihren Zorn unter Kontrolle. Er durfte an diesem wichtigen Tag keinesfalls die Oberhand gewinnen.

Neben den großen Sonnenbrillen waren unkontrollierte Wutausbrüche seit jenem sechsundzwanzigsten April letzten Jahres ihre ständigen Begleiter. Noch einmal zischte sie: „Scheißkerl!" Dann straffte Loreley ihren Rücken und schob das rückenlange blonde Haar von den Schultern. Mit leicht zitternden Händen kramte sie in der Handtasche nach dem silbernen Zigarettenetui. Loreley liebte dieses Stück wie kein anderes ihrer Trophäen aus längst vergangenen Tagen.

Dieses Etui war mittlerweile Sinnbild ihres alten Lebens geworden. Ein Leben, das begann, als sie gerade zwanzig Jahre alt war. Das einfache Mädchen aus Mannheim wurde entdeckt, lernte ihren ausgeprägten Dialekt zu beherrschen und begriff erstaunlich schnell, was es heißt, eine Dame zu sein. Loreley avancierte in kürzester Zeit zu einem gefragten Mannequin und arbeitete für die exklusivsten Modehäuser der Welt. Paris, Mailand, New York und vor allem der internationale Jetset wurden schnell ihr neues Zuhause.

Die ganze Welt hatte ihr damals zu Füßen gelegen und ihre Anmut und Schönheit bewundert. Das Titelblatt der amerikanischen Vogue, das sie als Stilikone der Siebziger feierte, hatte Loreley in Gold rahmen lassen.

Ebenso rastlos wie sie zwischen den Modemetropolen hin und her gereist war, war sie damals auch von Mann zu Mann gereist. „Le Beau", so nannte sie jenen französischen Schauspieler, dessen Herz sie damals gebrochen zurückließ, hatte ihr dieses Etui geschenkt. Er hatte die Worte „Pour la divine", „Für die Göttliche", auf die Innenseite gravieren lassen.

Vermutlich hatte Loreley diesen Mann geliebt. Sie war allerdings wild entschlossen gewesen, die Unnahbare zu bleiben, und sie hatte es als reine Verschwendung empfunden, sich an einen einzigen Mann binden zu müssen, wo ihr doch die Männerwelt zu Füßen lag.

Diese Zeiten waren schon lange vorbei. Das einfache Mädchen aus Mannheim war zurückgekehrt.

Wenn Loreley an jene glanzvollen Jahre dachte, wünschte sie sich, weinen zu können, doch ihre Tränenkanäle gaben nicht einen Tropfen mehr frei.

Als sie endlich die Zigarette in ihren Mundwinkel manövriert hatte, beruhigte sie sich wieder.

Es fiel ihr schwer, den Zigarettenfilter ohne Unterstützung der Hand mit ihren Lippen zu halten. Auch das Trinken ohne Strohhalm war Loreley seit über einem Jahr unmöglich. Wusste die Welt eigentlich wie viel Qualität selbst der beste Champagner durch einen Plastikstrohhalm verlor? Der Scheißkerl wusste es sicher nicht. Aber genau das würde sie ihm heute beibringen. Im Grunde war dies eine ihrer leichtesten Übungen. Das Mädchen aus Mannheim hatte in ihrem Leben vieles lernen müssen, aber den Instinkt, sich nichts gefallen zu lassen, brachte sie von Haus aus mit. „Loss' da jo nix gfalle, Kind!", hatte ihre Mutter stets gepredigt. Daran hatte Loreley sich zeitlebens gehalten. Das würde dieser Mann heute zu spüren bekommen.

Loreley heftete ihre starre Mimik auf das Kongresszentrum im Rosengarten. Unter diesem Dach würde er in Kürze einen Vortrag halten, oder auch nicht. Dieses Gefühl von Macht gefiel ihr. Es erinnerte Loreley an die Zeit, in der sie selbst die Fäden in der Hand gehalten hatte. Es war ihr Spiel gewesen und sie hatte es beherrscht, bis sie aus Altersgründen nach und nach ausgemustert wurde. „Du muscht schunn gucke was wärt, wann de nimmer die Schänscht bisch!" Diese Warnung ihres Vaters hatte sie stets mit einem herablassenden Seufzer kommentiert.

Loreley war finanziell bis heute gut gebettet. Sie hatte damals nicht verstanden, dass die Sorgen ihres Vaters sich keinesfalls auf das Finanzielle bezogen hatten, sondern auf die Leere in ihrem Leben, wenn das Alter ihrem Job ein Ende setzte.

Das Alter setzte nicht nur ihrem Job ein Ende, sondern gleichermaßen ihrem Jetsetleben. Mit dem Ausbleiben der Auftritte bei den großen Modeschauen kam auch das Desinteresse der Gesellschaft.

Loreley verbrachte einsame Jahre in ihren Wohnungen in New York und Paris, wartend auf die üblichen Einladungen zu Dinner- und Cocktailpartys. Schließlich begriff sie, dass sie der mondänen Gesellschaft nichts mehr zu bieten hatte. Sie war nie etwas anderes als schön gewesen. An ihrem dreiundvierzigsten Geburtstag beschloss Loreley in ihre Heimatstadt zurückzukehren. Einsam konnte sie genauso gut in Mannheim sein. Dort, so hoffte sie, würde die schroffe Zurückweisung ihrer alten Welt nicht mehr so sehr schmerzen.

Loreley behielt diesbezüglich Recht. Schnell fand sie sich im Mittelpunkt der besten Gesellschaft Mannheims wieder. Die Dinnerpartys in ihrer geräumigen Wohnung über den Arkaden am Wasserturm hielten den Vergleichen von damals stand. „Wer zu Callas Zeiten im Maxims gespeist hat, weiß zu leben.“ Mit dieser und weiteren Weisheiten unterhielt Loreley ihre Gäste ebenso wie mit amüsanten Anekdoten aus dem internationalen Jetset.

Jemand anders hätte diese Art Ruhestand gewiss genießen können. Doch Loreley ertrug den Blick in den Spiegel immer schlechter, denn dort offenbarte sich der allmähliche Verfall ihres Körpers und Gesichts schonungslos. Die Angst, ein weiteres Mal zurückgewiesen zu werden, weil sie mehr und mehr von ihrem Strahlen einbüßte, kostete Loreley unzählige schlaflose Nächte.

Am Abend ihres neunundfünfzigsten Geburtstags gab sie eine ihrer rauschenden Dinnerpartys. An diesem Tag war Loreley besonders schlechter Stimmung. Obgleich sie dies ihre Gäste nicht spüren ließ, empfand sie die Schwelle zur Sechzig als unüberwindbaren Abgrund.

Dies war auch der Abend, an dem sie „Dr. Scheißkerl“, wie sie ihn nun zu nennen pflegte, kennenlernte. Er begleitete eine Bekannte von Loreley und entpuppte sich als sensibler und verständnisvoller Zuhörer. Der plastische Chirurg teilte Loreleys Ansichten, dem körperlichen Verfall entgegenwirken zu müssen. Sie fachsimpelten über die leichten Liftings und Botox-Behandlungen, die Loreley hatte durchführen lassen. Sie berichtete auch von der standhaften Weigerung ihres Arztes in New York, sie ein weiteres Mal zu operieren, weil ihre Haut mittlerweile angeblich zu dünn war.

Der Chirurg berichtete im Gegenzug von seiner neu entwickelten Methodik, die auf sanfte Weise ein unübertroffenes Ergebnis erzielte. Gebannt lauschte Loreley seinen Ausführungen und ihre Stimmung wurde, unterstützt vom Champagner, immer besser.

Im April letzten Jahres war es dann soweit. „Dr. Scheißkerl" modellierte Loreleys Gesicht und Dekolleté. Die Schmerzen nach dem Erwachen aus der Narkose entsetzten sie. Bei keiner ihrer vorangegangenen Operationen waren sie so unerträglich gewesen. Mit der Zeit ließ der Schmerz zwar nach, verschwand allerdings niemals zur Gänze. Diesen Umstand hätte Loreley gerne ertragen, wenn das optische Ergebnis den Versprechungen des Chirurgen gleich gekommen wäre.

Als die Verbände am Vormittag des sechsundzwanzigsten April abgenommen wurden, blickte Loreley zum ersten Mal in ihr neues Gesicht. Es war tatsächlich faltenfrei, allerdings war es auch mehr als fremd. Loreley blickte im Spiegel einer völlig unbekannten Frau ins Gesicht.

Die Augen konnte sie von nun an nicht mehr schließen, die Tränenkanäle blieben für alle Zeit trocken. Noch viel schlimmer war allerdings, dass die Augen durch das Lifting unterschiedlich groß und schief angeordnet wirkten. Die Gesichtshaut spannte von nun an über den zu großen Implantaten auf den Wangenknochen. Die ausgepolsterten Lippen machten das Trinken aus einem Glas unmöglich und behinderten Loreley beim Sprechen.

Sie fühlten sich taub an, wie nach einem Besuch beim Zahnarzt.

Dr. Scheißkerl hatte ihr Gesicht und ihr ohnehin jämmerlich gewordenes Leben restlos zerstört.

Die Anwälte rieten von einer Klage ab, da Loreley einen Vertrag unterzeichnet hatte, in dem auf die tief greifenden Veränderungen und Operationsrisiken hingewiesen wurde.

Eine Jagd um die ganze Welt begann. Loreley konsultierte unzählige plastische Chirurgen, die jedoch alle einer Meinung waren. Ihr Gesicht war nicht mehr zu retten.

Vor zwei Monaten hatte Loreley aufgegeben. Sie hatte alles was jemals von Bedeutung war unwiederbringlich verloren. Zuerst hatte der Ruhm sie verlassen, und nun war der letzte Rest ihrer Schönheit dahin.

Bei wem sie die Schuld für ihr Elend zu suchen hatte, war klar. Sie selbst war nur das Opfer. Das Opfer einer erbarmungslosen

Welt und die leichte Beute eines geldgeilen Arztes. Niemals zuvor hatte Loreley sich so gedemütigt gefühlt. Diese Opferrolle stand ihr nicht. Sie spürte die entsetzten Blicke der Menschen auf sich ruhen, sie hörte das mitleidige Getuschel. Inzwischen lebte sie völlig zurückgezogen, und erstickte allmählich an ihrer Einsamkeit und ihrem Zorn.

Loreleys Blick schweifte über die Wasserturmanlage und blieb auf dem Vorplatz des Rosengartens haften. Anlässlich des Kongresses für plastische Chirurgie füllte sich der Platz allmählich.

Loreley hatte lange über die Methodik und ihr Vorgehen nachgedacht. Sie hätte ihren Peiniger auch anderswo erledigen können, doch sie fand, dass ihm dieselben entsetzten Blicke zuteil werden sollten, die sie selbst seit seinem Eingriff ertragen musste. Die Welt sollte den großen Arzt am Boden liegend winseln sehen, niedergestreckt durch eine entstellte Patientin.

Dies würde heute ihr letzter großer Auftritt sein. Loreley war diesbezüglich etwas nervös. Es war Jahre her, dass sie im Rampenlicht gestanden hatte. Was ihr Vorhaben anging, war sie ruhig und besonnen. Es bestand nicht der leiseste Zweifel, dass sie das Richtige tat.

Die Wahl ihrer Waffen war Loreley hingegen schwerer gefallen. Zunächst hatte sie sich für eine subtile und damenhafte Methode entschieden: Gift! Dies empfand sie für den Mann, der ihr Leben restlos ruiniert hatte, allerdings als zu simpel. „Dr. Scheißkerl“ sollte nicht durch die sanfte Hand der feinen Dame, die sie einst gewesen war, sterben, sondern durch die grobe Hand jenes Monsters, das er geschaffen hatte. Er sollte den Zorn und die Unnachgiebigkeit jenes einfachen Mädchens aus Mannheim mit voller Wucht zu spüren bekommen. Es sollte Blut fließen, und zwar nicht zu knapp.

Noch ruhte das lange Messer in ihrer Guccihandtasche, einträchtig mit der vorbereiteten Insulininjektion. Mit sich selbst wollte Loreley nachsichtig sein, nach allem was sie hatte ertragen müssen. Die Wahl ihrer Waffen gegen sich selbst waren Champagner und Insulin. Das letzte Glas Champagner ihres Lebens hatte sie heute Morgen getrunken, das Insulin sollte sie sanft ins Jenseits befördern, nachdem ihr Peiniger zusammengebrochen war.

Es wurde langsam Zeit. Loreley schob das lange Messer in den Ärmel ihres Kostüms und verstaute die winzige Spritze griffbereit in der kleinen Tasche an der Jacke.

Der weiße Kies knirschte ein letztes Mal unter ihren High Heels und die Sonne ließ das Wasser im Brunnen glitzern wie Gold und Diamanten. Dieser letzte Blick auf das Wahrzeichen ihrer Heimatstadt wollte einen Schluchzer zu Tage fördern. Doch Loreley verbot ihn sich selbst. Wer zu weinen nicht fähig ist, hat nicht zu schluchzen!

Das fröhliche Geplätscher der Wasserspiele begleitete sie wie tosender Applaus zum Rosengarten. Ein letzter Auftritt der „Göttlichen".

Loreleys Spur verlor sich für immer auf dem Vorplatz in der Menge der plastischen Chirurgen.

Der große Blutfleck auf den Pflastersteinen vor dem Rosengarten blieb noch tagelang Zeugnis ihres letzten großen Auftritts.

Walter Landin

Das Medea-Motiv

1

Ich stehe auf einem hohen Turm. Du kennst den Turm auch. Es ist der bei Wilhelmsfeld. Weißt du noch? Letzten Sommer waren wir mit den Kindern hier. Erinnerst du dich, wie der Wind gepfiffen hat, als wir oben standen? Hörst du jetzt den Wind pfeifen? Hör ihn dir an! Der heult richtig. Und wie der Turm schwankt! Letzten Sommer. Erinnerst du dich? Da waren wir noch glücklich. Aber du hast alles kaputt gemacht. Du machst mich fertig mit deinen Lügen. Ich halte das nicht mehr aus. Seit vier Jahren sind wir verheiratet. Immer hast du mich angelogen und dann hast du mich wegen einer anderen Frau verlassen. Weißt du, warum ich anrufe?

(Handy-Anruf der Angeklagten bei ihrem Ehemann, 17. März 2007, 4:04 Uhr morgens)

2

Ja, ich hasse meinen Mann. Aber ich hasse ihn nicht so weit, dass ich ihm etwas antun könnte. Ich hasse ihn, weil er damals, als ich oben auf dem hohen Turm stand, mir nicht geholfen hat. Er hat mich nicht ernst genommen, er hat einfach nicht reagiert. Er hat mich allein gelassen mit den Kindern. Dafür hasse ich ihn.

(Aussage der Angeklagten vor Gericht, 19. August 2008)

3

Ich saß draußen mit einer Freundin, mir gingen so Gedanken durch den Kopf. Dass mein Mann immer brutaler wurde zu den Kindern. Dass die Kinder ruhig sein mussten. Dass er nicht mehr mit den Kindern sprach. Dass ich diese Sachen alle mit meinem eigenen Vater erlebt hatte. Ich dachte mir, die Kinder sollen nicht weiter leiden, dann sind sie an einem sicheren Ort, dann weiß ich, wo sie sind. Mein Vater war auch so, ich durfte nie reden zu Hause und mein Mann ist genau so ein Typ wie mein Vater. Wir durften auch nie fort von zu Hause. Diese Gedanken hatte ich am 13. März, als ich so hinter dem Haus im Garten saß und mit meiner Freundin Kaffee trank.

(Aussage der Angeklagten vor Gericht, 22. Juni 2008)

4

Medea, Gestalt der griechischen Mythologie, zauberkundige Tochter des Königs Aietes in Kolchis, die Iason zum Goldenen Vlies verhalf, ihn heiratete und zwei Söhne gebar. Als Iason Medea wegen einer jüngeren Frau verstieß, tötete sie die Nebenbuhlerin und ihre eigenen Kinder.

(Zitiert nach: www.weltwissen.de/medea)

5

Schon im September 2006 habe ich ihr gesagt, dass ich ausziehen wolle. Nach Silvester wurde es dann ernst. Ich hatte in Heidelberg eine Frau kennengelernt. Ich lag mit meiner Ehefrau nachts im Bett, als eine SMS auf mein Handy kam. Ich merkte es nicht, aber meine Frau war sofort hellwach, schnappte sich mein Handy und las die Nachricht. Die Frau, die ich kennengelernt hatte, hatte mir geschrieben, ich sei im Bett der geilste Mann. Meine Frau schloss sich mit einer Flasche Wein im Bad ein. Plötzlich klirrten Scherben. Dann klingelte mein Handy.

„Ich habe mir gerade die Pulsadern aufgeschnitten“, sagte meine Frau. „Ich verblute.“

Natürlich war alles nur geblufft. Wie immer.

(Aussage des Ehemanns vor Gericht, 2. Juli 2008)

6

Die Trennung kam vollkommen überraschend. Wie aus heiterem Himmel. Dass er im September 2007 von Trennung gesprochen haben soll, daran erinnere ich mich nicht. Noch im Dezember waren wir auf dem Campingplatz in Bad Dürkheim und haben bei unserem Wohnwagen nach dem Rechten gesehen. Nachdem er mir nach Silvester mitgeteilt hat, er wolle sich trennen, wollte ich noch mit ihm in die Eheberatung, aber er stellte sich stur.

(Aussage der Ehefrau vor Gericht, 3. Juli 2008)

7

Hallo, zusammen, wenn ihr das lest, bin ich in einer anderen Welt mit den Kindern. Ich kann nicht mehr, bin fix und fertig. Mein Mann hat es geschafft, ich habe keine Kraft mehr. Ich lege euch noch etwas Geld bei. Ich werde immer an euch denken. Liebe Grüße Petra.

(Abschiedsbrief der Angeklagten an ein befreundetes Ehepaar, 16. März 2007)

8

Mit Datum des 27. Juli 2007 erhob der Ehemann eine Zivilklage gegen die Angeklagte. Er beantragte, die Angeklagte habe ihm ein Schmerzensgeld von 110.000,- Euro zu zahlen, allenfalls habe das Gericht das Schmerzengeld nach Ermessen festzulegen.

(Zivilklage des Ehemanns gegen die Angeklagte, 27. Juli 2007)

9

Sehr geehrte Familie Huber,
ich bin am Ende, mein Mann hat mich brutal zusammengeschlagen, ich habe ein ärztliches Zeugnis, doch bei der Polizei verdreht mein Mann alles ins Gegenteil. Wenn Sie das lesen, bin ich mit den Kindern schon in einer anderen Welt. Ich war immer gerne bei Ihnen auf dem Campingplatz. Bitte nehmen Sie das Geld und verschrotten Sie meinen Wohnwagen. Wenn noch etwas übrig bleibt, stecken Sie es in den Campingplatz. Wenn es nicht reicht, können Sie meinem Mann ja die Rechnung schicken.

Liebe Grüße Petra mit David und Lea

(Abschiedsbrief der Angeklagten an das Ehepaar Huber, 15. März 2007)

10

Ein Grund, warum ich zu dem hohen Turm fuhr, war auch, dass ich während der Schwangerschaft 20 Kilo zugenommen hatte und mein Mann an mir deswegen herumnörgelte. Auch mein Sohn neigte zu Übergewicht. Meine Tochter hat schon einen Bauchansatz und mein Mann hat immer an mir herumkritisiert, dass ich den Kindern Falsches zu essen gebe.

(Auszug aus der Befragung der Angeklagten, 17. März 2007)

11

Ich bin die Frau von Erich Kolbe, ich möchte Ihnen einmal etwas schreiben, dass Sie die Wahrheit kennen über meinen Mann, Ihren ach so angesehenen Mitarbeiter. Er hat von meinem Erbe profitiert. Von meiner Erbschaft hat mein Mann seine Schulden bezahlt. So hat er mich ausgenutzt. Er ist mit meinem Auto gefahren, obwohl er keinen Führerschein besitzt. Er hat mich von seinen Kollegen ferngehalten. Er hat mir vorgehalten, ich sei zu dick. Er hat dafür gesorgt, dass ich nie etwas alleine unternehmen konnte. Um die beiden Kinder habe ich mich ganz allein kümmern müssen. Er will mich wegen einer Frau verlassen, die er beim Dartspielen kennengelernt hat.

(Brief an den Vorgesetzten ihres Ehemannes, 16. Januar 2007)

12

Weißt du, warum ich anrufe?
Ich habe genug von diesem Leben. Ich kann nicht mehr. Hör gut zu! Lea habe ich schon vom Turm geworfen. Sie liegt da unten. Ich kann sie kaum sehen. Es ist noch so dunkel. Gleich, wenn ich aufgelegt habe, ist David dran. Du bekommst die Kinder nicht! Und dann springe ich selbst. Ich gehe und die Kinder nehme ich mit. Mit dieser Schuld musst du leben. Dein Leben lang.

(Handy-Anruf der Angeklagten bei ihrem Ehemann,
17. März 2007, 4:05 Uhr)

13

Am 17. März 2007 um Viertel nach sechs erschien die Angeklagte am Schalter des Polizeireviers Neckarau am Rheingoldplatz und erklärte, sie habe soeben ihre beiden Kinder von einem hohen Turm geworfen. Durch Nachfragen wurde klar, dass es sich wahrscheinlich um den Teltschik-Turm bei Wilhelmsfeld handeln musste. Ihre ursprüngliche Absicht, sich anschließend selbst auch vom Turm zu stürzen, habe sie nicht mehr ausführen können, da sie der Mut verlassen habe. Die sofort ausgerückten Polizeibeamten fanden vor Ort tatsächlich die Kinder. Sie waren tot. In beiden Leichen wurde Diphenhydramin gefunden. Bei der Spurensicherung am Tatort wurden auf dem Parkplatz „Langer Kirschbaum“ in der Nähe des Teltschik-Turms drei leere Bierflaschen sichergestellt. Im Mietwagen, der auf dem Parkplatz beim Polizeigebäude stand, wurden auf dem Rücksitz zwei Kindersitze sichergestellt. Im Fußbereich des Beifahrersitzes lagen neben einer Stofftasche drei Kronkorken und ein Flaschenöffner. Auf der Mittelkonsole konnte eine weißliche eingetrocknete Substanz gesichert werden. Im Kofferraum befand sich ein Kinderbuggy, in dessen Netztasche lag ein Kassenzettel vom 14. März 2007, 12:29 Uhr, betreffend Kauf von 20 Tabletten Betadorm bei der Marien-Apotheke in Mannheim-Neckarau. In der Handtasche konnten Abschnitte der Ausweiskarten von ihr und ihren Kindern sichergestellt werden. Die restlichen Teile sowie eine Jahreskarte der MVV, eine EC- und eine Payback-Karte wurden von der Polizei in der Mülltonne bei der Wohnung der Angeklagten gefunden. Die EC-Karte und die Payback-Karte waren gedrittelt. Bei den Ausweiskarten waren die Fotos weggeschnitten. Alle Fotos waren in viele Einzelteile zerschnippelt.

(Polizei-Protokoll, 21. März 2007, 7:30 Uhr morgens)

14

Am 17. März 2007, um ca. 10.00 Uhr, wurde ich von der Polizei über den Tod meiner Kinder informiert. Ich erschien darauf bei der Kriminalpolizei und sagte aus, dass ich am Vorabend um ca. 23:00 Uhr ins Bett gegangen sei. Um vier Uhr erhielt ich den ersten Anruf. Meine Frau sagte mir, sie habe einen Brief bei der Eingangstür in der Dachrinne deponiert. Ich habe den Brief, den ich bei der Polizei vorlegte, hereingeholt und gelesen. Dieser lautet wie folgt:

„Hallo, das ist der letzte Brief von mir und den Kindern, du hast alles kaputt gemacht mit deinen Lügengeschichten, jetzt ist es soweit, ich werde mit den Kindern in eine andere Welt fliegen. Du hast ja deine Super-Kollegen, die werden dir sicher über den Schmerz helfen. Eines kann ich dir sagen, du wirst dich dein Leben lang fragen, warum du gelogen hast. Du hast eine schwere Strafe, aber die ist gerecht. Ein letzter Kuss von deiner Frau mit David und Lea. Ich nehme die Kinder mit, dann weiß ich, dass es ihnen gut geht."

Ich nahm den Brief nicht ernst. Es war nicht das erste Mal, dass sie mir so oder ähnlich drohte. Eine Viertelstunde später klingelte wieder das Telefon und meine Frau teilte mir mit, dass sie auf einem hohen Turm stehe und soeben Lea hinutergeworfen habe. Sie werde auch noch David fallen lassen. Ich sagte ihr, sie solle nicht so einen Schwachsinn verbreiten und hängte auf. Sie hat schon im Januar dieses Jahres angerufen und gesagt, sie stehe auf einer Brücke und mache nun Schluss. Damals wollte ich, dass sie psychiatrische Hilfe bekomme. Sie entgegnete, ich sei derjenige, der krank sei. Auf jeden Fall glaubte ich, sie ziehe wieder eine Schau ab, nur um Aufmerksamkeit zu bekommen. Zehn Minuten später klingelte es wieder. Ich nahm ab und meldete mich mit: „Was ist denn?" Sie antwortete: „Jetzt ist auch David zu den Engeln geflogen. Und nun springe ich." Sie legte auf. Nein, an ihrer Sprechweise ist mir nichts aufgefallen. Ich war auch nicht beunruhigt. Ich war so etwas gewohnt von ihr. Es klingelte noch mehrmals in dieser Nacht, aber ich nahm die Anrufe nicht mehr entgegen.

(Aussage des Ehemanns, 17. März 2007, gegen Mittag)

15

15

Die Auswertung der Handy-Verbindungsnachweise ergab, dass die Angeklagte ihren getrennt lebenden Ehemann am 17. März 2007 um 4:03 Uhr, um 4:14 Uhr, um 4:28 Uhr, um 4:34 Uhr, um 4:40 Uhr und um 4:47 Uhr angerufen hatte. Die Auswertung des Handys des Ehemanns ergab, dass er die vom Mobiltelefon der Angeklagten eingegangenen Anrufe um 4:03 Uhr und um 4:14 Uhr entgegengenommen hatte. Auf der SIM-Karte waren unter anderem folgende Kurzmeldungen der Angeklagten gespeichert:

8. Februar 2007: „Denk dran, was du mir und den Kindern angetan hast! Dafür wirst du dein Leben lang schwer bezahlen bis an dein Ende.“

26. Februar 2007: „Falls es dich interessiert, ich habe deinem Chef geschrieben, dass du mich geschlagen hast und ihm noch ein paar Lügen von dir erzählt.“

28. Februar 2007: „Denke daran, ich habe drei Sicherheitsmänner angestellt, einer in der Wohnung, zwei draußen. Die sind in zehn Sekunden da, wenn es nötig wird.“

Aus nicht eruierbarer Quelle und in der Speicherung undatiert wurde ferner geschrieben: „Hallo, du bist ein Versager. Im Geschäft. Als Fußballtrainer. Im Dart. Bei deiner Familie.“

(Protokollnotiz zur Aussage des Ehemanns, 19. März 2007)

16

David und Lea waren nie ernstlich krank. Die Angeklagte erschien stets pünktlich und regelmäßig zu den Vorsorgeuntersuchungen. Hinweise auf Kindsmisshandlungen haben sich während der Untersuchungen nie ergeben. Die Angeklagte ist immer sehr zuverlässig und kooperativ gewesen und hat sich stets zum Wohl der Kinder eingesetzt.

(Aus dem Arztbericht des Kinderarztes, 29. März 2007)

17

Mein Mann soll mit seinen Lügengeschichten weiterleben. Ich kann es nicht. Sie können ihm noch ausrichten, das Auto habe ich verkauft, das Geld bekommt er nicht, ich habe es schon weitergegeben. Ich nehme meine Kinder mit, dann weiß ich, dass es ihnen gut geht.

(Aus einem Abschiedsbrief der Angeklagten an den Vorgesetzten ihres Ehemannes, verfasst am 16. März 2007)

18

Ich lebte mit meinem Mann in Trennung und im Streit. Wir sind seit vier Jahren verheiratet. Während dieser Zeit bin ich von meinem Mann angelogen und schließlich verlassen worden. Seit der Geburt der Tochter vor zwei Jahren habe ich immer zu Hause bleiben müssen. Nachdem mein Mann mich verlassen hat, hat er immer wieder damit gedroht, dass ich in die Psychiatrie müsse und die Kinder ihm zugewiesen würden. Er hat mich auch überall schlecht gemacht und hat zum Beispiel erklärt, ich sei Alkoholikerin, was nicht stimmt. Er hat mich mit Lügen und Telefonanrufen terrorisiert. Die Anrufe sind jedoch nicht von meinem Mann gekommen, sondern von einer unbekannten Person. Ich habe diesen Terror nicht mehr ausgehalten und wollte mich mit den beiden Kindern umbringen. Deshalb bin ich mit ihnen heute gegen Viertel nach drei von meiner Wohnung in der Steubenstraße zum hohen Turm nach Wilhelmsfeld gefahren, wo ich um vier Uhr angekommen bin. Dort habe ich die beiden Kinder vom Turm hinuntergeworfen, um anschließend selbst zu springen. Ich habe mir mit drei Flaschen Bier Mut angetrunken und habe springen wollen. Ich habe es aber nicht gekonnt. Die Kinder wollte ich in den Tod mitnehmen, wollte verhindern, dass diese zu meinem Mann kommen. Den Gedanken an eine solche Tat habe ich schon seit Donnerstag, den 13. März 2007. Ich habe damals zu Hause alles ausgeräumt und alle Papiere vernichtet.

(Aus der polizeilichen Befragung der Angeklagten vom 17. März 2007 um 8:10 Uhr)

19

Am 17. März 2007, 8:25 Uhr, wurde die Angeklagte von mir ärztlich untersucht. Sie erklärte dabei, sie habe ab vier Uhr innerhalb von ca. 30 Minuten drei Flaschen Bier getrunken. Sie war depressiv und suizidal, ansonsten weitgehend unauffällig. Von Drogen-, respektive Medikamenteneinfluss war nichts festzustellen. Die Blutalkoholanalyse ergab einen rückgerechneten Wert für die Tatzeit von ungefähr 0,5 Promille. Weder die Blutuntersuchung noch die chemisch-toxikologische Untersuchung zeigten körperfremde Stoffe in laborchemisch nachweisbarer Konzentration. Damit können der Konsum von Betäubungsmitteln wie Barbituraten, Benzodiazepinen und Opiat-Pharmaka innerhalb der letzten zwei bis drei Tage vor der Blut- und Urinentnahme ausgeschlossen werden. Laut Autopsiebericht wurde bei beiden Kinderleichen Diphenhydramin festgestellt, ein Wirkstoff, der in Betadorm, einem Beruhigungsmittel, enthalten ist. Die Konzentration bei dem Jungen liegt hierbei im toxischen Bereich.

(Aus dem Arztbericht, 18. März 2007)

20

Von Terroranrufen weiß ich nichts. Ich habe mit meiner Frau darüber gesprochen, dass ich ja auch anonyme Anrufe bekommen habe. Einmal habe ich eine SMS bekommen, darin wurde ich als Schlappschwanz bei der Familie, beim Fußball und beim Dartspielen bezeichnet. Mit den Anrufen, man wolle meiner Frau die Kinder wegnehmen, habe ich nichts, aber auch rein gar nichts, zu tun. Das müssen Sie mir glauben.

(Befragung des Ehemanns am 17. März 2007 um 12:20 Uhr)

21

Am Donnerstag, 13.3.2007, fasste die Angeklagte gemäß eigener Aussagen den Entschluss, aus dem Leben zu scheiden und ihre Kinder mitzunehmen. Seit diesem Zeitpunkt begann sie entsprechende Vorbereitungshandlungen zu treffen: Am 13.3.2007 rief sie von ihrem Festnetzanschluss verschiedene Fahrzeughändler an, um ihren Personenwagen zu verkaufen. Nachdem sie das Auto verkauft hatte, mietete sie am 14.3.2007 bei der AVIS-Autovermietung in der Augartenstraße für drei Tage einen Mietwagen. Am 14.3.2007 warf sie sämtliche persönlichen Unterlagen wie Ausweise, Fotoaufnahmen und Briefe von sich und den Kindern in den Müll. In der Mülltonne konnten am 17.3.2007 von der Polizei Teile von Ausweisen sichergestellt werden. Die Angeklagte löste ihre Konten auf und sandte das Geld ihrer Mutter sowie einer Kollegin. Dies wird von der Verteidigung allerdings bestritten, es habe sich lediglich um Geld aus dem Verkauf des Autos gehandelt.

(Auszug aus der Anklageschrift vom 28. April 2007)

22

Hallo, ich habe noch etwas für dich zum Lesen. Es ist schön in der Psychiatrischen Klinik, du weißt es ja. Du warst auch schon hier. Leider muss ich nicht ins Gefängnis, wie du gerne möchtest. Die Wahrheit liegt draußen, wir haben eine schwere Last zu tragen, wir haben unsere Kinder nicht mehr. Du weißt es genau, du bist der Auslöser dafür und wirst dein Leben lang daran mittragen. Du kannst weiter Lügen über mich verbreiten, ich werde alle Leute aufklären. War es auf dem Gericht schön? Musstest du zugeben, dass du ein Schläger bist? Ich habe für dich noch Überraschungen, aber die kommen später. Dir wird noch das Hören und das Sehen vergehen.

(Auszug aus einem Brief der Angeklagten an ihren Ehemann, 22. Juli 2007)

23

Mit Datum vom 15. März 2007 wurde gegen den Ehemann ein Strafverfahren wegen Tätlichkeit zum Nachteil seiner Ehefrau eingeleitet. Die Ehefrau sei am 26. Februar 2007, als ihr Mann aus der gemeinsamen Wohnung ausgezogen sei, von ihrem Mann wie schon öfters tätlich angegriffen worden. Im Verlaufe eines Streits habe er mit der Hand gegen ihre Oberarme geschlagen und habe sie mit den Schuhen gegen die Beine getreten. Als sie vor Schmerzen geschrien habe, habe er die eheliche Wohnung verlassen. Der Ehemann seinerseits erklärte, seine Frau sei zuerst tätlich gegen ihn geworden, worauf er zurückgeschlagen habe. Gemäß ärztlichem Zeugnis zeigten sich bei der Ehefrau deutliche Schwellungen und Blutergüsse im Bereich des äußeren Vorfußes rechts, im Bereich des Großzehengrundgelenkes und der benachbarten Weichteile, des weiteren deutliche Druckschmerzhaftigkeit im Bereich des Mittelfußknochens des rechten Fußes sowie Druckschmerzhaftigkeit im Bereich des Mittelfußknochens rechts und mehrere ca. 3 x 5 cm große Blutergüsse im Bereich des mittleren Oberschenkels links.

(Aus dem Strafverfahren gegen den Ehemann wegen Tätlichkeit)

24

Ich bin freiwillig in die Psychiatrie des ZI eingetreten. Ich bin bei der Mutter und dem Stiefvater aufgewachsen. Zu Hause war ich ein armes Schwein, wurde geschlagen und bin mit 14 zur Tante gekommen. Ich habe drei Jahre Maler gelernt, dann wurde ich Vater einer Tochter. Ich habe keinen Kontakt mehr zu ihr. Wegen eines Rückenleidens konnte ich meinen Beruf als Maler nicht mehr ausüben. Ich war einige Jahre arbeitslos, bis ich 2005 in einem Büro einen Job gefunden habe, einfache Botengänge, kleine Reparaturen und so, nicht sehr lukrativ, aber besser als nichts. Meine Frau habe ich 2002 bei der Fastnacht kennengelernt. Sie hatte ein Inserat aufgegeben. Vor der Heirat im Jahre 2003 haben wir schon zusammen gewohnt. Bis vor einem Jahr war die Ehe gut. Dann hat meine Frau eine Erbschaft gemacht und gesagt, zwischen uns stimme es nicht mehr. Es war alles wegen des Geldes. Sie machte mir Vorwürfe, ich sei ein Krüppel, ich wolle nichts unternehmen, wolle nur zu Hause rumsitzen. Anfang September 2006 hat es einen Streit gegeben. Ich habe zu ihr gesagt, wenn du mich noch einmal schlägst, ziehe ich aus. Meine Frau ist kräftig. Vor der Geburt unserer kleinen Tochter Lea hat sie, so lange ich arbeitslos war, als Lastwagenfahrerin gearbeitet. Sie wusste von meinen Schwachstellen auf dem Rücken und auf dem Kopf. Dahin hat sie mich immer geschlagen. Sie hat sich dann aus der Küche eine Flasche Wein geholt und sich im Bad eingeschlossen. Sie weinte und schluchzte laut. Sie hat gesagt, sie habe sich die Pulsadern aufgeschnitten. Ich habe es ihr nicht geglaubt und habe gepackt und wollte zu einem Freund. Gerade als ich das Haus verlassen hatte, klingelte mein Handy. Sie verblute, teilte meine Frau mir mit. Im Hintergrund schrien die Kinder. Es hat sich dann aber herausgestellt, dass nichts passiert war. Einen Monat später gab es den nächsten Streit. Sie hat mir vorgeworfen, ich spiele nur Dart und würde mich nicht um die Kinder kümmern. Sie hat die Wohnung verlassen und mich später angerufen.

„Ich stehe auf einer Brücke“, hat sie gesagt. „Ich springe jetzt.“

Später hat sie mir dann gesagt, sie habe nur austesten wollen, wie weit sie mit mir gehen könne. Am 26. Februar 2007 bin ich dann ausgezogen. Dabei ist es zu neuen unschönen Szenen gekommen. Ich wurde gegen sie tätlich, aber vorher hatte sie auf mich eingeschlagen. Die Beziehung zu den Kindern ist sehr gut gewesen. David wollte sogar mit mir mit, als ich am 26. ausgezogen bin. Die Kinder habe ich nie geschlagen, vielleicht mal einen Klaps auf den Po, oder ich habe sie leicht an den Haaren gezogen. Meine Frau, ja, sie konnte auch eine gute Mutter sein. Aber das wechselte von einem Moment auf den anderen. Dann schlug sie auf die Kinder ein. Sie drohte auch, sie gehe mit den Kindern ins Ausland. Nein, ich glaube nicht, dass sie die Kinder falsch ernährt hat. Ich gebe aber zu, dass ich ihr vorgeworfen habe, dass sie während und nach der Schwangerschaft so zugenommen hat. Ich habe aber nie behauptet, die Kinder seien zu dick. Ja, es trifft zu, dass ich bei meiner Ex-Freundin Schulden gehabt habe. Die habe ich aber mit meinem eigenen Geld zurückgezahlt. Nicht von der Erbschaft. Die Schulden waren beglichen, bevor meine Frau geerbt hat.

(Auszug aus dem Protokoll der Befragung des Ehemannes, 20. März 2007)

25

Die Angeklagte leidet an einer Persönlichkeitsstörung, die durch ein Unvermögen zum Erleben von Freude, durch eine flache Affektivität und Unvermögen, warme, zärtliche Gefühle anderen gegenüber zu zeigen sowie durch eine indifferente Reaktion auf Lob und Kritik gekennzeichnet ist. Hinzu kommen ein nachhaltiger Groll bei Kränkungen, eine mangelnde Flexibilität und Kompromissbereitschaft sowie eine ausgesprochene

Selbstbezogenheit. Die Angeklagte leidet demnach an einer kombinierten Persönlichkeitsstörung mit emotional-instabilen und paranoiden Anteilen. Die Auswirkungen dieser Störung auf ihre Fähigkeit, mit anderen Menschen umgehen zu können, sind zweifellos schwerwiegend. Die Täterin wollte ihren Kindern das Leben in einer feindlichen Welt nicht weiter zumuten und mit ihnen in eine bessere Welt eintreten. Grundlage kann eine psychotische Verkennung der Welt im Sinn eines Wahns oder eine Verzerrung der Realität im Rahmen einer Persönlichkeitsstörung sein. Beim Rachefilizid soll der Partner getroffen werden. Man spricht auch vom „Medea“-Motiv. Es ist nicht daran zu zweifeln, dass die Angeklagte um das Unrecht ihrer Tat gewusst hat. Die Einsichtsfähigkeit ist somit nicht beeinträchtigt.

(Auszug aus dem psychiatrischen Gutachten des Dr. Frei, 13. November 2007)

26

Die ersten beiden Ehejahre waren super. 2005 ging mein Mann dann arbeiten und wurde ein anderer Mensch. Ich konnte nicht mehr fort. Er ging zum Dart. Wenn ich mit einer Freundin weg wollte, sagte er, ich solle die Kinder abschieben, was ich nicht machte. Er sagte, er bringe das Geld nach Hause, ich solle den Mund halten. Der Junge litt darunter, er gab sich mit seinem Sohn nicht ab. Von der Tochter ganz zu schweigen. Die existierte für ihn gar nicht. Er sagte immer, er habe Rücken- und Kopfschmerzen, er müsse zum Arzt. Dabei ging er zum Dart. Er schlug mich und die Kinder, er merkte nicht mehr, was er machte. Wenn er mit den Kindern wegging, dann zu McDonalds! Oder er nahm den Jungen zum Dart mit. Mit mir ging er ja nicht mehr weg. Mich nahm er ja nicht mit. Ich war ihm zu dick. Wenn wir mal miteinander spazieren gingen, lief er zehn, zwanzig Meter voraus, damit er sich nicht zu schämen brauchte. Die Kinder gingen gerne baden, er kam nicht mit. Er schämte sich für uns. Die Kinder haben geweint. Das war ihm alles egal.

(Befragung der Angeklagten, 21. März 2007)

27

Nach der Auseinandersetzung Ende Februar 2007 wollte ich am 1. März meine restlichen Sachen abholen. Meine Frau hat eine private Sicherheitsfirma engagiert, drei Männer, die an verschiedenen Punkten der Wohnung und des Hauses postiert waren. Ich bin dann mit Kollegen gekommen. Meine Frau meinte, die Kollegen kämen nicht in die Wohnung, ich solle meinen Kram gefälligst alleine schleppen. Es gab dann Differenzen wegen des Abtransports der Möbel. Also rief ich die Polizei. Zwei Polizisten sind dann gekommen, eine Frau und ein Mann. Die haben meine Frau zusammengeschissen. Die Kollegen durften dann die Möbel aus der Wohnung tragen. Innerhalb von dreißig Minuten war die Sache über die Bühne gebracht. Ich habe dann vergessen, meinen Schlüssel abzugeben. Noch am gleichen Tag hat sie einen neuen Zylinder einbauen lassen. Ist das nicht krank?

(Vernehmung des Ehemanns vor Gericht, 21. Juni 2008)

28

Ja, das stimmt. Er unterstellte mir, ich gebe den Kindern falsch zu essen. Er aß abends selten mit, er kam immer spät nach Hause. Er verpflegte sich dann aus dem Kühlschrank. Das war so in den letzten zwei Jahren. Am Wochenende habe ich schon mal gekocht. Er hat dann immer gemeckert, es sei keine Butter drin. Abends wollte er immer Dessert. Er wollte Dessert essen und ich sollte zuschauen, weil ich ja so dick bin. So stellte er sich das vor. Einmal hat er mich in einem Restaurant vor seinen Kollegen bloßgestellt.

„Du musst doch gar nichts essen“, hat er gesagt. „Du bist doch dick genug.“

(Aussage der Angeklagten vor Gericht, 27. Juni 2008)

29

Sie hat mir dann am Telefon vorgejammert, ihr Mann habe sie zusammengeschlagen. Da musste ich wirklich lachen.

„Der hat doch keine Chance gegen dich, der Hänfling“, habe ich zu ihr gesagt. „Die Verletzungen hast du dir doch selber beigebracht.“

(Aussage einer Kollegin des Ehemannes vor Gericht, 2. Juli 2008)

30

Die Tatsache, dass die Angeklagte letzten Endes nicht Selbstmord begangen hat, bedeutet nicht, dass sie von vornherein geplant hat, lediglich ihre Kinder zu töten. Dies spricht aber für eine erhaltene Reststeuerungsfähigkeit. Aus forensisch-psychiatrischer Sicht ist im vorliegenden Fall sowohl der Aspekt des Mitnahmesuizids als auch das „Medea"-Motiv zu berücksichtigen. Warum ich zu dem Schluss gelange, es liege ein Medea-Motiv vor? Das Rachemotiv wird aus den Telefonaten deutlich. Wenn jemand sagt, „Schau nach, ich habe einen Brief hinterlegt", dann deutet das auf Rachemotive hin. Viele Selbstmorde haben diesen Racheaspekt. Suizide, gerade wenn sie grausam geschehen, haben immer etwas von einem Racheaspekt an sich. Dass die Angeklagte diesen Brief in der Dachrinne hinterlegt hat, hat mit Rache zu tun. Das Telefonat von der Brücke war ein eindeutiger Hinweis auf ein Rachemotiv. Auch hat die Angeklagte einmal zu mir gesagt, letztendlich sei ihr Ehemann an allem schuld. Das deutet auch auf Rache hin.

(Aussage des Dr. Frei zu seinem psychiatrischen Gutachten, 4. Juli 2008)

31

Die Angeklagte Petra Körner hat sich schuldig gemacht der mehrfachen vorsätzlichen Tötung, begangen am 17. März 2007 in Wilhelmsfeld am Teltschik-Turm, zum Nachteil ihrer Kinder David und Lea. Die Angeklagte wird deswegen mit einer Gefängnisstrafe von neun Jahren und 10 Monaten bestraft. Die Untersuchungshaft von insgesamt 186 Tagen wird auf die Strafe angerechnet. Die Angeklagte verpflichtet sich, sich einer ambulanten psychiatrischen Behandlung zu unterziehen. Die Strafe wird nicht aufgeschoben. Bis das Urteil rechtskräftig ist, bleibt der Haftbefehl ausgesetzt. Die Verurteilung ist ins Strafregister einzutragen. Die beschlagnahmten Gegenstände sind zurückzugeben. Die Untersuchungs- und Gerichtskosten werden vollumfänglich der Angeklagten auferlegt.

(Urteilsspruch, 8. September 2008, gegen 11:30 Uhr)

32

Wer schuld am Tod der Kinder ist? Wer? Viele Beteiligte. Ich meine damit meine Familie. Die Leute beim Sozialamt oder bei Hartz IV, wie das jetzt heißt. Die haben mich abblitzen lassen. Ich zähle mich auch zu den Schuldigen. Und mein Mann, natürlich mein Mann. Die Polizei, gewisse Kollegen. Warum? Mein Mann, weil er mich geschlagen hat und in mir die Erinnerungen an früher wachgerufen hat. Als er mich geschlagen hat, hat er wieder Gefühle in mir hervorgerufen, die ich verdrängt hatte, als ich mit 16 Jahren meine Familie verlassen hatte. Ich wurde nämlich früher immer geschlagen. Als mein Mann uns verlassen hatte, haben wir am Existenzminimum gelebt. Ich weiß nicht, ob Sie wissen, was das heißt, aber ich bin in Armut aufgewachsen.

(Vernehmung der Angeklagten vor Gericht, 14. August 2008)

33

Sie spülte das Geschirr, trocknete die Tasse, den Teller und das Messer ab und räumte das Geschirr in den Schrank. Sie wischte mit dem Lappen über die Spüle und trocknete nach. Der Stahl der Spüle glänzte. Sie sah, wenn auch verzerrt, ihr Gesicht darin. Sie kontrollierte alle Zimmer, strich über das Kopfkissen der beiden Kinderbetten, obwohl sie glatt waren. Niemand sollte ihr vorwerfen können, sie habe ihre Wohnung nicht in einem ordentlichen Zustand hinterlassen. Sie packte den Müllbeutel und die kleine, dreistufige Küchenleiter und verließ das Haus. Die Uhr in der Küche zeigte 13:57 Uhr. Es war der 8. September. Mit der Küchenleiter, da war sie sich sicher, würde es gehen. Sie löste am Automaten an der Haltestelle einen Fahrschein und wartete auf die Bahn. Als sie einstieg, war es 14:12 Uhr. Am Tattersall stieg sie um und dann noch einmal am Nationaltheater. Zwei Haltestellen nach dem Hauptfriedhof würde sie aussteigen müssen, direkt an der Tankstelle. Sie platzierte die Leiter neben sich vor dem freien Sitz. Ein älterer Mann stellte sich hin und wartete, dass sie die Leiter zur Seite nehmen würde. Als sie nicht reagierte, überlegte er einen Moment, sich zu beschweren. Dann sah er jedoch in ihre Augen, erschrak, drehte sich wortlos um und schüttelte den Kopf. Die Frau habe durch ihn hindurch gesehen, wie wenn er nicht existiere, würde er dem Reporter später erzählen. Mit der Küchenleiter habe sie seltsam ausgesehen. Neckarplatt, so hieß die Haltestelle, an der sie ausstieg. Es war 14:42 Uhr. Sie wartete, bis die Ampel auf Grün schaltete, überquerte die Straße, ließ die Tankstelle rechts liegen, die Benzinpreise waren schon wieder geklettert. Die leichte Steigung zur Schleuse machte ihr zu schaffen. Sie blieb auf halben Weg stehen, stellte die Leiter ab und verschnaufte. Sie schaute auf ihre Uhr. 14:56 Uhr. An der Schleuse war nicht viel los. Vereinzelt kamen Radfahrer vorbei. Ein junger Vater zeigte seinem Sohn, wie ins hintere Tor der Feudenheimer Schleuse gerade ein Lastkahn, von Heidelberg kommend, einfuhr. Sie stellte die Leiter an den Zaun, der das Betriebsgelände absperrte, kletterte hinauf und sprang auf der anderen Seite hinunter. Sie ging zu dem Metallpodest vor, das die Schleusenkammer überspannte und kletterte auf die Brüstung. Ihr wurde schwindlig, als sie unter sich die leere Kammer sah. Links und rechts waren Gerüste aufgebaut. Am Ende der Schleuse sah sie Arbeiter, die wie Playmobilfiguren wirkten. Sie drehte sich um, sah auf der anderen Seite des Neckars einen Güterzug, der sich scheinbar lautlos auf die Brücke zubewegte. Das Kreischen einer Säge überdeckte alle anderen Geräusche. Sie sah den jungen Vater, dessen ausgestreckter Arm in ihre Richtung deutete, sah seinen weit aufgerissenen Mund. Er habe schreien wollen, sei jedoch wie gelähmt gewesen, als er die Frau auf dem Geländer entdeckt habe, würde er dem Reporter später erzählen. Kurz nach drei sei es gewesen, als die Frau einfach gesprungen sei. Nein, einen Schrei habe er nicht gehört. Aber das sei nicht verwunderlich. Schließlich sei ein nicht enden wollender Güterzug gerade in diesem Augenblick vorbeigefahren.

Claudia Schmid

Die Liebe zum Wein

Peter hatte Monika wie vereinbart vor ihrer Wohnung in der Nähe des Nationaltheaters Mannheim abgeholt. Er hatte geklingelt, und sie war leicht aufgeregt nach unten gekommen. Sie trug eine Sommerhose aus leichtem Wollstoff und eine weiße Bluse. Um den Hals hatte sie die alte dunkle Bernsteinkette ihrer Mutter gelegt. Nach der Nacht von neulich war sie auf einen Neuanfang eingestellt. Sie hatte vor, sich richtig in Peter zu verlieben. Im Bett war er fabelhaft, und da hatte sie in den Zeiten ihrer Witwenschaft doch einiges entbehrt. Seit vier Jahren war sie nun Witwe und hatte die gesamte Zeit über enthaltsam gelebt.

Peter war aus dem Wagen ausgestiegen, um Monika die Tür aufzuhalten. Er strahlte sie an, seine Augen verweilten auf ihrer Figur. Es waren diese galanten Kleinigkeiten, die Monika so an Peter gefielen: die Tür aufhalten, den Stuhl zurechtschieben und ihr den Vortritt zu lassen. Sie glitt auf den cremefarbenen Ledersitz. Peter nahm ebenfalls Platz und fuhr los.

„Heute habe ich was ganz Besonderes für uns, meine Schöne."

Er legte seine Hand auf ihren Oberschenkel.

„Ich bin sehr gespannt, wie es dir gefallen wird."

Monika merkte, dass es in ihr kribbelte, wie damals, als sie ein junges Mädchen war und sich die ersten Male mit einem Jungen traf. Sie hatte diese Gefühle bereits dem Vergangenen zugeordnet. Und jetzt kamen sie, längst vergessen, wieder hervor aus dem Garten der Erinnerungen, in dem sie so gerne verweilte.

„Woran denkst du?" Peter fasste mit der linken Hand unter ihr Kinn und drehte ihr Gesicht zu seinem. „So nachdenklich heute?" Statt einer Antwort legte Monika ihren Kopf auf seine Schulter. Ja, das war er, ein Mann zum Anlehnen.

„Wohin fahren wir eigentlich?" Monika hob ihr Gesicht.

„Sch, sch", machte Peter, „das wird nicht verraten!"

Peter fuhr auf die Glaskuppel des Hauptbahnhofs zu. Er lenkte sein rotes Cabriolet mit den cremefarbenen Ledersitzen daran vorbei Richtung Schloss und fuhr dann linker Hand durch die Unterführung in den Lindenhof. Er parkte direkt am Rhein. Die Sonne schickte letzte gleißende Strahlen auf die tanzenden Wellen. Ein Schlepper war gerade vorbeigefahren.

„Meine Schöne, wir sind angekommen!"

Peter stieg aus und öffnete mit einer angedeuteten Verbeugung die Tür für Monika. Er küsste sie auf den Mund und zeigte dann in Richtung eines Restaurants mit Blick auf den Rhein.

„Hier werden wir heute speisen, meine Schöne, und zwar ganz exquisit!"

Zu dumm, dass sie Pumps aus weichem Velourleder angezogen hatte. Der Schotter auf der großen Terrasse vor dem Restaurant war spitz und scheuerte das Leder von ihrem Absatz. Peter hatte ihr seinen Arm angeboten, den sie dankbar annahm. Große Schirme beschatteten Tische und Korbstühle. Die Terrasse war nicht voll besetzt, nur vereinzelt saßen meist Paare an den Tischen. Große Kübel mit Oleander und Zitrusbäumchen zauberten mediterranes Flair. Monika war entzückt. Beim Betreten der Terrasse kam ein Kellner auf sie zu.

„Herr Heiner, guten Abend, ich grüße Sie ganz herzlich."

Der Kellner führte sie zu einem Platz, neben dem ein blühendes, stark duftendes Orangenbäumchen stand. Peter zog einen Stuhl vom Tisch weg und bot ihn Monika an, dann schob er ihn zurecht, bis sie gut saß. Auf dem Tisch stand ein Blumenstrauß. Der Kellner brachte zwei Kir Royal. Peter nahm sie und bot ihr sein Glas zum Anstoßen. Monika zog eine Augenbraue leicht hoch.

„Bist du öfter hier?"

Peter wischte dies mit einer Handbewegung hinweg. „Nicht oft, aber ich glaube, die haben eine Karteikarte mit den Lieblingsgetränken ihrer Gäste." Er lachte. „Das war ein Scherz. Obwohl, es wäre ja durchaus vorstellbar, nicht wahr? So würde ich das jedenfalls machen, wenn ich diesen Laden hier führen würde. Nein, jetzt im Ernst. Ich habe angerufen und das Menü und die passenden Getränke schon mal bestellt."

Er lächelte sie zufrieden an. Monika nippte an ihrem Kir Royal, er schmeckte ihr. Sie saß mit dem Rücken zur nun tiefstehenden Sonne. Diese schien voll auf ihr braunes Haar und zauberte goldene Lichtreflexe auf ihre Locken. Der kinnlange Haarschnitt betonte auf zauberhafte Weise ihr markantes Profil mit dem etwas herben Ausdruck. Peter war von seiner Eroberung begeistert. Ja, mit dieser überaus attraktiven Frau hatte er einen guten Fang gemacht. Er nahm ihre Hand und küsste sie.

„Ich speise gerne gut und gerne in schöner Begleitung.“ Monika errötete leicht. Es fiel ihr heute nicht mehr ganz so schwer wie neulich zu flirten, aber so ganz fit war sie darin noch nicht. Sie schlug die Augen nieder.

Der Kellner brachte den Salatteller. Dann kam die Suppe: Tomatensuppe mit einem Hauch Kerbel. Dazu tranken sie einen Riesling aus der Pfalz. Zauberhaft, der frühe Abend. Die untergehende Sonne, das gute Essen, der Wein – Monika schwebte im Glück. Peter umsorgte sie, goss ihr aufmerksam Wasser oder Wein nach und fragte, ob alles in Ordnung sei. Er erwies sich als ausgesprochener Weinkenner und fachsimpelte mit dem Kellner. Das kannte Monika von ihrem verstorbenen Mann nicht. Der trank, was er vorgesetzt bekam, ohne groß nachzufragen. Hauptsache, der Wein war nicht süß. Der hatte solches Verhalten immer als pseudoweltmännisch abgetan. Aber nun fand Monika es ganz angenehm. Sie lehnte sich entspannt zurück und lauschte interessiert. Peter war in seinem Element. Gerne gab er sein Wissen preis, noch dazu vor Publikum. Auch die Leute am Tisch hinter ihm waren aufmerksam geworden und hörten zu. Monika war betört. Wie Peter sich auskannte! Einfach klasse, dieser Mann. Der Kellner holte seinen Chef und der brachte dann nach einigen Sätzen einen besonderen Tropfen aus dem Keller, den Peter probieren und bewerten sollte. Die beiden Männer fachsimpelten einen Augenblick über Wein. Das Probeglas ginge auf Kosten des Hauses, sagte der Wirt und lächelte Monika dabei einvernehmlich an. Er wisse es zu schätzen, sich mit jemandem auf einem gewissen Niveau über Wein austauschen zu können. Und dieses edle Fläschchen halte er nur für die wirklichen Kenner unter seinen Gästen parat. Monika war tief beeindruckt und richtig stolz auf Peter. Plötzlich schmeckte ihr der Wein ganz anders und sie glaubte, seine Blume zu spüren und leichten Muskatgeschmack und natürlich auch das fruchtige Aroma und – wie hieß das noch gleich – den Nachhall?

Als Hauptgang bekamen sie gegrillten Fisch serviert, mit Gemüsebeilagen. Den Nachtisch, eine Kreation des Hauses aus Eis und Früchten, brachte sie kaum noch hinunter. Das Essen war zwar nicht übermäßig reichlich, aber dieses neu gewonnene Glück legte sich auf ihren Magen, machte sie satt. Glücklich und zufrieden genoss sie die Zeit auf der Terrasse dieses wunderschönen Restaurants und die Aufmerksamkeiten ihres Begleiters. Die bewundernden Blicke des Kellners und seines Chefs waren Peter nicht entgangen und erfüllten ihn mit Besitzerstolz. Die Weinnummer hatte offenbar wieder eingeschlagen. Der Wirt zog sie gerne mit ihm ab, und sie wirkte immer bei den Damen. Peter liebte es, wenn diese voll Bewunderung zu ihm aufschauten. Nach und nach waren mehr Gäste gekommen und die Terrasse war nun ziemlich voll. Geplauder, gedämpftes Lachen und leise Klaviermusik erfüllten die Luft. Monika war richtig glücklich. So einen angenehmen Abend hatte sie schon lange nicht mehr erlebt. Sie blühte regelrecht auf. Ihre Augen leuchteten und sogar ihre Haut schien zu strahlen, umgeben von einer Aura des Glücks. Peter beglich diskret die Rechnung. Er hatte wie immer fünfzig Euro extra für das kleine Theaterstück, das der Wirt mit ihm gespielt hatte, in die dunkelrote Mappe mit der Rechnung gelegt, und sie machten sich auf den Weg zum Auto.

Peter verbrachte die Nacht nicht bei Monika. Er hatte sich an der Haustür verabschiedet. Monika seufzte. Sie zog sich um und legte sich auf ihr Bett. Vorher öffnete sie noch das Fenster weit und sog tief die Nachtluft ein. Der Himmel war klar, viele Sterne waren zu sehen. Der Mond hatte einen hellen Lichthof. Unten vorm Haus balgten sich zwei Katzen. Ein Auto fuhr eben weg und die Haustür klappte zu. Sie sehnte sich nach Peter. Sie würde sich ganz auf ihn einlassen. Sie würde wieder eine Beziehung eingehen. Um ihren verstorbenen Mann hatte sie nun lange genug getrauert. Der hätte sicher nichts dagegen, wenn sie nun ihr Alleinsein beendete. Sie hatte wieder eine neue Liebe fürs Leben gefunden.

Am nächsten Tag fuhr Monika mit dem Fahrrad zur Arbeit. Sie arbeitete in der Stadtbücherei Mannheim im Stadthaus am Paradeplatz. Seit sie damals die Ausbildung zur Bibliotheksangestellten gemacht hatte, war sie hier beschäftigt. Sie liebte Bücher über alles und war sehr glücklich mit ihrer Arbeit. Sie saß für die Besucher der Bücherei verborgen und katalogisierte die Neuerwerbungen. Sie fand das unheimlich praktisch: sie war immer bestens über die Neuerscheinungen informiert und konnte sie als Erste lesen. Die Bücher, die zum Katalogisieren bereit lagen, nahm sie nachts mit nach Hause. Der Nachteil war, dass sie manchmal bis zum Morgengrauen las und dann völlig übermüdet nach viel zu kurzem Schlaf zur Arbeit radeln musste. Lange schleppte sich dann so ein Arbeitstag dahin.

Heute war sie nach diesem wunderbaren Abend so voll des Glücks, dass sie entgegen ihren sonstigen Gepflogenheiten mit Kathrin, ihrer Kollegin, zum Essen ging. Sie gingen die große Treppe am Stadthaus hinunter auf den Paradeplatz. Es schien ihr, dass die Blumen um den Grupello-Brunnen heute besonders schön blühten. Auf der linken Seite gab's Döner, darauf hatte sie heute keinen Appetit. Kathrin, die sowieso alles aß, was man ihr auch ansah, war es egal, wo sie hingingen. Sie entschieden sich für einen kleinen thailändischen Schnellimbiss in der Nähe des Paradeplatzes.

„Du willst doch was erzählen, oder?" Kathrin fragte sie zwischen zwei Löffeln Suppe. Gespannt schaute sie Monika an. Monika erzählte selten etwas Privates. Aber heute wollte sie etwas los werden, das spürte sie. Die beiden arbeiteten seit vielen Jahren miteinander und kamen im Großen und Ganzen gut miteinander aus. Privat trafen sie sich nie. Vielleicht war das der Grund, dass sie im Berufsleben so harmonierten.

Monika lächelte versonnen. „Es gibt da jemanden."

„Ach ja? Erzähl mal!" Kathrin war zum Platzen gespannt. Seit Monika verwitwet war, hatte sie sich mit keinem Kerl mehr eingelassen. Frauen spüren so etwas. Kathrin widmete sich ihrer Ente in Kokosnusssauce und riss die Augen auf. Das war bei ihr ein Zeichen höchster Konzentration.

„Ich hab im Internet jemanden kennengelernt. Stell dir vor,

er ist auch aus Mannheim. Ja, und wir haben uns ein paar Mal getroffen. Ich glaube, das ist was Ernstes." Sie hatte ihr Essen noch gar nicht angerührt und schaute in sich versunken. „Ich habe wieder jemanden gefunden, dem ich vertrauen kann." Sie kam mit ihrem Gesicht näher an Kathrin heran. „Weißt du, der ist es wert. Der will nicht nur das Eine." Sie setzte einen vielsagenden Gesichtsausdruck auf. „Der hat Stil und Niveau. Und Umgangsformen!" Sie lächelte versonnen.

„Sag mal, isst du dein Essen gar nicht?" Kathrin tippte auf Monikas Hühnchen auf Reis.

„Ach, ich habe gar keinen Hunger, weißt du."

„Kann ich es dann haben?"

„Gerne", Monika schob es ihr rüber.

„Erzähl doch weiter", forderte Kathrin sie auf, während sie sich über das Hühnchen hermachte.

Monika erzählte ihr von dem gestrigen Abend am Rhein und wie toll sich Peter mit Weinen auskannte. Nichts ließ sie aus in ihrer Erzählung. Mit wachsendem Interesse hörte Kathrin ihr zu.

Am Nachmittag verschwand Kathrin während der Kaffeepause. Als die Pause zu Ende war, kam sie wieder. Kathrin rang mit sich. Monikas Schilderung in der Mittagspause war ihr so bekannt vorgekommen. Vor wenigen Wochen hatte ihr Else aus der Erwerbsabteilung so eine ähnliche Geschichte erzählt. Das mit dem Wein, mit dem Wirt, der ein Glas ausgab ... sogar das Restaurant war dasselbe gewesen. Mit dem Namen des Mannes war Kathrin sich nicht sicher gewesen. Deshalb hatte sie jetzt kurz bei Else vorbeigeschaut und sie gefragt. Else war nicht sehr erfreut darüber gewesen, auf die Geschichte nochmals angesprochen zu werden. Dann hatte sie doch den Namen des Mannes herausgerückt. „Peter Heiner, so hieß er. Stell dir vor, er hat mir verschwiegen, dass er verheiratet ist. Tja, da habe ich die Sache dann beendet. Ich war damals echt sauer auf den." Sie schaute Kathrin stirnrunzelnd an. „Wieso fragst du nach dieser Geschichte? Ich habe sie längst abgehakt. Trotzdem werde ich nicht gerne daran erinnert."

Kathrin wiegelte ab. „Ach, war mir nur wieder eingefallen,

weil ich gestern in dem Restaurant war, weißt du." Sie überlegte fieberhaft, wie sie sich herausreden könnte. „Ja, und da saß am Nebentisch ein Paar und so wie der Typ sich aufgeführt hat, da musste ich einfach an die Geschichte denken, die du mir damals erzählt hattest."

„Ja, ja, der große Weinkenner. Ich glaube, das ist eher ein großer Frauenkenner, der genau weiß, wie er die Frauen rum kriegt. Aber wirkliches Interesse hat er nicht, der sucht nur ein Abenteuer."

Monika reagierte äußerlich gelassen auf Kathrins Entdeckung. Sie sagte zu ihr, es müsse sich ja nicht zwangsläufig um denselben Mann handeln, nur weil der Name zufällig gleich war. Mit dieser dünnen Bemerkung ließ sie Kathrin stehen.

Innerlich war sie alles andere als gelassen. Sie wusste abends nicht mehr, wie sie den Rest des Nachmittags hinter sich gebracht hatte. Sie hatte stoisch ihre Arbeit verrichtet und versucht, einen möglichst gleichmütigen Eindruck zu erwecken. Kathrin hatte das Thema nicht mehr angesprochen. Sie hatte sich verpflichtet gefühlt, Monika zu informieren. Was diese dann mit der Information anfing, war ihre eigene Sache.

Abends radelte Monika ziellos durch Mannheim. Erst durch die Oststadt an den Neckar, dann längs des Neckars bis nach Seckenheim. Sie setzte sich in der Nähe der Brücke nach Ilvesheim ans Ufer und schaute auf den Fluss. Einiges wurde ihr schlagartig klarer. Weshalb sie nur eine Handynummer von Peter hatte. Weshalb sie nicht genau wusste, wo er wohnte und sie sich immer nur bei ihr trafen. Weshalb er meist nicht die ganze Nacht blieb. Weshalb er nur ganz selten am Wochenende Zeit hatte. Sie schüttelte sich. Ekel kroch in ihr hoch. Sie hatte von einem Neuanfang mit ihm geträumt und er war ein verheirateter Mann, der sie lediglich zu einem Abenteuer benutzte. Dafür hatte sie sich all die Witwenjahre über aufgespart, keiner war ihr gut genug gewesen, die Nachfolge ihres Ehemannes anzutreten. Gelegenheiten dazu hätte sie genügend gehabt. Bei Peter endlich war sie schwach geworden, hatte sie sich sicher gefühlt, nochmals eine Liebe leben zu können. Mit gegenseitigem Vertrauen. In Wahrheit war sie jedoch einem Betrüger auf den Leim gegangen. Ihr wurde richtig schlecht. Eine Weile saß sie mit angezogenen Beinen am Neckarufer, dann kroch Wut in ihr hoch. Eine unglaubliche Wut auf diesen Kerl, der so mit ihren ehrlichen Gefühlen gespielt hatte. Der nie auch nur im Traum an eine gemeinsame Zukunft mit ihr gedacht hatte. Für ihn war sie nur ein Zeitvertreib gewesen.

Als sie zurückradelte, klingelte auf Höhe des Fernmeldeturms ihr Handy. Sie hielt an und schaute aufs Display. Peter. Zum ersten Mal in ihrer Bekanntschaft drückte sie den Anruf weg. Kurz darauf piepte es. Sie war nun beim Lessing-Gymnasium. Eine SMS. Sie stieg erneut vom Rad und öffnete die Nachricht.

„Hätte heute Lust auf dich. Um 22 Uhr bei dir?" Ihr wurde speiübel. Sie fühlte ihren Kopf blutleer werden, ihre Handflächen kribbelten. Noch heute früh hätte ihr diese Nachricht wohlige Schauer über den Rücken gejagt. Sie schaltete ihr Handy ab.

Monika saß an ihrem Schreibtisch. Sie hatte das Fenster weit geöffnet. Laue Nachtluft drang zu ihr herein. In dem Stövchen, das auf dem Schreibtisch stand, schwamm auf dem Wasser ein schmieriger Tropfen Orangenöl. Sie hatte das Teelicht, das unten in dem Windlicht stand, schon drei Mal wieder angezündet, da es der Wind, der zum Fenster hereinwehte, immer wieder ausblies. Außer dem Krächzen der frei lebenden Sittiche, die unweit ihrer Wohnung im Unteren Luisenpark wohnten, drang kein Laut zu ihr herein. Monika hatte beide Unterarme auf die Schreibtischplatte gelegt und schaute nach draußen. Sie schaute unbestimmt in die dunkle Nacht, sie suchte nach nichts. Nachdem sie eine Weile so gesessen hatte, schob sie ihren Schreibtischstuhl zurück. Sie zog die unterste Schreibtischschublade heraus. Sie fasste mit beiden Händen nach dem Inhalt und legte alles auf den Schreibtisch. Ein paar Fotos rutschten aus dem Stapel. Wie lange war es her, dass sie ihren Schreibtisch aufgeräumt hatte? Sie sog die Luft ein und füllte ihre Lungen. Sie konnte sich nicht daran erinnern. Sie griff nach den Fotos. Sie zeigten sie mit ihrem Mann. Ja, das war ein Schatz gewesen. Viel zu früh verstorben. Aber Peter?

Sie würde sich etwas überlegen. Peter hatte eine Abreibung

verdient, soviel war klar. Und zwar eine ordentliche Abreibung, eine, die sich so richtig gewaschen hatte. Monika machte einen Plan.

Am nächsten Tag rief sie ihn von der Telefonzelle am Paradeplatz aus an. Ja, gestern sei sie früh schlafen gegangen, sehr früh. Da sie so müde gewesen sei, habe sie ihr Handy abgeschaltet, um ungestört schlafen zu können. Ob er nicht am Montagabend ins Cinemaxx mit ihr gehen wolle? Da liefe ein Film, der sie interessierte. Aus Peters rascher Zusage schloss sie, dass seine Frau wohl am Montag wieder auf Dienstreise war. Das passte ausgezeichnet in ihren Plan.

Den Sonntag verbrachte Monika im Naturschutzgebiet auf der Reißinsel. Sie kannte da ein Plätzchen, an dem Herbstzeitlose wuchsen. Sie kannte auch ein Plätzchen, an dem Bärlauch wuchs. Normalerweise achtete sie immer penibel darauf, die beiden Pflanzen nicht zu verwechseln.

Zuhause bereitete sie eine größere Menge Bärlauchpesto zu. Sie trennte eine Portion ab und rührte eine große Menge zerkleinerter Blätter der Herbstzeitlose hinein. Sie kochte alles noch mal auf und würzte ordentlich mit kräftigen Kräutern. Das Glas, in das sie diese Portion füllte, fasste sie nur mit Handschuhen an. Sie ließ es in der Küche stehen.

Der Film war wirklich gut, Peter war begeistert. Er hatte auch die Nacht über Zeit und verwöhnte Monika. Er wusste nicht, dass es das letzte Mal war. Er hatte noch neunzehn Stunden zu leben.

Am Morgen, kurz bevor er sie verließ, rief sie ihm aus dem Bad zu, er solle sich doch das Glas Bärlauchpesto vom Küchentisch mitnehmen, das habe sie für ihn dahin gestellt.

Am Freitag fand Monika die Meldung im Mannheimer Morgen. Ein Ehepaar war im Stadtteil Niederfeld tot in seiner Villa aufgefunden worden. Die beiden waren neben Erbrochenem im Esszimmer gelegen, auf den Tellern befanden sich noch Reste ihres letzten gemeinsamen Mahls. Anteile davon hatten sich auch in den Mägen der obduzierten Leichen gefunden. Ein tragischer Unglücksfall. Die ermittelnde Kriminalpolizei ging aufgrund des vorgefundenen Szenarios davon aus, dass die beiden Bärlauch gesammelt und dabei versehentlich die täuschend ähnlich aussehenden Blätter der Herbstzeitlosen, die zu dieser Zeit nicht blühte und deshalb von Laien oft mit Bärlauch verwechselt wurde, geerntet hatten. Die Zugehfrau, die immer am Mittwochvormittag mit einem eigenen Schlüssel ins Haus kam, hatte das Ehepaar gefunden und einen schweren Schock erlitten. Das Paar war kinderlos.

Da es immer wieder zu tragischen Verwechslungen dieser Art kam, wurde in dem Zeitungsartikel ausdrücklich davor gewarnt, Bärlauch im Wald selbst zu sammeln.

Monika schlug die Zeitung zu. Das mit der Ehefrau tat ihr wirklich leid.

Florian Landin

Elfmetertöter

Die Arena tobt. Ich sitze auf der Tribüne im Waldstadion. Alles klappt wie am Schnürchen. Trotzdem schwitzen meine Handflächen. Zershoy macht seine Sache richtig gut. Oscarreif. Wir befinden uns in der siebzigsten Minute. Wie bestellt, hat Zershoy mittlerweile einen Spieler des VfL Bochum des Feldes verwiesen und der Eintracht zwei Elfmeter zugesprochen, beide vor der Pause. Unter diesen Voraussetzungen ist das momentane 1:0 natürlich ein Witz. Aber egal, Hauptsache Sieg ohne Gegentor. In Kombination mit dem Platzverweis und den beiden Elfmetern bin ich bei einer Quote von 45,2 in zwanzig Minuten gute viereinhalb Millionen reicher. Abzüglich Wetteinsatz natürlich.

Dieser Zershoy ist ein echter Glücksgriff. Schon als er mir vorgestellt wurde, war mir sofort klar, dass da was geht. Er hatte so eine Art, ließ sich schnell vom Schein blenden. Zuerst habe ich ihn angefüttert, ihn eingeladen. Habe nach ein paar Treffen vorsichtig das Gespräch auf den Schiedsrichterjob gelenkt. Ob er da nichts drehen könne. Ich ließ es bewusst wie einen Scherz klingen. Aber er ist sofort darauf eingestiegen. Ich glaube, ihm war nicht so ganz klar, worauf er sich da eingelassen hat. Für ihn scheint das ein Spiel zu sein, eine Machtdemonstration. Er hat ja sonst nichts, womit er angeben kann. Für mich ist die Sache dagegen todernst. Mein Betrieb hat hohe Schulden. Ich stehe vor der Pleite, habe mich verspekuliert. Für mich geht es um nichts weniger als um meine Existenz. Zershoy ist meine letzte Chance. Die ersten Male hat alles geklappt. Ich habe bestellt, er hat geliefert. Ich ließ diffuse Andeutungen fallen von wegen Auftraggebern, die hinter mir stehen. Das imponierte ihm. Er war so verdammt naiv, kam sich wichtig vor. Vielleicht das erste Mal im Leben. Um ganz große Summen ging es bislang noch nicht. Alles, was an Geld reinkam, habe ich in ihn reinvestiert. Einmal waren es 20.000, einmal 35.000. Von den 50.000 vorletzte Woche hat er sich ein neues Auto gekauft. Der frisst mir aus der Hand.

Aber jetzt drängt für mich die Zeit, ich habe den Pfändungsbeschluss bekommen. Die Frist läuft noch zwei Wochen. Und meine Familie weiß von nichts. Durchatmen. Ich konzentriere mich wieder auf das Spiel. Noch fünf Minuten. Immer noch 1:0. Die Bochumer machen jetzt Druck, trotz Unterzahl brandet Angriff auf Angriff auf das Tor der Frankfurter Eintracht. Das muss man sich mal vorstellen. Zum Glück kommt bis jetzt nichts Zählbares dabei heraus. Die Eintracht spielt so desolat, als habe die komplette Mannschaft auf die eigene Niederlage gewettet. Die reguläre Spielzeit ist mittlerweile abgelaufen, auch die angezeigten zwei Minuten Nachspielzeit sind vorbei. Was soll das denn, warum pfeift dieser Idiot nicht ab? Ich traue meinen Augen nicht. Zershoy gibt noch einmal indirekten Freistoß für die Bochumer. Ist der noch ganz dicht? Mein Herz rast. Fast vierzig Meter Torentfernung. Der Schütze läuft an und hält voll drauf, der Ball wird von der Mauer abgefälscht und kullert am Torwart vorbei ins Netz. Was macht Zershoy? Er gibt das Tor. Und pfeift das Spiel gar nicht erst wieder an. Fassungslos schüttle ich den Kopf. 100.000 haben sich gerade in Luft aufgelöst. Ganz zu schweigen von den eben noch sicher geglaubten Millionen. Ich spüre kalten Hass auf Zershoy. Wie betäubt verlasse ich die Tribüne, lasse mich inmitten der Masse aus dem Stadion heraustreiben. Welche Partie pfeift Zershoy nächste Woche?

Im Fahrstuhl werfe ich einen Blick auf die Armbanduhr. Kurz nach zehn. Da müsste ich ihn eigentlich erwischen. Ich denke an den Zettel in meiner Tasche. Ein Elfmetertor gegen die Bayern, Platzverweis für Luca Toni, Auswärtssieg von Karlsruhe in der Allianz Arena. Das müsste doch zu machen sein. Mir ist übel. Seit Tagen habe ich kaum geschlafen. Der Fahrstuhl stoppt. Ich trete auf den Flur hinaus, gehe das kurze Stück über den Gang bis zu seiner Wohnungstür und lausche, höre jedoch nichts bis auf einen Fernseher, der ebenso gut auch in der Nachbarwohnung laufen kann. Ich sammele mich kurz, gebe mir einen Ruck und klingele. Erst passiert nichts, dann höre ich Schritte und die Tür wird einen Spalt weit geöffnet, dahinter Zershoys fragendes Gesicht.

„Was machst du denn hier?“

Ich gebe mir keine Mühe, eine Konversation zu beginnen, sondern werfe mich gegen die Tür, die ihn im Gesicht trifft. Er geht wimmernd zu Boden und krümmt sich. Ich schließe die Tür, wende mich ihm zu und packe ihn.

„Halt bloß die Klappe, ich mach dich fertig! Was hast du dir bloß dabei gedacht?“, zische ich und zerre ihn ins Wohnzimmer. Stoße ihn unsanft in die Sitzecke. Er protestiert.

„Ich kann nichts dafür, was hätte ich denn tun sollen?“

„Du weißt, mit wem du es zu tun hast!“, unterbreche ich ihn. „Das sind keine Sandkastenspiele!“

Auf dem imposanten Plasmabildschirm an der Wand läuft Fußball, zweite Liga. Zershoy hat kapituliert, zusammengesackt beschränkt er sich darauf, mich schreckensstarr anzuschauen. Ich baue mich vor ihm auf.

„Denkst du wirklich, du kannst dich auf so eine Geschichte einlassen, das ganze Geld kassieren und dann deinen Teil der Abmachung nicht erfüllen? Ist das dein Ernst?“

Er sackt noch ein wenig weiter zusammen. Ich mustere ihn. Dieser verdammte rückgratlose Drecksack. Vielleicht hätte ich es besser wissen müssen. Ich blicke mich in der Wohnung um. Nicht schlecht. Jacuzzi im Badezimmer, Dachterrasse mit Blick auf den Rosengarten, gebürsteter Edelstahl und Granit in der Küche. Auf der Arbeitsplatte liegt die Brieftasche, daneben ein Autoschlüssel. BMW. Ich stecke ihn ein.

Zurück im Wohnzimmer, Zershoy sitzt zusammengekauert. Ich weise auf den Fernseher, auf die Einrichtung.

„Wem hast du das alles zu verdanken?“

Ich nehme den schweren Aschenbecher vom Tisch, wiege ihn kurz in der Hand, hole aus und knalle ihn in den Bildschirm. Das Display bricht splitternd, nur der Ton läuft noch weiter.

„Den Wagen nehme ich mit.“

Ich senke die Stimme.

„Du bist jetzt in der Bringschuld! Wenn morgen gegen die Bayern alles nach Plan läuft, gibt es für dich 50.000 und das Auto zurück. Wenn nicht, machen wir dich fertig, dann geht’s nicht mehr nur um einen Fernseher oder ein Auto! Deine letzte Chance!“

„Morgen wird alles laufen“, stammelt er und holt Luft, offenkundig, um zu wortreichen Erklärungen anzusetzen.

„Bau’ ja diesmal keinen Scheiß! Dieses Bochum-Spiel letzte Woche war ja echt das Letzte!“, komme ich ihm zuvor. „Jetzt reiß’ dich zusammen und pass’ verdammt noch mal auf, wir gehen den morgigen Ablauf durch!“

Ich krame den Zettel mit den Instruktionen hervor.

Ich atme tief durch, starte den Wagen und stoße aus der Parklücke. Beim Gedanken an das Spiel morgen verkrampfen sich meine Finger unwillkürlich um das Lenkrad. Ruhig bleiben. Nun heißt es alles oder nichts. Ich passiere das Nationaltheater und biege in den Friedrichsring ein. Nur wenige Fahrzeuge sind unterwegs. Am Wasserturm fädele ich mich links Richtung Augustaanlage ein. Die Springbrunnen sind farbig beleuchtet, einige Touristen verlieren sich in der Anlage und lassen sich in immer gleichen Posen vor den Fontänen und dem blau angestrahlten Wasserturm ablichten. Ein stechender Kopfschmerz beginnt sich hinter meinem linken Auge auszubreiten. Was morgen auch passieren wird, pfänden lasse ich mich nicht, das zumindest tue ich mir nicht an. Eher mache ich Schluss. Wie auch immer. Wenn es morgen gegen die Bayern nicht klappt, bin ich erledigt, so einfach ist das. Als ich am Planetarium auf die Autobahn nach Heidelberg fahre, springt mir ein Kaninchen von der angrenzenden Grünfläche vor das Auto. Der Aufprall ist fast nicht zu spüren.

„Guten Abend, meine Damen und Herren. München. Ein in der Geschichte des Profifußballs einmaliger Vorfall ereignete sich heute in der Bundesliga. In der Begegnung zwischen Bayern München und dem Karlsruher SC überwand ein Zuschauer die Absperrung, attackierte den Schiedsrichter Daniel Zershoy mit einem Messer, verletzte ihn dabei schwer und griff daraufhin Oliver Kahn an, der ihn allerdings überwältigen konnte und nur leichte Verletzungen davontrug. Der Vorfall ereignete sich in der 88. Minute, kurz nachdem Luca Toni wegen Reklamierens die gelbrote Karte erhalten und Oliver Kahn einen Elfmeter pariert hatte. Es war bereits der dritte Elfmeter für den KSC in der Partie. Schon die beiden vorangegangenen Elfer hatte Kahn gehalten. Daniel Zershoy befindet sich nach Angaben der Polizei mittlerweile außer Lebensgefahr, ist aber noch nicht vernehmungsfähig. Der Täter liegt nach einem Tritt von Oliver Kahn mit schwersten Kopfverletzungen im Koma. Nach ersten unbestätigten Informationen fanden sich bei Zershoy Unterlagen, die auf Spielmanipulationen hinweisen könnten. Ein terroristischer Hintergrund kann laut Staatsanwaltschaft nach derzeitigem Ermittlungsstand ausgeschlossen werden, jedoch kursierten bereits kurz nach dem Vorfall diverse Bekennerschreiben im Internet. Die ARD sendet nach der Tagesschau einen Brennpunkt zu dem Thema."

Karl-Heinz Royen

Tiefe Wasser

Erster Teil

Wie ein Stilett mitten ins Hirn, dachte ich. Ich taumelte und wollte es nicht fassen. Mir hatte gerade jemand voll eins auf die Nase gegeben.

Ein Mann, der viel kleiner war als ich, hatte den Schlag ausgeführt. Dann sprang der Mann ein wenig zur Seite und lief weiter, als wäre nichts geschehen.

Viel zu benommen, um zu reagieren, sah ich nur noch, wie der Täter zwischen den Menschen in der Fußgängerzone verschwand. Keiner der vorbeilaufenden Menschen schien den Vorfall bemerkt zu haben, jedenfalls sah es so aus.

Langsam fasste ich mich wieder, betastete mein Riechorgan, was ich aber lieber nicht getan hätte. Ein stechender und gleichzeitig wie von tausend Stecknadeln sich aufwühlender Schmerz durchzog meine Nase, welche sich offensichtlich zu einem der empfindlichsten Organe der Welt gemausert hatte. Unwillkürlich zog ich die Nase hoch. Ich schluckte. Blutgeschmack. Mal wieder kein Taschentuch dabei. Verflixt noch mal, ist denn hier nirgends ein Spiegel, zum Donner? Ich wollte sehen, wie schlimm es ist. Schniefend rannte ich in das nächste Geschäft und fragte nach einem Taschentuch und einem Spiegel.

Der Verkäufer bedauerte. Ich war in einem Zigarrenladen gelandet und dachte noch: Was soll man von so einem Laden auch anderes erwarten? Als ich das Geschäft verließ, stand er wieder vor mir, derselbe kleine Mann, der mir diesen Nasenstüber verpasst hatte. Er machte eine schnelle Bewegung, die ich abfangen wollte, aber das war auch schon alles. Danach umgab mich nur noch tiefschwarze Dunkelheit.

Mit weit aufgerissenen Augen sah ich etwas auf mich zukommen. Offensichtlich wollte mir da jemand eine Haube ins Gesicht drücken.. Ich stellte mir vor, dass ich dieses Ding mit wild gestikulierenden Armen abwehren würde, aber vor meinen

Augen erschienen keine Arme. Überflüssig, davon zu erzählen, dass mich Panik ergriff. Das Ding kam näher und näher und setzte sich mir einfach auf die Nase.

Dann geschah etwas, was ich in der Situation am allerwenigsten erwartet hätte. Es tat sich ein klarer, blauer Himmel auf. Kleine Schönwetterwolken zogen gemächlich dahin und der lang ersehnte Urlaub in der Karibik war mit einem Schlag wahr geworden. Ich atmete tief durch und genoss die frische Meeresluft.

„Hallo, hören Sie mich? Wie ist Ihr Name? Hallo!“

„Ja, zum Donner, ich höre Sie.“

„Hallo! Hallo!“

„Jetzt nehmen Sie doch das verrückte Ding weg. Wie soll denn da einer reden können. Und überhaupt, was wollen Sie von mir? Lassen Sie mich bitte in Ruhe, verdammt noch mal.“

„Hallo! Hallo!“

Ich machte die Augen auf. Tausend Augen starrten zurück. O Gott, wo bin ich hier? Ich wusste nicht, ob ich das gesagt oder nur gedacht hatte. Stimmengewirr. Mir wurde übel und ich spürte, wie mir der Schweiß auf die Stirn trat. Alle Versuche, sich einen Reim auf die Sachen zu machen, ergaben kein sinnvolles Bild. Da bemerkte ich, dass ich auf einem fahrbaren Untersatz herumgefahren wurde, denn durch ein unsanftes Halten war mein Körper gerade im Begriff sich hinter meinen Kopf zu verlagern. Zu meiner Verwunderung passierte es aber nicht. Dann verspürte ich das Gegenteil. Jetzt schien mein Körper nach hinten unter meine Füße rutschen.

Dann hörte ich: „Jetzt fahr doch! Warum fährst du nicht? Der haut uns ab!“ – „Gib ihm Sauerstoff!“ – „Was?“ – „Sauerstoff!“

„Was zum Teufel hat der denn? Gehirntrauma, oder was? Wenn wir nicht bald da sind, wird der uns plemplem!“

„Raus! Raus! Raus!“

„NOTFALL!“

Es kreischt durch die Gänge: „OP! OP!“

Stille. Was ist das? In unendlicher Ferne ein leises Piep–Piep–Piep. Ich komme durch einen sich verbiegenden ewig langen Gang auf mich zu, begleitet von gleichmäßigem Atmen. Dieses Atmen! Bin ich das, der atmet? Ich? Wer ist das? Wer fragt da? Ich frage!

Wer sonst? Wer ist der Ich? Langsam! Was sind das für Fragen? Wo kommen die her? Und überhaupt, wo bin ich eigentlich?

Piep–Piep – vielleicht liege ich ja auf einer Intensivstation. Oh Gott, ist mir schlecht. Soll ich die Augen aufmachen? Bestimmt sind jede Menge Schläuche um mich herum. Oder ich bin völlig allein und es ist gar keiner da. Versorgt und abgestellt? Unwillkürlich mache ich die Augen auf.

Ich wollte etwas sagen. Meine Lippen waren schwer wie Blei. An Bewegen war gar nicht zu denken. Keine Bewegung war möglich. Ich lag da und mein Körper wollte mir nicht gehorchen. Quatsch. Ich war machtlos oder war ich meinen Körper los? Ach, was redest du da? Langsam, du denkst und willst, aber es tut sich nichts. Jetzt ein leises Rauschen, Drehen, ich rutsche weg, und zack, steht alles wieder still. Schwer sacke ich zusammen.

Um mich herum war kein Geräusch, außer dem gleichmäßigen, scheinbar durch nichts aus der Ruhe zu bringenden Piep–Piep–Piep. Apparate. Bildschirme mit grünen Wellen. Schläuche. Bettlaken. Die Wände hatten kleine Vertiefungen. Millionen von Vertiefungen.

„Die 11 wird morgen entlassen."

„Die 12! Ah, wir sind aufgewacht! Wie geht es Ihnen?"

„Ich, öh ..."

„Ah, er spricht schon wieder."

„Ich, mir ..."

„Hallo? – Sie müssen sich noch etwas schonen. Versuchen Sie etwas zu schlafen."

„Die 13 wird ebenfalls morgen entlassen."

Dann wieder Stille. Das heißt bis auf das: Piep–Piep–Piep.

Nachdem mir der Arzt ein paar Tage später gesagt hatte, was

passiert war und wieso ich hier bin, wollte ich so schnell wie möglich raus.

Irgendjemand trachtete mir offensichtlich nach meinem Leben.

Warum, wieso etc. etc. war mir augenblicklich egal. Wer weiß, vielleicht taucht der Verrückte hier auf und will mich umnieten. Ich stellte mir vor, die Tür geht auf und der Schläger steht wieder vor mir.

Auf die Ärzte musste ich mit meiner Verfolgungsangst einen ziemlich verwirrten Eindruck gemacht haben. Erst als ein Weißkittel das Wort ‚Psychiater' fallen ließ, riss ich mich vorübergehend zusammen und tat so, als wäre ich der wachste, hellste und normalste Patient der Welt.

Ich hielt es jedenfalls für das Beste, aus dem Krankenhaus so schnell wie möglich herauszukommen, bevor mich dieser Kerl hier aufspürte. Nach einer Zeit hatten die Ärzte für meine Angst Verständnis und waren auch bereit mich vorzeitig zu entlassen, allerdings mit der Auflage, dass ich mich umgehend bei meinem Hausarzt zu melden hätte.

Zwei Tage später sitze ich in einem Café und frage mich, warum nicht einer der Ärzte auf die Idee kam, die Polizei zu verständigen. Ich glaube, die haben mich letztlich doch nicht ernst genommen. Aber vielleicht wollte auch keiner der Mediziner sich mit meinen Verfolgungsängsten bei der Polizei lächerlich machen.

Mist, ich muss zur Polizei. Ich will nicht zur Polizei. Aber wer anderes soll mich vor dem Verrückten schützen? Warum hat eigentlich niemand von den Fußgängern etwas unternommen? Die Polizei fragt mich bestimmt: Und was sollen wir da jetzt machen? Dabei will ich das doch von denen wissen. Ach, die kannst du doch alle vergessen. Soll ich noch einen Kaffee trinken?

Und wenn der Verrückte an meiner Wohnung auf mich wartet? Soll ich für ein paar Tage im Hotel übernachten? Am vierten oder fünften Tag muss es ihm doch langsam zu dumm werden mit der Warterei. Und zum Donner, warum hat der es überhaupt auf mich abgesehen?

Vielleicht hat er mich verwechselt. Aber was, wenn dem nicht so ist?

Mal ganz ehrlich: Es gibt bei jedem einen Grund, weshalb man ihn beiseiteschaffen könnte, und diesmal hat einer halt mich ausgesucht. Bestimmt ein Psychopath.

Etwa fünf Jahre später lese ich in der Zeitung unter lauter Meldungen, deren Bedeutung für 99,9% der Leser völlig bedeutungslos sein mussten, dass sie einen unbekannten Mann aus einem See geborgen haben und die Polizei mal wieder um die Mithilfe der Bevölkerung bat. Ich dachte noch, sehr witzig, wenn man kein Bild von dem Mann veröffentlicht. Ich las mich weiter durch das Blatt und landete schließlich auf der Lokalseite. Da fuhr es mir aber durch die Knochen. Haben die doch ein Bild von dem Mann veröffentlicht, der mich fast ins Jenseits befördert hätte. Ich war außer mir vor Wut. Auf dem Foto war er in einem Restaurant zu sehen, lachend in gemütlicher Atmosphäre. Unter dem Bild stand: ‚Am vergangenen Freitag wurde die Leiche dieses Mannes aus dem nahe gelegenen See gezogen. Wenn Sie Angaben zur Person machen können, melden Sie sich bitte bei einer der nächsten Polizeidienststellen.‘

Ich stand auf, legte vier Euro auf den Tresen und verließ das Lokal mit der um die Holzlatte gewickelten Zeitung mit einer Selbstverständlichkeit, dass der Barkeeper nicht mal auf die Idee kam, dass die Zeitung zum Lokal gehören konnte. Ich überquerte die Straße und hielt schnurstracks auf die nahe gelegene Polizeidienststelle zu.

„Ja bitte?“

„Ich möchte eine Aussage zu dem Mann machen, der am Freitag aus dem See gezogen wurde.“

„Ja, kommen Sie herein.“

„Ihr Name, Ihr Geburtsdatum, Ihr Wohnort, Ihre Telefonnummer – diese Angabe ist freiwillig – und Ihren Beruf. Haben Sie einen Ausweis dabei? Einen Moment bitte.“

Ich wartete. Der meine Aussage aufnehmende Polizist verließ den Raum. Nach einiger Zeit, die nach gefühlter Dauer bereits zu lange währte, kam er wieder rein und setzte sich hinter seinen Computer.

„Nochmal! Wie war Ihr Name? Ach so, da ist ja Ihr Ausweis."

Ich merkte, wie Ungeduld in mir aufstieg.

„So, jetzt zu Ihrer Aussage: Was wollen Sie zu Protokoll geben? Nein, einen Moment noch: Sie sind also der Herr sowieso, geboren am dann und dann, wohnhaft da und da und von Beruf das und das und die Telefonnummer ist die und die."

Jetzt war meine Geduld am Ende. Ich riss mich gewaltig am Riemen und fragte ihn höflich, ob ich meinen Ausweis mal kurz haben könnte, und begründete es damit, dass da möglicherweise noch meine alte Adresse drinstehe. Er gab mir meinen Ausweis zurück. Als ich diesen hatte, sagte ich nur, dass ich es mir anders überlegt hätte und dass ich doch keine Aussage machte. Ich verabschiedete mich mit einem erleichterten ‚Auf Wiedersehen' und war auch schon wieder draußen. Ich weiß nicht, ob die auf einer Wache so etwas wie einen Türschließer haben, der einen daran hindert, einfach zu gehen, wenn ja, wurde er nicht betätigt oder er war funktionsuntüchtig. Aber ich war dermaßen schnell draußen, dass kaum Zeit gewesen wäre, einen solchen Knopf überhaupt zu drücken.

Ich überquerte die Straße und ging mit meiner geklauten Zeitung zurück in das Restaurant. Dem Barkeeper legte ich das Bild vor die Nase, auf dem der Mann im Restaurant zu sehen war und fragte, ob er die Person kenne?

„Und ob. Der hat vor ein paar Jahren einem anderen erst gewaltig eins auf die Nase gegeben und ist dann verschwunden, um ca. eine Viertelstunde später seinem Opfer erneut aufzulauern und ihm noch mal eine zu verpassen, und zwar diesmal mit einem gezielten Handkantenschlag direkt unter die Nase. Der ist daraufhin stumm in sich zusammengesackt. Wir haben gedacht, der ist hin. Und das da auf dem Bild, das ist der Mann."

„Und was haben Sie dann gemacht?"

„Na, ich bin gleich ans Telefon und habe einen Notarztwagen alarmiert. Aber wie ich später in der Zeitung gelesen habe, hat der andere ja doch noch überlebt, aber er ist wohl nicht mehr ganz richtig im Kopf. Ich glaube, der weiß bis heute nicht, wer ihm das Leben gerettet hat."

„Und der Mann?“

„Welcher Mann?“, fragte der Barkeeper.

„Na, der Mann, der zweimal zugeschlagen hat.“

„Was weiß ich, weggerannt ist der“, gab der Barkeeper zur Antwort

„Ja, klar. Weggerannt. Was denn sonst.“

„Was ist denn jetzt mit dem Mann in der Zeitung und warum stellen Sie mir die ganzen Fragen?“, wollte der Barkeeper wissen.

„Was mit dem Mann ist? Der ist tot. Den haben sie am Freitag aus dem See gezogen.“

Zweiter Teil

Ich wußte gar nicht, dass Sterndeuterinnen auch in die Vergangenheit schauen können. Aber ich hatte es mal gehört und wollte wissen, ob meine Sterndeuterin das auch kann. Und bei meinem nächsten Besuch habe ich sie dann gefragt, ob sie in der Lage sei, in die Vergangenheit zu schauen. Sie fragte, um welches Jahr es gehe und an welchem Ort das sein solle. Ich sagte, es sei etwa vor fünf Jahren gewesen und habe sich in der Innenstadt abgespielt. Nach einigem Hokuspokus drehte sie die Kugel zu mir, und ihr war es gelungen, einem Video gleich, meinen Schläger auf ihre Kugel zu projizieren. Ich konnte sehen, wie ein Mann gerade aus einem Kaufhaus kam. Dann wurde er von hinten durch einen kräftigen Stoß regelrecht umgeworfen. Sogleich stürzte sich jemand auf ihn und nahm ihm alles ab, was irgendwie nicht niet- und nagelfest war, um sich dann sogleich aus dem Staub zu machen. Der auf dem Boden liegende Mann drehte sich auf den Rücken und blickte dem Davonrennenden nach. Mir fiel auf, dass der Mann, der wegrannte, meine Kleidung trug, und ich sagte etwas amüsiert: „Sieht aus, als ob ich das bin und ich glaube...“ „Ja ist das denn zu fassen, der, der da auf dem Boden liegt, das ist ja der, der mir damals auf die Nase geschlagen hat.“ Ich war außer mir.

Jetzt passierte etwas, womit wohl niemand gerechnet hätte. Hinter der Wahrsagerin ging die Tür auf und es traten zwei Männer herein, die sich als Kommissare auswiesen. Der eine von ihnen sagte:

„Sie haben nicht nur ihn erkannt, sondern auch sich selbst."

„Wir konnten Sie auf dem Film eindeutig identifizieren.", sagte der andere.

Ich hatte offensichtlich irgendetwas übersehen und fühlte mich überführt. Das mit dem Film in der Kugel hatte mich so verblüfft, dass ich alles um mich herum vergaß. Jedenfalls konnte ich mir im Moment keinen Reim darauf machen, wieso die so gut wie vergessene Szene mir jetzt vorgespielt werden konnte. Und natürlich kannten die zwei vom Kommissariat den Film. Ich merkte, wie sich bei mir Resignation breit macht, und was noch viel schlimmer war, ich merkte, dass ich mich aufgab und mein Innerstes nicht rebellierte. Das Schlimmste war eingetreten, es sah so aus, als müsse ich die Ermittlungstätigkeiten der Polizei anerkennen – das wäre dann wohl einer der schwärzesten Tage meines Lebens.

Durch den Film sah ich mich als überführt an. Im Moment wollte mir nichts einfallen, was ich zu meiner Verteidigung hätte sagen können. Trotzdem bat ich um die Beantwortung einer Frage.

„Wer hat das gefilmt?"

Die Antwort war so simpel wie naheliegend.

„Das Kaufhaus hatte eine Eingangsüberwachungskamera."

„Erlauben Sie mir noch eine zweite Frage: Woher wussten Sie, dass ich zu einer Wahrsagerin gehe?"

„Wann Ihnen die Idee kam, für sich aus Ihrem Fall Kapital zu schlagen, wissen wir nicht. Jedenfalls stellten Sie sich ab einem gewissen Moment als Opfer dar und spielten dabei den aus der Bahn Geworfenen. Wir wissen, dass Sie bei der Berufsgenossenschaft angegeben haben, Sie seien auf dem Heimweg von der Arbeit gewesen, als man Ihnen zweimal auf die Nase schlug, und natürlich wissen wir auch, dass Ihnen eine lebenslange Berufsunfähigkeitsrente zugebilligt wurde. Dazu mussten Sie den etwas Verrückten spielen, damit da kein Zweifel aufkomme. Und dazu gehört auch, zu einer Wahrsagerin zu gehen. Das passt doch. Auf so eine Idee kann man doch kommen, vor allem, wenn einem langweilig ist, und Sie arbeiten ja schon seit über fünf Jahren nicht mehr. Sie gingen regelmäßig zur Wahrsagerin. Gespräche bei Wahrsagerinnen sind meistens persönlich und gehen schnell mal in die Tiefe. Und nach einem Ihrer letzten Besuche bei Madame Wahrsagerin sagten Sie gedankenverloren: ‚Tiefe Wasser, die sind tief.' Als Madame Wahrsagerin in der Zeitung las, dass ein Mann aus dem See gezogen worden war, erinnerte sie sich an die letzte Sitzung mit Ihnen und vor allem an Ihren letzten Satz, bevor Sie ihre Praxis verließen.

Aber Sie machten noch einen zweiten Fehler. Sie waren sich Ihrer Sache so sicher, dass Sie sogar glaubten, bei der Polizei Angaben machen zu können. Da ist Ihre Rachsucht mit Ihnen durchgebrannt. Sie hätten gerne gesehen, dass dieser Mann posthum als ein Unhold in die Geschichte eingehe. Mit anderen Worten, Sie sind im Affekt Ihrem eigenen Lügenmärchen aufgesessen. In diesem unbedachten Moment rennen Sie in die nächste Polizeiwache und wollen mitteilen, dass das der Mann ist, der Sie zusammengeschlagen hat. Wie leichtsinnig von Ihnen. Bei Ihrer Intelligenz! Ihr Hass auf den Mann muss wirklich außerordentlich hoch sein, dass Sie selbst noch dann etwas gegen diesen Mann unternehmen wollen, wenn er bereits tot ist.

Eigentlich waren wir sehr skeptisch, ob Sie tatsächlich auf den Bericht der Zeitung anspringen. Aber dann gehen Sie zu einer Polizeiwache und laufen plötzlich wieder davon. Das Dumme war nur, der wachhabende Polizist hatte bereits alle Daten von Ihnen, und was lag da näher, so jemandem mal auf den Zahn zu fühlen, zumal wir aufgrund unseres Zeitungsberichtes ja hofften, dass sich irgendetwas tat."

Okay, sie hatten mich überführt. Ganz klar. Wer die Leiche im See war, das stank zu diesem Zeitpunkt schon zum Himmel, aber wussten sie auch, warum der im Film zu sehende Ausgeraubte keine Anzeige gegen Unbekannt oder gegen mich gemacht hatte? Auch wenn es für meine Verhaftung keine Rolle mehr spielte, wollte ich es dennoch wissen. Also fragte ich sie scheinheilig, wenn denn dem so wäre, wie sie hier vertreten, warum denn der von mir Überfallene dann keine Anzeige erstattet habe.

„Wir müssen zugeben, wenn wir nicht die Aufnahmen der Kaufhauskamera gehabt hätten, wären wir Ihnen wohl nie auf die Schliche gekommen. Sie hatten nur großes Pech. Der Ausgeraubte sah zwar schmächtig aus, war aber ausgebildet in Karate. Das Überraschungsmoment kam Ihnen zugute und Sie konnten den Mann ausrauben. Aber ausgebildete Karateleute sind zäh. Unmittelbar nach der Tat drehte sich der Mann auf den Rücken, um zu sehen, wo der Täter hinrannte. Dann rappelte er sich hoch und nahm die Verfolgung auf. Bei der ersten Attacke gegen Sie hat er Sie nur leicht erwischt. Da ihm das nicht genügte, suchte er ein zweites Mal nach Ihnen und fand Sie gut eineViertelstunde später und versetzte Ihnen dann einen ordentlichen Schlag, dieses Mal mit einem Handkantenschlag gekonnt unter die Nase. Sie klappten auf der Stelle in sich zusammen. Daraufhin dachte der Karatemann, er habe Sie totgeschlagen, und lief davon. Natürlich informierte sich der Karateschläger darüber, was aus Ihnen geworden ist. Als er dann erfuhr, dass Sie überlebt hatten und für berufsuntauglich erklärt worden waren, musste er handeln. Er wusste wie Sie aussahen und Sie wussten wie er aussah. Sie hatten ein Interesse daran, dass er nicht mehr in Erscheinung trat. Das wusste er. Denn wenn er aussagen würde, dass Sie, bevor Sie eins auf und dann eins unter die Nase bekamen, einen Mann überfallen hatten, nämlich ihn, würde die Berufsgenossenschaft den Weg nach Ihrem Überfall nicht mehr als Fortsetzung des Heimweges von der Arbeit ansehen, sondern als Flucht nach einem Verbrechen. Ihre Berufsunfähigkeit würde für nichtig erklärt und es würde eine Rückforderung der bisherigen Leistungen auf Sie zukommen. Also konnte er Sie erpressen. Und ein notorischer Erpresser wird auf die Dauer lästig, und so versenkten Sie ihn, wie das wird die Obduktion ergeben, im See."

Die Polizei hatte sich ihren Reim auf die Sache gemacht. Und wenn sich etwas gut reimt, interessieren die sich für einen nicht mehr.

Hans Ludwig Herder

(Mann)heim ohne Mann

Wohin mit der Leiche?

An alles hatte Manfred gedacht. Der Mord an seiner Ehefrau hatte wunderbar geklappt. Ein ausgedehntes Samstagmorgenfrühstück mit Kaffee, Toast, Croissants und einem zarten Omelett wie seine Angetraute es mochte. Schaumig geschlagene Eier mit Sahne verfeinert, mit Pfeffer und einem Hauch Chili gewürzt, gefüllt mit Schnittlauch, Zwiebeln, Schinken, Champignons und einer Messerspitze ... *Knollenblätterpilz*. Jetzt lag ihre Leiche verkrümmt auf dem Teppich.

Was hatte er nicht alles für seine Angetraute getan? Seinen Beruf hatte er geopfert, damit *sie* Karriere machen konnte. Die Kinder hatte er großgezogen, den Haushalt geführt und sie auf Händen getragen ... was bei dem enormen Körpergewicht einer Opernsängerin gar nicht einfach gewesen war. Und wie hatte sie es ihm gedankt? Mit einem Tenor hatte sie ihn betrogen, einem zwanzig Jahre jüngeren Schönling! Eine üble Welt war das. Überall lauerten gutaussehende junge Männer, um ihn, Manfred, zu hörnen und lächerlich zu machen. Warum konnte er nicht in einer Welt leben, in der es keine Männer gab? Aber er hatte mit seiner exzellenten Kochkunst zurückgeschlagen. Jetzt war sie mausetot. Wenn er nur früher an die Entsorgung ihrer Leiche gedacht hätte. Zu dumm aber auch.

Die Verblichene einfach über die Schulter zu stemmen und sie zum Kofferraum des gemeinsamen Volvo zu tragen, scheiterte schon an besagter Körperfülle. Und sie mit einem scharf geschliffenen Fleischermesser wie ein Hühnchen zu tranchieren, ließen seine sensiblen Empfindungen nicht zu. Was tun?

Ratlos ließ er die Leiche erst mal auf dem Teppich liegen und schaltete das Fernsehgerät ein. Gelangweilt zappte er sich durch die Kanäle. Das übliche Frauenprogramm am Samstagvormittag. Werbung, Gewinnspiele, ein Beziehungsfilm mit endlosen Dialogen. Eine Gesundheitssendung über Darmregulierung schien der Renner zu sein. Sie wurde ihm gleich auf drei Kanälen um die Ohren gehauen. Stuhlgang schien in der Frauenwelt ein ungeheuer spannendes Dauerthema zu sein. Als kleiner Junge hatten Mama, Oma, Tanten und andere Weibspersonen in unheiliger Allianz mit Kinderärztinnen und Apothekerinnen mit Eifer über seinen Stuhlgang gewacht. Blieb dieser einmal aus, traktierten ihn die Frauen mit Früchtewürfeln, Karlsbader Salz, Klistieren oder – die schlimmste Steigerung – mit Rizinusöl, zähfließender übelschmeckender Tran, der sofort durchhaute, sodass er stundenlang nicht mehr vom Klo runter kam. Seitdem Manfred diesem Weiberkollektiv entkommen war, hatte er sich nie mehr um seinen Stuhlgang gekümmert und hervorragend damit gelebt. Schließlich brachte ihn eine Haushaltsratgebersendung auf eine Idee.

Er musste große, luftdichte Müllsäcke besorgen, eh seine Angetraute auf dem Teppich anfing zu müffeln. Soweit er sich erinnern konnte, gab es die bei Tengelmann im Sonderangebot. Danach sah man weiter.

Umweltbewusst, wie Manfred war, ließ er den großen Volvo stehen und spazierte die Schwarzwaldstraße entlang Richtung Stadtzentrum. Die Sonne schien, die Vögel sangen und er trällerte ein Liedchen mit. Was für ein herrliches Frühlingswetter so nah an der Reißinsel und der Rheinpromenade. Wie gern hätte er jetzt einen ausgedehnten Spaziergang gemacht. Aber zuerst musste er die Müllsäcke kaufen.

Wo war eigentlich der aufgemotzte Schlampenschlepper dieses eingebildeten Machos aus der Nachbarschaft? Ein tiefer gelegter BMW mit überbreiten Reifen und phallischen Auspuffanlagen. Und auch die anderen noblen Autos fehlten in dieser Villengegend. Keine schwarzen, grauen oder silbergrauen Limousinen der Marken Mercedes, Audi oder Jaguar. Auch keine kantigen, chromblitzenden, $C0_2$-schleudernden Geländewagen, die mit ihren 8-Zylinder-Motoren auf der Autobahn alles niederwalzten. Stattdessen nur kleine Kompaktautos und Cabrios in gelb, blau und rot. Merkwürdig. Auf einer großen Plakatwand wurde für Abführmittel geworben. Schon wieder.

Er bog in die Meerfeldstraße ein und schlenderte an den vertrauten Geschäften vorbei. Ein paar Frauen kamen ihm entgegen und grüßten freundlich. Plötzlich stutzte er, hielt an und drehte sich um. War da nicht gestern noch die Metzgerei Zehner gewesen? Stattdessen hatte an gleicher Stelle ein vegetarischer Feinkostladen eröffnet. So schnell? Aber er wollte ohnehin ja nur Müllsäcke kaufen.

Bei Tengelmann waren die luftdichten 120-Liter-Müllsäcke, 10 Stück für 1 Euro 39, vergriffen. Als er nach dem Marktleiter fragte, wurde er an die Marktleiterin verwiesen.

„Tut mir sehr leid, aber die Müllsäcke kommen erst wieder am Montag rein." Die ältere Dame im weißen Kittel lächelte warm und entschuldigend. Seit wann gab es bei Tengelmann eine Marktleiterin?

Manfred ging weiter. An der Straßenbahnhaltestelle warteten einige Frauen. Irgendwie hatte sich das Straßenbild verändert. Mehr Blumenkübel und Grünanlagen ohne herumfliegenden Abfall. Die Häuser wirkten gepflegter. Blitzsaubere Fassaden ohne Graffiti. Was war mit Mannheim geschehen? Und wo war seine Stammkneipe? An dessen Stelle befand sich ein Reinigungsgeschäft. *Uschis Blitzsauberland.* Auch das Billard-Café und der Videoverleih waren nicht mehr zu finden. Dafür gab es jede Menge Boutiquen für Weiberklamotten, Kosmetikläden, Damenfriseure, Vollkornbäcker, Reformhäuser und eine Buchhandlung. Eine Buchhandlung? Wer las denn in dieser Gegend Bücher? Auf einer riesigen Plakatwand wurde für Abführmittel geworben.

Bei Schlecker kosteten die Müllsäcke 1 Euro 89. Eine Unverschämtheit! Und bei Penny waren sie auch nicht billiger. Die Zeit drängte. Manfred wusste nicht, wann der Verwesungsgeruch seiner Verblichenen anfing, durch die Villa zu wabern. Aber deshalb bezahlte er keine Wucherpreise. Er musste weiter in die Innenstadt Mannheims. Vielleicht bekam er da die Müllsäcke günstig.

Nachdem er den Fußgängertunnel zum Hauptbahnhof passiert hatte, erreichte er die Quadrate des Stadtzentrums. Der Verkehr auf den großen Durchgangsstraßen war spärlich. Viele Radfahrerinnen und wieder nur kleine bunte Autos. Im Quadrat L 14 war doch einmal ein Sexshop gewesen, dessen heimlicher Kunde er gewesen war. Jetzt befand sich hier ein Esoterikzentrum.

Auf Höhe des Quadrates N 7 bog er Richtung Paradeplatz ab. Auch hier war alles gepflegt und blitzsauber. Die Häuser waren nicht schmutzig grau sondern strahlten in frischem Weiß, Beige oder Hellgrün. Die entgegenkommenden Frauen grüßten freundlich. Auf einer großen Plakatwand wurde für Abführmittel geworben. Was war heute nur los? Irgend etwas stimmte nicht. Nur was?

Eilig ging er an dem großen Kino Cinemaxx vorbei. Plötzlich blieb er abrupt stehen. War da gestern nicht für den Krimi *Tod aus der Bratpfanne* geworben worden? Ein Mann brachte darin seine Frau mit Knollenblätterpilzen um und das hatte ihn überhaupt erst auf die Idee gebracht, seine werte Gattin mit der gleichen gesunden Kost aus der freien Natur zu beglücken. Statt dessen gab es nur Beziehungsfilme. Keine Krimis, keine Action, kein Sex. Er sprach die Kartenverkäuferin an. „Entschuldigung, warum haben Sie den Kriminalfilm *Tod aus der Bratpfanne* so schnell abgesetzt?"

Die rothaarige Frau lächelte freundlich, aber etwas hilflos. „Wie bitte?"

„Na, hier lief doch gestern noch der Film *Tod aus der Bratpfanne.* Ich habe ihn selbst gesehen und der Saal war knüppelvoll. Warum setzen Sie den Film dann so schnell ab?"

„Tod aus der Bratpfanne? Wir zeigen hier keine Dokumentationen über ungesundes Essen."

„Aber das war doch ein Krimi! Ein Mann hat seine Frau mit Knollenblätterpilzen ermordet."

Die Frau sah ihn mit großen Augen an. „*Ermordet*? Was ist das?

Er traute seinen Ohren nicht. „Na, vom Leben zum Tode befördert!"

„Mit Absicht?"

Er atmete tief durch. „Ja, mit Absicht! Das ist so üblich bei einem Mord."

Die Augen der Rothaarigen weiteten sich noch mehr. Das blanke Entsetzen sprach aus ihnen. „Große Göttin! Sie haben ja grauenvolle Aggressionsfantasien!"

Jetzt wurde Manfred laut. „Zum Teufel, ein Mord ist doch etwas ganz normales! So was passiert doch jeden Tag. Gerade eben wieder in ...“ Er schluckte das Satzende hinunter.

Die Rothaarige kam aus ihrem Kartenhäuschen und sah nun sehr besorgt aus. „Kann ich Ihnen irgendwie helfen? Kann ich Sie wohin begleiten? Vielleicht in das Zentralinstitut für seelische Gesundheit? Ist gar nicht weit von hier.“

Er musste sich festhalten, um nicht zu taumeln. „Nein ... nein, danke. Ich brauche jetzt dringend einen doppelten Korn.“

Auf der verzweifelten Suche nach einer Kneipe oder wenigstens einem Kiosk irrte er durch die Quadrate. Warum gab es auf einmal so wenig Kneipen? Schließlich fand er ein Bistro. Er setzte sich an einen freien Platz.

Eine Kellnerin, die so sexy war wie ein japanischer Taschenrechner, begrüßte ihn: „Herzlich willkommen bei uns! Was darf ich Ihnen bringen?“

„Einen Doppelten oder besser gleich einen Dreifachen!“

Sie sah ihn an als hätte er seine Bestellung auf japanisch aufgesagt.

Er wurde etwas lauter: „Na, einen dreifachen Korn! Und ein Bier dazu.“

„Was bitte, ist ... *Korn*?“ Sie wirkte hilflos.

Er glotzte sie an. War die jetzt auch verrückt geworden?

„Ich verstehe auch nicht, was Sie mit *Bier* meinen. Werden diese Getränke im Ausland getrunken?“

„Ganz ruhig, Manfred!“, murmelte er zu sich selbst. „Wir bleiben ganz ruhig. Es gibt für alles eine logische Erklärung.“

„Wir haben 30 verschiedene Sorten Tee, stilles Mineralwasser und ungesüßte Fruchtsäfte“, meinte die Kellnerin geschäftsmäßig. „Unseren Kräutertee kann ich sehr empfehlen. Der ist richtig lecker.“

Manfred sah sich um. Im Bistro verloren sich einige junge und ältere Frauen an den Tischen. Zwei kleine Mädchen spielten mit Puppen. Draußen liefen Frauen vorbei. Die Frau hinter dem Tresen schien die Bistroinhaberin zu sein. Auf der Straße wurde auf einem riesigen Plakat für Abführmittel geworben. Langsam wurde es Manfred unheimlich. Hier stimmte doch etwas nicht.

„Mir ist alles egal. Bringen Sie mir irgendwas mit Alkohol."

Die Kellnerin runzelte die Stirn. „Sie wollen Alkohol? Um diese Tageszeit?"

„Ja, bitte. Vielleicht sehe ich dann klarer."

„Selbstverständlich schenken wir auch liebliche Weine oder Kirschlikör aus. Allerdings müssten Sie dann eine Erklärung unterschreiben, dass ich Sie über die gesundheitlichen Risiken des Alkoholkonsums aufgeklärt habe."

Er stöhnte laut. „Mach ich. Mach ich alles. Aber bringen Sie mir endlich einen doppelten Kirschlikör. Oder am besten gleich eine ganze Flasche."

Die Frau lächelte honigsüß. „Sehr gerne. Möchten Sie auch frühstücken? Ich kann Ihnen unser urgesundes Müsli empfehlen, mit zehn verschiedenen Früchten, Haferflocken, Nüssen und Honig. Sehr lecker, garantiert cholesterinfrei und so gut für den Stuhlgang!"

Manfred hätte bei dem Wort *Stuhlgang* am liebsten losgebrüllt. Aber er beherrschte sich und sagte ruhig. „Bringen Sie mir *nur* eine Flasche Kirschlikör!"

Nachdem er die Erklärung unterschrieben hatte, stürzte er das erste Glas hinunter. Es schmeckte pappsüß. Aber das war ihm jetzt egal. Die Kellnerin und die Bistroinhaberin steckten hinter dem Tresen die Köpfe zusammen und tuschelten. Die Frauen im Bistro beobachteten ihn verstohlen. Im Radio berichtete eine Nachrichtensprecherin über die Errichtung eines neuen Kommunikationszentrums in Frauheim.

Frauheim?

Und da fiel es Manfred wie Schuppen von den Augen: Er war nicht mehr in *Mann*heim. Er war in *Frau*heim gelandet; in einer Welt, in der es nur Frauen gab.

Er kämpfte gegen den aufsteigenden Wahnsinn. Und zu Hause lag die Leiche seiner Angetrauten. Noch so ein Problem, das er nicht gelöst hatte.

Ein kleines Mädchen war näher gekommen und betrachtete ihn neugierig.

„Was hast du denn da im Gesicht?“, fragte es und deutete auf seinen Oberlippenbart

„Das ist ein Bart“, antwortete Manfred und grinste schief.

Das Mädchen lief zu ihrer Mutter. „Schau mal, die Tante hat Haare im Gesicht!“

Wie war die Mutter des Mädchens nur schwanger geworden, wenn es hier keine Männer gab? Egal. Er stürzte ein weiteres Glas Kirschlikör hinunter. Jetzt wurde ihm leichter. Frauheim hin oder Mannheim her, das wichtigste war jetzt die Entsorgung der Leiche seiner Ehefrau, denn die musste ja auch in einer Welt der Frauen noch existieren. Mutig geworden nahm er die Likörflasche und ging zum Nachbartisch, wo eine junge Blondine saß. Er setzte sich unaufgefordert und fragte unverblümt: „Entschuldigung, aber können Sie mir sagen, wo es hier in der Nähe 120-Liter-Müllsäcke günstig zu kaufen gibt?“

Die Blonde glotzte. Sekundenlang glotzte sie. Dann verzog sich ihr Gesicht und sie begann zu kreischen. Sie kreischte schrill. Die Frauen sprangen auf und eilten herbei. Dahinter gleich die Kellnerin und Inhaberin des Bistros. Im Nu waren Manfred und die Kreischende umringt.

„Konfliktberatung!“, rief die Bistroinhaberin aufgeregt. „Warum alarmiert denn keiner die Konfliktberatung?“ Zwei Frauen hatten bereits ihre Handys gezückt und telefonierten.

Manfred schwante dunkel, dass er wohl etwas undiplomatisch gewesen war. Jetzt musste er da irgendwie raus.

„Ein Konfliktberatungsteam ist in wenigen Sekunden hier“, verkündete eine Frau aufgeregt. Die Kellnerin nahm die Kreischende in den Arm und klopfte besänftigend auf ihre Schulter. In der Ferne hörte Manfred schon Sirenen heulen. Vorsichtig erhob er sich und schob sachte zwei Frauen zur Seite. Aber er kam nur bis zur Tür. Ein blauer Streifenwagen hielt quietschend vor dem Bistro und zwei blauuniformierte Frauen sprangen heraus. Die erste Frau stürzte auf ihn zu und ... lächelte. „Guten Tag, ich bin Konfliktmanagerin der Stadt Frauheim und das hier ist meine Assistentin. Was können wir für Sie tun?“

„Dieser Mensch hat mich angemacht!“, heulte die Blondine

im Hintergrund. Die blauuniformierte Konfliktassistentin war bereits bei ihr und tätschelte sie tröstend.

„Ich habe lediglich nach 120-Liter-Müllsäcken gefragt“, verteidigte sich Manfred.

Die Konfliktmanagerin runzelte die Stirn. „Wozu brauchen Sie 120-Liter-Müllsäcke?“

„Na, um die Lei...“ Er schluckte das Wort hinunter.

„Müllsäcke!“, kreischte die Blondine. „Das war der Versuch einer sexuell motivierten Kontaktaufnahme! Ich wurde von diesem Mensch wie ein Sexualobjekt behandelt. Meine Würde als Frau wurde mit Füßen getreten!“

„Große Göttin!“, rief die Konfliktmanagerin erschrocken. „Das ist in der Tat ein sehr schwerer Vorwurf. Was können Sie uns dazu sagen?“

Manfred versuchte zu lächeln. „Die soll sich mal nicht so haben. Schließlich habe ich nicht versucht, sie zu ermorden.“

„*Was* meinen Sie?“

„Na, es hat doch keinen Mord gegeben, oder?“

Die Blauuniformierte starrte ihn an. „Was, bitte, ist ein ... *Mord*?“

Manfred schluckte. „Nun, wenn ein Mensch einen anderen ... und da gibt es zuweilen *triftige Gründe* ... vom Leben zum Tod befördert.“

Die Konfliktberaterin weitete die Augen vor Entsetzen. „Große Göttin! Sie haben ja furchtbare Aggressionsfantasien.“

„Ich wollte, es wären nur Fantasien“, murmelte er. Er musste hier raus. Was konnte er nur tun, um hier wegzukommen?

In diesem Moment tauchte die rothaarige Kartenverkäuferin auf und kreischte schrill: „Da ist der Mensch! Der mit den krankhaften Aggressionsfantasien!“

Die Konfliktmanagerin drehte sich um. „Haben Sie auch etwas zur Sache auszusagen?“

„Allerdings!“, schnappte die Rothaarige. „Dieser Mensch hat mich vor einer Stunde angesprochen und behauptet, dass ein Mensch einen anderen mit Absicht töten könnte. So eine absurde und bizarre Aggressionsfantasie ist mir in meinem Leben noch nicht begegnet.“

Die Blauuniformierte sah Manfred nun wirklich sehr besorgt an. „Sie armer, armer Mensch! Ich glaube, Sie brauchen dringend Hilfe. Am besten wir bringen Sie erst einmal in das Zentralinstitut für seelische Gesundheit."

„Aber das geht nicht", wehrte sich Manfred verzweifelt. „Ich brauche dringend Müllsäcke und muss nach Hause, um die Lei... ich meine, meine Frau ... Oh Scheiße!"

„Ihre Frau?"

Manfred dachte fieberhaft nach. Was konnte er zu seiner Entlastung vorbringen? Da hatte er einen Geistesblitz. „Ich bin nur so verwirrt, weil ich seit vier Tagen keinen Stuhlgang mehr hatte!"

Die Frauen waren sprachlos. Die Blondine war die erste, die Worte fand. „Aber ... große Göttin, wenn ich das nur gewusst hätte, dann ... ich verzeihe Ihnen! Ich ziehe meine Anzeige zurück."

„Kein Wunder, dass dieser unglückliche Mensch solche Aggressionsfantasien entwickelt", sagte die Rothaarige. „Vier Tage keinen Stuhlgang! Wie müssen Sie leiden, Sie bedauernswerter Mensch!"

„Da helfen Früchtewürfel", meinte eine Frau aus dem Hintergrund.

„Karlsbader Salz!"

„Ein Klistier!"

„Nein, das beste ist Rizinusöl!"

Das Handy der Konfliktassistentin klingelte.

Die Konfliktmanagerin umarmte Manfred. „Aber dann verstehen wir ja Ihr aggressives Verhalten, Sie armer, armer Mensch. Vier Tage keinen Stuhlgang! Es ist Ihnen alles, *alles* verziehen."

„Moment", rief die andere Blauuniformierte aus dem Hintergrund. „In der Schwarzwaldstraße wurde soeben eine Leiche gefunden. Sie lag verkrümmt auf dem Wohnzimmerteppich!"

„Wo bleibt mein Omelett?"

Manfred schreckte aus seinen Gedanken hoch. „Gleich, meine Teuerste! Oh, ich fürchte, jetzt ist es mir angebrannt."

Die Opernsängerin kam in die Küche und umarmte ihn. „Aber das macht doch nichts, mein kleiner Mäuserich. Du machst mir bestimmt gleich ein neues."

„Aber ja, meine Teuerste!"

Manfred schob das Omelett mit der Knollenblätterpilzfüllung in den Behälter für biologischen Abfall und begann neue Eier schaumig zu schlagen. Er hatte seiner Angetrauten den kleinen Seitensprung verziehen.

Was wäre die Welt ohne Männer?

Dietlind Kreber

Bis zum bitteren Ende

„Wer soll schon bei uns einbrechen? Hier gibt es doch nichts zu holen!“ Wer so dachte, der lag bei mir völlig falsch. In jedem Haushalt gab es genügend Zeug, das ich zu Geld machen konnte. Es mussten nicht immer wertvolle Klunker sein, ein handlicher CD-Player erzielte auf dem Schwarzmarkt auch einen guten Preis. Ich verfügte in dieser Angelegenheit über ausgezeichnete Fachkenntnisse, denn ich war ein Profi, der stolz auf eine zwanzigjährige Einbrecherkarriere zurückblicken konnte. Wenn auch mit einigen unfreiwilligen Unterbrechungen.

Das Haus, das ich mir in der vergangenen Woche ausgesucht hatte, befand sich in einer ruhigen Seitenstraße in der Ludwigshafener Gartenstadt. Kein Lichtschimmer drang durch die Ritzen der Jalousien. Seit drei Tagen fehlte auf dem Hof der dunkelblaue Mercedes 280 SL, Baujahr 1980, der ideale Zeitpunkt für einen ungebetenen Besuch.

Der Glasschneider summte leise und hatte in Sekundenschnelle seine Arbeit verrichtet. Ich langte durch die Öffnung und drückte den Hebel der Terrassentür nach oben. Das Licht der Taschenlampe huschte durch die Dunkelheit und erfasste die wenigen Möbel, die sich im Raum befanden. Neben dem geschmackvollen Holzschrank und einer modernen Esszimmereinrichtung stand eine Musikanlage der Marke Bang & Olufsen, die ich auf jeden Fall auf dem Rückweg mitnehmen wollte.

Ich checkte die anderen Zimmer im Erdgeschoss. Küche, Ankleidezimmer, Bad. Doch hier gab es nichts, was mich wirklich interessierte. Lautlos schlich ich die Treppe ins erste Stockwerk hinauf. Die Tür auf der linken Seite des Flures war einen Spalt weit geöffnet. Ich betrat das Zimmer und sah mich im Schein der Taschenlampe nach einer lohnenswerten Beute um. Plötzlich hörte ich aus dem obersten Stock eine helle Frauenstimme, die einen unverständlichen Text flüsterte. Es klang wie das eintönige Murmeln einer Betenden. Katzengleich bewegte ich mich auf die Wendeltreppe in der Mitte des Raumes zu und lauschte.

„Ich warte in einer halben Stunde in der Laurentiuskirche in Käfertal auf Sie."

Die Laurentiuskirche. Vor achtundvierzig Jahren war ich dort getauft worden. Man hatte mich nicht gefragt, ob mir das recht war, aber geschadet hatte es mir wohl auch nicht. Ich ignorierte die warnende Stimme in meinem Kopf und beschloss herauszufinden, was hier oben vor sich ging.

Die Treppe führte zu einem riesigen Dachzimmer. Mit dem Rücken zu mir saß eine große, dürre Frau, deren eingefallenen Wangen von dem Licht des Bildschirms beleuchtet wurden. Der Rest des Raumes lag im Dunkeln. Das Murmeln schwoll immer mehr an, ihre Stimme erfüllte jetzt den ganzen Raum. Völlig fasziniert von dem Klang der Stimme setzte ich mich auf die oberste Treppenstufe.

Kommissar Goldbach schaute zu dem Schornstein des Krematoriums in der Gutenbergstraße. Heute kräuselte sich die kleine Rauchfahne sehr früh gen Himmel.

Das Wort Krematorium löste keine guten Gefühle in mir aus. Meine Großmutter war vor drei Jahren in einem schlichten Kiefersarg verbrannt worden. Ein grauenhafter Gedanke, auch wenn sie zu diesem Zeitpunkt schon tot war.

Ein lauter Knall erschreckte mich bis ins Mark. Ich krallte mich an der Stufe fest, um nicht aufzuspringen. Die Frau hatte mit der flachen Hand auf den Schreibtisch geschlagen und rieb sich jetzt mit schmerzverzerrtem Gesicht ihre Handfläche.

„Dass ich so einen Mist schreiben muss", fluchte sie laut. „Einen Mannheimer Regionalkrimi! Der Schund ist doch sterbenslangweilig."

In diesem Moment begriff ich. Sie war eine Schriftstellerin, die gerade an einem neuen Krimi arbeitete. Es wunderte mich, dass solche Stadtkrimis bei uns in Mannheim gekauft wurden. Man musste doch nur den Mannheimer Morgen aufschlagen, da gab es so einiges über Mord und Totschlag zu lesen. Diese traurige Tatsache war auch der Grund, warum ich meine Arbeit in Ludwigshafen erledigte. Die Pfälzer konnten getrost noch ein paar zusätzliche Einbrüche vertragen. Als Urmannheimer war es mir wichtig, die Kriminalstatistik meiner Stadt nicht weiter zu belasten. Da war ich sehr eigen.

Ich hatte genug gehört und beschloss, mich schnellstens aus dem Staub zu machen. Eine Anlage von Bang & Olufsen war eine einträgliche Beute. Bevor ich mein Vorhaben in die Tat umsetzen konnte, warf die Schriftstellerin den Kopf herum und starrte mich wütend an.

„Warum stören Sie mich bei der Arbeit?“, fauchte sie.

„I ... ich bin bei Ihnen ein ... einge ... eingebrochen“, stotterte ich.

„Nehmen Sie sich alles, was Sie gebrauchen können. Den Fernseher, meinen Schmuck, die Anlage. Es gehört mir sowieso nichts mehr“, sagte sie ungeduldig. „Sehen Sie sich nur in aller Ruhe um, aber lassen Sie mich meine Geschichte zu Ende schreiben.“

Sie warf mir einen unergründlichen Blick zu. „Nun machen Sie schon, ich helfe Ihnen dann nachher auch beim Raustragen.“

Ich staunte nicht schlecht und wollte mich für ihre Großzügigkeit bedanken, doch ihr Redefluss war nicht mehr zu bremsen. „Seit drei Tagen sitze ich hier und versuche, die Handlung der Kurzgeschichte über ganz Mannheim zu verteilen. Es reicht ja für einen Regionalkrimi leider nicht aus, nur die Kurpfalzbrücke zu erwähnen. Die Leser wollen eine spannende Geschichte, in der sie zusammen mit Kommissar und Mörder durch die ganze Stadt jagen können. Ich finde das richtig krank.“

„Warum schreiben Sie es dann?“

„Was soll ich machen? Mein Verleger sagt, dass im Moment nur noch regionale Krimis laufen. Köln, Heidelberg, wahrscheinlich auch die in Buxtehude.“ Sie schluchzte leise. „Ich hasse diesen Mist.“

„Und die Leute kaufen das wirklich?“, fragte ich neugierig.

Sie nickte heftig. Ihre kinnlangen Haare, die mich an zerkochte Spaghetti erinnerten, klatschten an die blassen Wangen.

„Ja, natürlich. In der heutigen Zeit sind die Menschen doch einfach zu faul, um die Zeitung zu lesen. Da müssen sie sich durch mehrere Seiten kämpfen, um auf ihre Kosten zu kommen und auf einen Mord oder wenigstens einen Totschlag zu stoßen. Ein Krimiband hingegen ist übersichtlich, oft sogar chronologisch nach Stadtteilen gegliedert, in denen dann wild herumgemordet wird. Darin finden die Leser schnell die Orte, die sie kennen."

Sie seufzte. „Es gibt sogar Menschen, die sich ins Auto setzen und zu den Tatorten fahren. Gruseln ohne Risiko. Letztendlich weiß man ja, dass alles nur erfunden ist."

Sie war empört und, ich musste es zugeben, ich auch. Was war so faszinierend daran, an einem Ort vorbeizufahren und sich vorzustellen, dass dort ein Mensch getötet worden war? Rein fiktiv, natürlich. Mir war es höchst unangenehm, wenn ich einmal an einem tatsächlichen Tatort vorbeifuhr.

Die Schriftstellerin sprang auf und riss wie ein Fußballfan die Arme hoch. „Ich habe eine tolle Idee!", rief sie aufgeregt und stürmte auf mich zu.

Wollte sie mich überrumpeln? Ich handelte instinktiv und warf sie zu Boden. Eine Weile rangelten wir miteinander.

„Hören Sie mir zu. Bitte. Ich tue Ihnen doch nichts", keuchte sie. Ihre Nase glich einem Radieschen. Ich lockerte den Würgegriff, jeder Zeit bereit, erneut zuzupacken.

„Wir beide schreiben einen Regionalkrimi über Ihren Einbruch bei mir. Die Leser sind dann sozusagen live dabei. Das gab es noch nie. Mein Verleger wird begeistert sein."

Ich war skeptisch. „Was ist an einem Einbruch ohne Mord so interessant?"

Die Schriftstellerin presste die Lippen zusammen. „Da haben Sie Recht." Sie schwieg lange, so lange, dass ich schon glaubte, sie sei eingeschlafen. Plötzlich krallten sich ihre kurzen, scharfen Fingernägel in meinen Unterarm.

„So machen wir es." Ihre olivgrünen Augen glänzten fiebrig. „Sie bringen mich um. Dann ist der Krimi perfekt, und die Leser sind zufrieden. Ich meine es ernst. Schauen Sie mich an. Nur noch Haut und Knochen. Das Auto ist schon verkauft, nächste Woche kommt das Haus unter den Hammer, und dann sitze ich ohne einen Cent auf der Straße. Mein Tod kommt mir also sehr gelegen."

Ich starrte sie fassungslos an. Die Frau musste völlig verzweifelt sein. Warum also hätte ich ihr diesen letzten Wunsch abschlagen sollen? Dabei dachte ich auch ein klein wenig an mich selbst. Einen Mörder, der den Tathergang zusammen mit seinem Opfer in eine Geschichte packte, den gab es noch nicht. Der Verleger würde nicht so dumm sein, sich diese Publicity für seinen Kurzgeschichtenband entgehen zu lassen und einen Batzen Geld für diesen Krimi bezahlen. Mein windiger Anwalt konnte den Mord sicher in Körperverletzung mit Todesfolge umwandeln und das Strafmaß damit erheblich verkürzen. Wenn es genügend Kohle gab, war ich bereit, dieses Risiko einzugehen. Ich krempelte meine Ärmel hoch und klatschte in die Hände.

„Auf geht's, meine Dame, worauf warten wir noch."

Nach vier Stunden harter Arbeit war die Story fertig. Nur der Schluss fehlte noch.

„Wie möchten Sie denn nun aus diesem Leben treten? Soll ich Sie erschlagen oder lieber erwürgen?", fragte ich und beglückwünschte mich zu meiner praktischen Ader. Es nützte ja nichts, lange drum herum zu reden.

Sie zuckte nicht mit den Wimpern. „Erschlagen", sagte sie. „Ich möchte nicht mit einer schwarzen, heraushängenden Zunge gefunden werden." Sagte es und wandte sich ihrem PC zu, um weiterzuschreiben.

Ich war beleidigt. „Ich dachte, ich schreibe den Schluss, damit es auch stimmt."

Missbilligend sah sie mich an. „Glauben Sie, ich lasse mir von Ihnen meinen Schreibstil vermasseln? Nein, ich schreibe die Story bis zum bitteren Ende."

Fünf Minuten später spuckte der Drucker den Krimi aus.

„Ich bin jetzt so weit", sagte sie dann und drehte sich zu mir um.

Mein Blick suchte den Raum nach einem Tatwerkzeug ab. Der Locher aus Eisen, der auf dem Boden stand, eignete sich hervorragend für einen Mord. Ich verdrängte meine plötzlichen Bedenken und riss den Locher hoch. Bevor ich jedoch zuschlagen konnte, sackte die Schriftstellerin mit einem spitzen Schrei zusammen. Da lag sie auf dem Boden und rührte sich nicht mehr. Mit zittrigen Fingern tastete ich nach der Halsschlagader. Nichts.

So ein Mist. Jetzt stimmte die Geschichte nicht mehr. Wie konnte sie mir das antun? Ich atmete tief durch und dachte nach. Dann traf mich die Lösung wie ein Blitz. Mit zwei, drei Sätzen konnte ich die Geschichte leicht abändern – und das auch noch zu meinem Vorteil. Es gab eine Tote, um die Leser zufriedenzustellen und keinen Mord, was das Strafmaß erheblich verkürzen würde. Zufrieden faltete ich die ausgedruckten Seiten zusammen und steckte sie in einen braunen Umschlag. Stopp. Den Vertrag durfte ich nicht vergessen. Pfeifend machte ich mich auf den Weg nach Hause

In meiner winzigen Küche angekommen, öffnete ich eine Flasche Bier. Mit langen Schlucken trank ich sie leer. Gleich morgen würde ich mit dem Verleger verhandeln. Ich zog den Vertrag aus dem Umschlag und erstarrte. Hektisch blätterte ich zur letzten Seite.

Nein, dass durfte nicht wahr sein! Die Story war keinen Pfifferling wert. Ich verfluchte das Mannheimer Herz, das in meiner Brust schlug. Tränen quollen aus meinen Augen und rannen mir über die Wangen. Wie hatten wir bei all der Planung das Wichtigste nur vergessen können:

Das Haus meiner Schriftstellerin stand doch in Ludwigshafen, deshalb war dieser Krimi für den Mannheimer Kurzgeschichtenband überhaupt nicht zu gebrauchen ...

Was sollte ich tun? Mit der Geschichte warten, bis ein Verleger einen Krimiband für Ludwigshafen herausbrachte? Sie einfach in den Papierkorb werfen?

Egal, wie ich mich auch immer entscheiden würde, eines hatte ich mit der Schriftstellerin gemein:

ICH HASSE REGIONALKRIMIS !!!!!!!!!!!!!!!!!

Walter Landin

Bilanz

Nachdem ein dreißigjähriger Klavierlehrer vom
Almenhof
in
Blumenau
seine gleichaltrige Schülerin aus
Casterfeld,
die eine Liebesbeziehung zu ihm abgebrochen hatte, erwürgt und ihr, um zu verhindern, dass ihre Seele in den Körper zurückfahre, den Kopf abgeschnitten hatte, erschlug er seinen Nachbarn, einen gebürtigen
Feudenheimer,
in
Friedrichsfeld
aufgewachsen, nach einem kurzen Intermezzo in der
Gartenstadt
jetzt im
Herzogenried
lebend, und bezeichnete ihn, wie der Klavierlehrer zu Protokoll gab, als „notorischen Alkoholiker und schlechten Menschen" und stieß der Leiche einen Kreuzschlitzschraubendreher in den Kopf, um das dritte Auge zu öffnen, während ein achtundzwanzigjähriger Vater von der
Hochstätt
nach einem Streit mit seiner Frau aus dem
Jungbusch
den zehnmonatigen Sohn aus einem Wohnblock in
Käfertal
vom vierten Stock auf die Straße warf, enthauptete ein Dreiundzwanzigjähriger aus
Kirschgartshausen

seinen vierundachtzig Jahre alten, auf dem
Lindenhof
geborenen, Stiefvater in einer Apotheke auf dem
Luzenberg
mit einem Samuraischwert, entdeckte eine Hausangestellte
von der
Mallau
in einem Seniorenwohnheim in
Neckarau
einen sechzigjährigen Mann aus der
Neckarstadt
mit tödlichen Kopfverletzungen, wurde ein Sechsundvierzig-
jähriger aus
Neuhermsheim,
früher in
Neuostheim,
jetzt im
Niederfeld
wohnend, mit einem Ziegelstein aus der
Oststadt
auf dem
Pfingstberg
erschlagen, stürmte ein Siebzehnjähriger von der
Rheinau
in ein Lokal im
Rott
und erschoss dort die sechsunddreißigjährige Freundin seines
älteren Bruders aus
Sandhofen,
weil die Familie, die inzwischen vom
Scharhof
auf die
Schönau

umgezogen ist, mit der Verbindung nicht einverstanden war,
wurde die seit drei Wochen vermisste Kerstin K. aus der
Schwetzingerstadt
mit zahlreichen Einstichwunden am Kopf und am Hals in
einem Weinkeller in
Seckenheim
gefunden, erschoss ein Sechsundzwanzigjähriger aus
Straßenheim
einen siebenundfünfzig Jahre alten Ikonenhändler aus
Suebenheim,
schwebt ein Geldbote von der
Vogelstang
noch immer in Lebensgefahr, überfiel ein
Waldhöfer
auf dem Wochenmarkt in
Wallstadt
einen Gemüsehändler vom
Wohlgelegen,
betont der Pressesprecher des Polizeipräsidiums Mannheim
in den
L-Quadraten,
übrigens ein gebürtiger
Südbadener,
dass weder das Wetter noch die Stellung des Mondes in
irgendeiner Verbindung zu den Straftaten des vergangenen
Wochenendes stünden.

Mannheim-Krimis im Wellhöfer Verlag

Band 3
Walter Landin
Mannheimer Karussell

176 Seiten; 9,80 Euro

Erst der Erpresserbrief im Briefkasten. Dann die Frauenleiche im Ehebett. Für Hermann Baumer kommt es knüppeldick. Anstatt die Polizei einzuschalten, macht er sich an die private Entsorgung der Leiche, was gar nicht so einfach ist. Schritt für Schritt gerät Baumer mehr auf die schiefe Bahn. Und bevor er groß zum Nachdenken kommt, ist er mittendrin in einem Korruptionsskandal, in dem es um Grundstücksschiebereien und Beamtenbestechung geht. Das „Mannheimer Karussell" kommt in Fahrt.

Nach der erfolgreichen Mannheimer Kurzgeschichtensammlung „Mord im Quadrat" mit „raffiniert eingefädelten Geschichten" (*Die Rheinpfalz*), die alle „die Atmosphäre der Quadratestadt und das Lebensgefühl der Mannheimer widerspiegeln" (*Mannheimer Morgen*), folgt Walter Landins neuer Kriminalroman „Mannheimer Karussell". Und wieder spielt Mannheim eine Hauptrolle.

Kurpfalz-Krimis im Wellhöfer Verlag

Band 5
Mörderische Kurpfalz

208 Seiten; 12,80 Euro

Man sollte sich nirgends zu sicher fühlen. Schon gar nicht in der Kurpfalz! Passen Sie also gut auf sich auf, denn Mord ist eine ernste Sache. Eine todernste!

28 Kurzgeschichten bekannter Krimiautoren aus der Region fesseln den Leser von der ersten bis zur letzten Seite.

Band 4
Mörderische Pfalz

224 Seiten; 12,80 Euro

Lilo Beil, Walter Landin und Wolfgang Ohler sind Autoren, die weit über die Region hinaus Beachtung gefunden haben. Ihre packenden Kurzgeschichten garantieren Spannung, die einen so schnell nicht wieder los lässt.

Neben heiter-skurrilen Geschichten finden sich immer auch die ernsten, leisen, besinnliche Töne, nicht selten lauert das Grauen hinter der nächsten Ecke.Was bleibt ist ein sanfter Schauer, wenn man das Licht ausknipst.

www.kurpfalz-krimis.de